Direito do Processo Laboral

Direito do Processo Laboral

UMA SÍNTESE E ALGUMAS QUESTÕES

2018 · 3.ª Edição

Alcides Martins
Advogado
Professor convidado do ISCTE-IUL e da Universidade Europeia

ALMEDINA

DIRECTO DO PROCESSO LABORAL
UMA SÍNTESE E ALGUMAS QUESTÕES
AUTOR
Alcides Martins
EDITOR
EDIÇÕES ALMEDINA, S.A.
Rua Fernandes Tomás, n.ºs 76-80
3000-167 Coimbra
Tel.: 239 851 904 · Fax: 239 851 901
www.almedina.net · editora@almedina.net
DESIGN DE CAPA
FBA.
PRÉ-IMPRESSÃO
EDIÇÕES ALMEDINA, S.A.
IMPRESSÃO E ACABAMENTO
Pentaedro, Lda.
Janeiro, 2018
DEPÓSITO LEGAL
436014/18

ALMEDINA | GRUPOALMEDINA

BIBLIOTECA NACIONAL DE PORTUGAL – CATALOGAÇÃO NA PUBLICAÇÃO
MARTINS, Alcides, 1943-
DIREITO DO PROCESSO LABORAL
3ª ed. – (Manuais profissionais)
ISBN 978-972-40-7294-4
CDU 349

OBRAS DO AUTOR

- Noções Fundamentais de Direito, APG, Lisboa, 1994.
- Celebração e Cessação do Contrato de Trabalho, APG, Lisboa, 1994.
- Direito do Trabalho Fundamental, ISLA, Lisboa, 2002.
- Legislação da Segurança Social: Tomo I – Sistema Previdencial e Complementar, Tomo II – Código dos Regimes Contributivos do Sistema Previdencial; Dislivro, Lisboa, 2007.
- Legislação sobre Incapacidades em Direito do Trabalho, Civil e Administrativo, Dislivro, Lisboa, 2007.
- Legislação sobre Estrangeiros, Dislivro, Lisboa, 2008.
- Código do Trabalho e Legislação Complementar, 3.ª ed., Digital Juris Book, Lisboa, 2012.

OS NOSSOS PROPÓSITOS

Por bondade dos Professores Manuel António Pita e António Monteiro Fernandes tenho ministrado a unidade curricular de Direito do Processo Laboral no Curso de Mestrado em Direito das Empresas, no ISCTE-IUL.

Tal unidade configurou-se como seminário. Por conseguinte, o debate e a pesquisa pelos alunos, individualmente ou em grupo, sobre as questões essenciais da temática do direito do processo do trabalho, *maxime*, das mais controvertidas, deviam prevalecer sobre a exposição.

Porém, não se podia arredar a explanação das matérias, pelo menos no seu escopo essencial, dada a sua indispensabilidade para os alunos que, anteriormente, não tiveram a oportunidade de estudar o direito do processo laboral de modo científico.

Mas, para além da vertente académica, impunha a natureza do Curso, uma especial atenção para a perspetiva dos usuários do direito do processo do trabalho, onde o autor tem militado.

Perante estas cordenadas, o compêndio que se segue destina-se a facultar uma visão geral do direito processual laboral na sua aceção mais ampla, evidenciando e contextualizando aquelas questões ou temas para serem objeto de investigação e debate, sem olvidar a visão da prática forense e até a perspectiva das organizações empresariais na gestão dos seus colaboradores.

Esgotada a 2.ª edição e a sua reimpressão e alterado o Código de Processo do Trabalho, por respeito para com os leitores, impunha-se a sua atualização e melhoria, como se procurou fazer.

Deixo ainda expresso o meu agradecimento aos Colegas Susana Amaral Ramos, Ana dos Santos Brilha e Bruno Negrão Alves pelos contributos prestados.

Lisboa, Natal de 2017

ALCIDES MARTINS
alcides@amartins.pt

PREFÁCIO

O direito processual do trabalho tem tido uma presença diminuta nos estudos universitários em Portugal. Deve-se isso, entre outras razões – em que avultará por certo o tradicional menosprezo a que tem sido votado, na universidade portuguesa, o estudo do ordenamento juslaboral –, à convicção, certamente infundada, mas muito difundida, de que o domínio do processo civil basta para as necessidades essenciais da vida forense. Nas faculdades de Direito, o ensino do processo laboral, quando é feito, comprime-se num recanto dos planos de estudos de direito do trabalho; mas o mais corrente é que seja simplesmente ignorado. Por outro lado, não está publicada – que saiba o autor destas breves linhas – uma exposição geral e sistemática do regime processual laboral português, em moldes actualizados e com virtualidades pedagógicas.

Verifica-se, pois, uma situação antiga e persistente de descaso sobre esta matéria. E, no entanto, a "substantividade" do direito processual tem no processo do trabalho uma manifestação particularmente saliente e decisiva. Basta notar como as mais recentes modificações que o Código respectivo sofreu – no tocante à impugnação dos despedimentos, à tutela dos direitos de personalidade do trabalhador, à igualdade e não discriminação em função do sexo – reflectem novas dimensões valorativas atinentes a esses temas de grande sensibilidade social e tendem, ainda que com sucesso incerto e no meio de alguma polémica, a adensar os conteúdos substantivos que lhes respeitam. Por isso mesmo, o estudo e o ensino do direito processual do trabalho requerem a concentração, nos seus agentes, de um domínio seguro do processo civil e de uma sensibilidade aprofundada para as questões do direito substantivo laboral. Esses traços combinam-se no perfil do Dr. Alcides Martins, autor do presente compêndio, que resulta, a um tempo, do seu ensino no quadro do Mestrado em Direito das Empresas, no Instituto Universitário de Lisboa (ISCTE), do seu labor de estudioso infatigável nestas matérias, e da sua muito ampla experiência forense como advogado especialista na área laboral.

Julga-se claro que a bibliografia jurídica portuguesa resulta enriquecida com a publicação desta obra.

Maio de 2014

ANTÓNIO MONTEIRO FERNANDES

ABREVIATURAS E SIGLAS UTILIZADAS

A. – Autor.

Ac. – Acórdão.

ACT – Autoridade para as Condições de Trabalho, criada pelo Decreto-Lei n.º 211/2006, de 27 de outubro (art. 12.º). Decreto Regulamentar n.º 42/2012, de 31 de julho.

Art. – Artigo.

BTE – Boletim do Trabalho e Emprego (Despacho Normativos n.ºs 25/2007 – II série – e 17/2017, de 18 de outubro.

CC – Código Civil, aprovado pelo Decreto-Lei n.º 47344, de 25 de novembro de 1966, com diversas alterações.

CCT – Convenção coletiva de trabalho ou contrato coletivo de trabalho.

CEDH – Convenção Europeia dos Direitos do Homem – Leis n.ºs 65/78, de 13 de outubro e 12/87, de 7 de abril.

Cfr. – Conforme, confirmar.

CJ – Coletânea de Jurisprudência.

CJS – Coletânea de Jurisprudência – Acórdãos do Supremo Tribunal de Justiça.

CPC – Código do Processo Civil, aprovado pela Lei n.º 41/2013, de 26 de junho, com alterações.

CPT – Código de Processo do Trabalho, aprovado pelo Decreto-Lei n.º 480/99, de 9 de setembro, alterado e republicado pelo Decreto-Lei n.º 295/2009, de 13 de Outubro e alterado pela Leis n.º 63/2013, de 27 de agosto, 55/2017, de 17 de julho e 73/2017, de 16 de agosto.

CRP – Constituição da República Portuguesa.

CRCSPSS – Código dos Regimes Contributivos do Sistema Previdencial da Segurança Social, aprovado pela Lei n.º 110/209, de 16 de setembro com alterações.
CT – Código do Trabalho, aprovado pela Lei n.º 7/2009, de 12 de fevereiro, com alterações.
DGCI – www.dgsi.pt (base de dados de jurisprudência)
DL – Decreto-Lei.
DLR – Decreto Legislativo Regional.
DR – Decreto Regulamentar.
DUDH – Declaração Universal dos Direitos do Homem – Diário da República, I série, de 9/03/78.
ESC – Estudos Sociais e Corporativos (revista).
IRCT – Instrumento de regulamentação coletiva do trabalho.
JOUE – Jornal Oficial da União Europeia.
LAT – Lei n.º 98/2009, de 4 de setembro – Regime de Reparação de Acidentes de Trabalho e Doenças Profissionais, Incluindo a Reabilitação e Reintegração Profissionais, com alterações.
LOSJ – Lei da Organização do Sistema Judiciário – Lei n.º 62/2013, de 26 de agosto, alterada pela Lei n.º 40-A/2016, de 24 de dezembro.
LPDP – Lei da Proteção de Dados Pessoais – Lei n.º 67/98, de 26 de outubro.
LR – Lei de Regulamentação do Código de Trabalho – Lei n.º 105/2009, de 14 de setembro, com alterações.
MP – Ministério Público.
P – Portaria.
PIDCP – Pacto Internacional dos Direitos Civis e Políticos – Lei n.º 29/78, de 12 de julho.
QL – Questões Laborais (revista).
R. – Réu.
RCP – Regulamento das Custas Processuais, aprovado pelo Decreto-Lei n.º 34/2008, de 26 de fevereiro, com alterações.
RDES – Revista de Direito e Estudos Sociais.
RFDUL – Revista da Faculdade de Direito de Lisboa.
Rel. – Relator.
RLJ – Revista de Legislação e de Jurisprudência.
RMP – Revista do Ministério Público.
ROA – Revista da Ordem dos Advogados.

ROFTJ – Regime da Organização e Funcionamento dos Tribunais Judiciais – Decreto-Lei n.º 49/2014, de 27 de março, alterado pelo Decreto-Lei n.º 86/2017, de 27 de dezembro.
SI – *Scientia Iuridica* (revista).
STJ – Supremo Tribunal de Justiça.
TC – Tribunal Constitucional.
TR – Tribunal da Relação.
TSS – Trabalho e Segurança Social (revista).
UC – Unidade de conta.

SUMÁRIO

PROCESSO LABORAL EM GERAL

I

Direito Processual e Direito Processual do Trabalho

1. Noções essenciais

O direito processual resulta da necessidade de haver regras para se proceder à resolução dos litígios[1] que derivam dos conflitos inerentes à sociedade humana. Como salienta Pessoa Jorge,[2] quando *um conflito de interesses não é superado pela observância das normas aplicáveis deflagra, eclode o litígio ou lide*. E há que compô-lo ou resolvê-lo, sob pena de se intalar a insegurança na vida social.

A composição do litígio deve fazer-se, primeiro, pela verificação dos factos, depois, pela definição da solução resultante do direito pertinente e, por fim, pela sua execução, quer o conflito resulte entre pessoas determinadas, quer entre uma ou algumas destas e a sociedade, representada pelo Estado. Para tal acontecer de modo aceitável é necssário que tais ações sejam levadas a cabo por uma entidade credível e com autoridade.

Nas sociedades evoluídas, predomina a **hétero-composição** de tais litígios, tendo a sua auto-composição um papel meramente residual. Mais, tal forma de solucionar os litígios ou dissídios, que pressupõe uma força acima das pessoas envolvidas, só se torna viável através de uma autoridade suficientemente poderosa. O fim de qualquer processo, como ins-

[1] Ainda que possam ter aceções diversas, consideram-se como sinónimos de *litígio ou conflito* os termos: *lide, controvérsia, disputa, dissídio, dissensão, desentendimento ou desacordo.*

[2] Direito Processual do Trabalho, lições proferidas no I.E.S., 1964/65, pág. 12.

tituição, consiste em obter *quer a paz jurídica, quer a realização e verificação do direito objetivo, da ordem jurídica*[3]. É assim que o Estado assume a sua **função judicial**, exercendo o **poder ou tutela jurisdicional**, criando, para tanto, os tribunais que vieram a tornar-se órgãos de soberania, ficando dotados de independência e com poderes próprios.

No nosso ordenamento jurídico, o Estado assume como uma das suas tarefas fundamentais *garantir os direitos e liberdades fundamentais e o respeito pelos princípios do Estado de direito democrático,* consignando a função jurisdicional aos *tribunais que são órgãos de soberania com competência para administrar a justiça em nome do povo,* conforme o disposto na alínea b) do art. 9.º; no art. 20.º e no n.º 1 do art. 202.º da CRP. Na LOSJ (art. 2.º, n.º 3) a função jurisdicional traduz-se na incumbência *aos tribunais judiciais (para) assegurar a defesa dos direitos e interesses legalmente protegidos, reprimir a violação da legalidade democrática e dirimir os conflitos de interesses públicos e privados.*

No seu sentido mais amplo, o **direito processual** será o conjunto de princípios e normas jurídicas que regulam o modo de compor ou evitar os litígios, definindo e aplicando o direito, nomeadamente através dos tribunais. Poderá, assim, englobar o conjunto de normas que regulam a organização e o funcionamento dos próprios tribunais, que constituirá, mais propriamente, o **direito judiciário**.

Como se disse, as normas do direito processual servem para que certos órgãos possam, através de procedimentos pré-definidos e, portanto, com segurança, definir o direito e aplicá-lo aos casos concretos. Constituem, pois um meio, um modo, um instrumento para determinar e aplicar o direito. Donde se considera o direito processual, numa perspetiva gramatical, como um **direito adjetivo** (ou instrumental), obviamente, em relação ao direito substantivo (que será o restante).

Para definir o direito e aplicá-lo aos casos concretos *sub judice*, o direito processual terá que estabelecer uma sucessão ou tramitação de atos (e até fórmulas e formalidades) que, no seu desenvolvimento, vêm a constituir a **instância** ou **procedimento**, os quais se materializam no **pro-**

[3] Othmar Jauernig, Direito Processual Civil, trad. de F. Silveira Ramos, Almedina, Coimbra, 2002, pág. 36.

cesso[4], que sempre resulta da iniciativa de alguém, ou seja de uma **ação**[5]. Processo[6] este que se constitui por "peças", nomeadamente por **autos**, ou seja, a documentação escrita de certos atos (em papel, tradicionalmente e em suporte informático, modernamente)[7]. Mas esta terminologia, que parece límpida, acaba por ter contornos esbatidos e leva, muito frequentemente, mesmo na lei, a que tais vocábulos surjam como sinónimos ou parónimos[8].

A maior ou menor disciplina dos atos processuais imbrica com as temáticas da segurança e da celeridade processuais e tange com os poderes do julgador na gestão do processo[9]. Por estas razões, a celeridade e a segurança acabam por constituir o binómio central do direito processual, modernamente, complementado com o acesso generalizado aos tribunais.

2. Ramificação do direito processual

A evolução da sociedade humana vai multiplicando o relacionamento entre os seus membros, gerando o acréscimo constante das normas jurídicas em detrimento das normas do ordenamento ético, moral ou religioso. Da vastidão daquelas normas, os estudiosos vão vendo diferenças específicas e vão criando categorias, catalogando-as por ramos e, dentro destes, em sub-ramos.

[4] "Deriva do vocábulo latino *procedere*, que significa avançar, progredir, o que equivale a dizer que o processo consiste, não numa simples sucessão, mas numa verdadeira progressão lógica de atos e figuras técnicas devidamente previstas na lei... que progridem para determinado resultado: a decisão final" *in* António Montalvão Machado e Paulo Pimenta, O Novo Processo Civil, 9.ª ed., Almedina, Coimbra, 2007, pág. 12.

[5] "O termo *ação*, que provém de *accione*, tem no art. 4.º (do antigo CPC), agora art. 3.º, o sentido de pedido", escreve José Lebre de Freitas, citando Castro Mendes *in* Introdução ao Processo Civil, 3.ª ed. Coimbra Editora, 2013, pág. 29.

[6] Logo no art. 1.º do Código do Procedimento Administrativo formula-se a distinção entre procedimento e processo administrativos, que nos parece a mais curial, mas está longe de estar assente nos textos legais, mesmo no novo CPC e até no presente texto.

[7] CPC, art. 131.º (forma dos atos) e 132.º (tramitação electrónica), regulamentada pela P. 280/2013, de 26 de agosto.

[8] Para maior desenvolvimento Álvaro Lopes Cardoso, Manual de Processo do Trabalho, vol I, 3.ª ed., Livraria Petrony, 2000, pág. 15 e sgts. Também Joaquim Freitas da Rocha, Lições de Procedimento e Processo Tributário, 2.ª ed., Coimbra Editora, 2008, pág. 63 e sgs..

[9] O novo CPC, através do dever de gestão processual (art. 6.º) e do princípio da adequação formal, privilegia a vertente da celeridade.

O direito processual, sendo instrumental ao direito substantivo, lógica e historicamente, erige-se depois dele. Quando surgem outros ramos, o direito civil ganha a primazia e, consequentemente, também o **direito processual civil** passa a ser o paradigma, por ser o mais avançado, o mais evoluído, o mais completo entre todo o direito processual. Seguiu-se-lhe o direito processual penal ou criminal, o direito processual administrativo e outros. E, dentro de algumas dezenas de anos, não é difícil imaginar que haverá, além dos demais, por exemplo, o direito processual espacial. É, deste modo, que se explica e contempla o fenómeno da **subsidiariedade** em relação àquele primeiro direito processual.

Tendo as normas jurídicas que vieram a constituir o ramo do direito do trabalho começado a nascer pelo século XIX, só posteriormente se tornam necessárias e começam a ser emitidas as normas adequadas para definir tal direito e aplicá-lo aos conflitos entre patrões e trabalhadores, que virão a configurar o relativamente moderno **direito processual do trabalho ou direito do processo laboral**.

É com este ramo do direito que nos iremos ocupar, de seguida, procurando dar-lhe uma definição, indagar sobre o seu aparecimento e desenvolvimento, verificar a sua natureza, os seus princípios, as suas características e os regimes que contém. Numa frase, iremos verificar porque razões ele se autonomizou do processo civil.

3. Direito processual do trabalho – ideia

Em sentido muito amplo, constituirão o direito processual do trabalho as normas de origem legal ou convencional que regulam o processo, ou melhor dizendo, os procedimentos que se estabelecem no domínio das relações de **trabalho subordinado** e nas correspondentes relações coletivas que dele resultam, conducentes à definição do direito e à sua aplicação. Assim, agrupar-se-ão no direito processual laboral, para além das normas contidas no Código de Processo do Trabalho (CPT) e das suas normas adjacentes ou complementares, ainda as normas dos processos de conciliação e de arbitragem e até as de natureza procedimental que se contêm no Código do Trabalho (CT) e na sua Lei de Regulamentação (LR)[10]. Ainda

[10] Numa perspetiva mais ampla, pode ver-se António M.C. de Casimiro Ferreira, Trabalho Procura Justiça, Almedina, Coimbra, 2005, cujo capítulo II se refere ao sistema de resolução de conflitos laborais e aos tribunais de trabalho.

algumas normas do regime contraordenacional do trabalho e da segurança social[11] têm de ser observadas pelos tribunais ou juízos do trabalho.

Em sentido muito restrito só os princípios e as normas do CPT que regulam os processos judiciais resultantes das relações de trabalho subordinado e outras de natureza social é que constituem o direito processual do trabalho.

Obviamente, entre estas duas perspetivas extremistas outras se podem considerar e com bons argumentos. Todavia, parece evidente que o direito processual do trabalho não se deve confinar ao direito do processo nos tribunais de trabalho, ao invés do que logo se preceitua no n.º 1 do art. 1.º do CPT, ao proclamar-se que *o processo do trabalho é regulado pelo presente Código.*

Neste escrito iremos compendiar o direito processual na sua aceção mais lata, enumerando, inclusive, os procedimentos previstos no CT e desenvolvendo os procedimentos disciplinar e para despedimento, para além de se indagar sobre os processos de conciliação, mediação, arbitragem e contraordenacional.

4. A evolução histórica

4.1. Jurisdição do trabalho

O direito processual do trabalho, diferentemente do que aconteceu com o direito substantivo[12], teve o seu berço na França, com a criação dos *conseils des prud'hommes,* em 1806[13], ainda hoje em plena atividade. Foram estes órgãos para-judiciais que inspiraram muitos dos países do continente europeu, originando um sistema de jurisdição especializada no âmbito das questões sociais[14].

[11] Lei n.º 107/2009, de 14 de setembro, alterada pelas Leis n.º 63/2013, de 27 de agosto e 55/2017, de 17 de julho.

[12] Que surge na Inglaterra, através da lei sobre a aprendizagem e proibição do trabalho a menores de 9 anos (Apprentices Act), de 1814.

[13] Lei de 18 de março de 1806 cria em Lyon um *conseil des prud`hommes.* Segundo Rivero e Savatier *esta instituição em pleno período liberal testemunha a sobrevivência da ideia que a profissão constitui uma comunidade. A sua composição nesta época, excluía a representação dos assalariados. É a revolução de 1848 que lhes dá o carácter paritário que ainda hoje conservam, in* Droit du Travail, 6.ª ed, PUF, Paris, 1975, pág. 219.

[14] A divulgação do sistema prudomal e os diferentes sistemas pode ver-se *in* António Lemos Monteiro Fernandes, Introdução à Jurisdição do Trabalho, II Parte, Lisboa 1965.

Deixando os restantes países da industrialização europeia, verificamos que em Portugal, por influência destes *conseils de prud'homes* franceses[15], foi autorizada a criação, pela Lei de 14 de Agosto de 1889, de *"**tribunaes de árbitros-avindores**[16] nas localidades em que houver centros industriaes importantes, quando estes os requererem..."*. De harmonia com o art. 4.º *alem das attribuições de conciliação e de judicatura, mencionadas nos artigos antecedentes, compete aos tribunaes de árbitros-avindores vigiar sobre o modo como se executam as leis e regulamentos que respeitam á industria; receber queixas e reprehender disciplinarmente os patrões, seus empregados ou operarios pelo esquecimento das boas normas de equidade, doçura, respeito e obediencia, que devem presidir às relações entre uns e outros; e levantar autos, enviando-os para as auctoridades competentes, quando estas transgressões sejam bastante graves para deverem determinar a intervenção do juízo criminal ou simplesmente da acção policial.* Cada tribunal seria composto por um presidente, dois vice-presidentes e de um número par de vogais. Destes vogais *metade será eleita por um collegio de patrões e metade por um collegio de operarios das industrias, sujeitas à jurisdicção do tribunal.*

O funcionamento e o processo eram regidos pelo regulamento de 19 de março de 1891. Como descrevia Adolpho Lima "a forma do processo perante estes tribunais assim como nos recursos é sumaríssima (art. 11 da lei de 1889). Nas causas de valor superior a 30$000 réis e naquellas em que tenha sido oposta a excepção de incompetência há recurso da sentença final para o Tribunal do Comercio da circunscrição, e na sua falta para o tribunal civil. Do Tribunal de Comercio não ha recurso, e tanto na 1.ª instancia como na 2.ª não são admitidos advogados a pleitearem em nome das partes".[17]

Em 1928, estes tribunais de árbitros-avindores continuavam em atividade, sendo introduzidas novas alterações no seu funcionamento e no respetivo processo judicial[18]-[19].

[15] Cfr. Maria da Conceição Tavares da Silva, Direito do Trabalho, I.E.S., 1964/65, pág. 249.

[16] *Avindor*, cfr Dicionário Houais da Língua Portuguesa, significa o mediador que procura o acordo num litígio ou aquele que apazigua pessoas desavindas (ed. Círculo de Leitores, Tomo I, pág. 463).

[17] O Contrato do Trabalho, Antiga Casa Bertrand, José Bastos & C.ª, Lisboa 1909, pág. 252.

[18] Maria da Conceição Tavares da Silva, ob cit, pág. 413. Tais alterações derivaram do Decreto n.º 16.021, de 12 de outubro de 1928.

[19] Em 1909, relata Adolpho Lima que *foram criados tribunais de arbitros-avindores, em Lisboa* (1893) em Coimbra (1905) na Covilhã (1905) no Porto (1907) em Lourenço Marques (1907)

Os alvores do novo princípio da **responsabilidade objetiva por acidentes de trabalho** ocorreram com o Regulamento da Administração dos Serviços Fabris do Estado que foi aprovado por Decreto de 12 de Janeiro de 1909 e com o Regulamento do Arsenal do Exército do ano seguinte[20]. Mas o seu regime legal é estabelecido, pela primeira vez, pela Lei n.º 83, de 1913, a qual apenas virá a ser regulamentada, depois da guerra, em 1919, pelo Decreto n.º 5637, de 10 de maio, que se integrou num "pacote" de legislação social muito evoluída, que, infelizmente, a instabilidade política não deixou implantar. É no seu art. 26.º que se prevê que *para julgamento das questões suscitadas na aplicação desta lei serão criados* ***tribunais especiais de desastres no trabalho*** *constituídos pelos delegados dos patrões, operários e médicos, com voto deliberativo e representantes das companhias de seguros com voto consultivo.* E através do parágrafo único deste artigo foram logo criados diversos destes tribunais nas capitais dos distritos e nas cidades de Setúbal, Tomar e Covilhã, embora muitos só mais tarde fossem instalados.

Ainda em 10 de Maio de 1919, também sob a égide do novel Ministério do Trabalho, *é decretado em Portugal o seguro social obrigatório na doença para os indivíduos de ambos os sexos, que exerçam qualquer profissão nos domínios da actividade humana, reconhecida como digna e honesta pelos usos e costumes e sancionada pelas leis vigentes*, sendo criados os **tribunais arbitrais de previdência social**[21] que não terão passado do texto da lei [22].

Em 1933, na sequência da nova Constituição é publicado o **Estatuto do Trabalho Nacional**[23], constituindo um dos seus fundamentos, segundo Vitor Ramalho, a *criação de tribunais especiais de trabalho e forma processual com predominância de funções conciliatórias entre o capital e o trabalhador*[24]. Na realidade, no seu último título, preconizava-se que *as questões suscitadas na interpretação ou na execução dos contratos colectivos do trabalho, e bem assim as que possam surgir entre patrões e operários no cumprimento das leis de protecção ao*

e em Setúbal (1907) ob. cit., pág. 249.

[20] Idem, pág. 381.

[21] Decreto n.º 5636, art. 60.º.

[22] Para desenvolvimento, v. Fernando Rosas e Maria Alice Semara, Ministério do Trabalho 100 Anos 1916-2016, Tinta da China, Lisboa, 2016, págs 143 e 153.

[23] Decreto-Lei n.º 23053, de 23 de setembro de 1933.

[24] Questões de Direito do Trabalho, Editorial O Século, 1980, pág. 39 e que contém o Estatuto do Trabalho Nacional, na pág. 137 e sgs..

trabalho nacional, são julgadas por magistrados especiais, com recurso de revista para um tribunal superior. Pertence aos mesmos tribunais o julgamento das questões relativas à previdência social (art. 50.º). Depois de se atribuírem aos juízes de trabalho também funções conciliatórias e arbitrais, que em certos casos podiam ser assistidos por representantes dos sindicatos, impunha-se a sua independência e a junção de *agentes do Ministério Público, fiscais da lei e protectores oficiosos dos trabalhadores.* Fascista ou não, a verdade é que é esta a base que continua a vigorar.

4.2. O Código de Processo do Trabalho

A estrutura da jurisdição especial do trabalho veio a ser instituída em 1934[25], mas cedo começou a decorrer a necessidade de um processamento próprio, que mais se veio a evidenciar pela entrada em vigor do Código de Processo Civil de 1939. Assim nasce o primeiro Código de Processo nos Tribunais do Trabalho, em 1940[26], o qual, com pequenas alterações, vigorou até 1 de maio de 1964, data em que foi substituído pelo **Código de Processo do Trabalho**[27], cuja matriz ainda hoje permanece, embora já na terceira versão. Efetivamente, com a publicação do novo Código de Processo Civil de 1961, tornou-se necessária a adequação, quer no nome, quer no conteúdo do Código de 1940.

Conforme consta do preâmbulo da lei de aprovação, neste Código de 1964[28], alargou-se o patrocínio judiciário a todos os trabalhadores e seus familiares, permitiu-se a cumulação de pedidos findo o contrato de trabalho, confirmou-se a obrigatoriedade da tentativa de conciliação prévia, admitiram-se as formas ordinária e sumária para o processo declarativo, previu-se a execução oficiosa da sentença e nos processos emergentes de acidente de trabalho ou doença profissional estabeleceram-se as duas fases: a conciliatória a decorrer perante o MP e a contenciosa perante o juiz, com apensos a correr, simultânea ou separadamente, para além da possibilidade de ser fixada uma pensão provisória. Ainda, pela primeira

[25] DL n.º 24 363, de 15 de agosto de 1934.

[26] Aprovado pelo DL n.º 30.910, de 3 de novembro de 1940.

[27] Aprovado pelo DL n.º 45.497, de 30 de dezembro de 1963, tendo havido alteração na data da sua entrada em vigor por força do DL n.º 45.629.

[28] Foram autores do seu anteprojeto, segundo Pessoa Jorge (ob. cit. pág. 26), os Profs. Raul Ventura e João de Castro Mendes, que, assim, se devem considerar os "pais" do atual processo laboral português.

vez, se estabeleceu um processo especial para fixação de interpretações de molde a ultrapassar conflitos de jurisprudência, cuja configuração, diferentemente dos antigos assentos, correspondia aos atuais acórdãos de uniformização de jurisprudência (art. 688.º do CPC).

Este CPT foi substituído pelo de 1981[29], que teve alterações de monta em 1989 e em 1991[30], vindo a ser ajustado às novas alterações do processo civil e substituído pelo atual **Código de Processo do Trabalho**, aprovado pelo DL n.º 480/99, de 9 de novembro, em vigor desde 1 de janeiro de 2000, o qual, adiante, será objeto de aprofundada explanação. O texto inicial manteve-se quase incólume até 2009[31]. Em relação ao Código anterior e segundo a sua lei preambular teve "modificações na topografia do seu articulado e da respetiva ordenação das matérias... sem prejuízo de, na realidade, nesta subsistirem numerosas disposições do Código... de 1981". Na sequência da revisão do Código do Trabalho, foi alterado, através do DL 295/2009, de 13 de outubro, que o republicou, vigorando a nova versão a partir de 1 de janeiro de 2010.

Entretanto, passou a ser necessária a reparação do texto de alguns artigos e, com o novo CPC de 2013, tornaram-se indispensáveis algumas adaptações, que, lamentavelmente, a recente Lei n.º 63/2013, de 27 de agosto, cuidando de acrescentar mais um processo especial – a ação de reconhecimento da existência de contrato de trabalho – descurou por inteiro tal necessidade.

4.3. Processo de conciliação extrajudicial

Como escreve Pessoa Jorge[32], *a criação entre nós de órgãos de conciliação verificou-se na primeira metade do século* XIX por força da Carta Constitucional de 1826, que instituiu os juízes de paz, cuja competência foi regulamentada por Mouzinho da Silveira através do Decreto n.º 24, de 16 de Maio de 1832, acrescentando nós que foram funcionando, na verdade, até ao CPC de 1961. No que tange às relações laborais nas zonas industrializadas, fun-

[29] Aprovado pelo DL n.º 272-A/81, de 20 de setembro, que substituiu uma versão do CPT, aprovado pelo DL 537/79, de 31 de dezembro, que, tendo ficado suspensa, não chegou a vigorar.

[30] DL's 315/89, de 21 de setembro e 65/91, de 8 de fevereiro.

[31] Pois apenas foi objeto das alterações introduzidas pelo DL n.º 38/2003, de 8 de março, em relação aos arts. 90.º, 96.º (revogado) e 98.º.

[32] Ob. cit., pág. 44.

cionaram os tribunais de árbitros-avindores, que, como já se evidenciou, tinham uma importante ou mesmo primordial função conciliatória.

Depois de tais funções passarem para os juízes do trabalho em 1934, onde sempre se mantiveram e se mantêm (arts. 49.º, 50.º ou 51.º dos sucessivos CPT's), foram criadas, em 1960[33], as **comissões corporativas**, que, com alterações no seu regime, vieram a ser denominadas de **comissões de conciliação e julgamento**, em 1975[34]. Para além de competência na interpretação e desenvolvimento das convenções coletivas, aquelas comissões tinham como atribuição básica *a de tentar a conciliação nas questões emergentes de contratos individuais de trabalho,* estabelecendo-se a regra de que a ação judicial apenas poderia ser intentada depois de efetuada tal tentativa de conciliação. E o julgamento era limitado a causas até ao valor de 20 contos e com algumas possibilidades de recurso. Segundo cremos, o tradicional atraso nos processos do foro laboral, contrariando um dos seus princípios, resulta daquelas comissões, que sempre funcionaram pessimamente e isto independentemente da sua designação. Certamente por esta razão, o recém-criado **Sistema de Mediação Laboral** só poderá reter o processo durante seis meses como melhor se verá.

Face à estrutura que o direito substantivo das relações do trabalho subordinado veio a assumir, no contexto posterior a 25 de abril, nomeadamente quanto ao regime da cessação do contrato de trabalho, o campo de aplicação da conciliação e da mediação tem vindo a restringir-se, pois o que passou a ser aliciante foi a compensação legalmente prevista e a prestação de subsídio de desemprego e não a recuperação da relação de trabalho e do emprego.

[33] DL n.º 43.179, de 23/9/1960, alterado pelo DL n.º 45.690, de 27/4/1964, com adaptação ao trabalho rural pelo DL n.º 45.771, tendo o último regime jurídico sido traçado no DL n.º 54/74, de 15 de fevereiro.

[34] Por força do DL n.º 463/75, de 27 de agosto.

II
O Sistema Jurisdicional Laboral

1. A organização judiciária portuguesa

Conforme resulta da Constituição da República (art. 209.º) e da Lei de Organização do Sistema Judiciário (LOSJ)[35] (art. 29.º) existem as seguintes categorias de tribunais:

- Tribunal Constitucional;
- O Supremo Tribunal de Justiça e os tribunais judiciais de primeira e segunda instância, respetivamente, tribunais de comarca e tribunais da Relação;
- O Supremo Tribunal Administrativo e os demais tribunais administrativos e fiscais (arts. 144.º e sgts);
- O Tribunal de Contas (art. 149.º); e
- Tribunais arbitrais (art. 150.º) e julgados de paz (art. 151.º)[36].

Volvendo a nossa atenção, doravante, apenas para a categoria (ou ordem) dos **tribunais judiciais**, propriamente ditos, encabeçados pelo

[35] Lei n.º 62/2013, de 26 de agosto, regulamentada através do DL n.º 49/2014, de 27 de março, que aprovou o Regime de Organização e Funcionamento dos Tribunais Judiciais. Estes diplomas substituíram as antigas LOFTJ's e foram alterados, respetivamente, pela Lei n.º 40-A/2016, de 24 de dezembro e DL n.º 86/2016, de 28 de dezembro.

[36] A nível da União Europeia ainda existem o Tribunal de Justiça, o Tribunal Geral e tribunais especializados e, no âmbito do Conselho da Europa, ainda temos o Tribunal Europeu dos Direitos do Homem.

Supremo Tribunal de Justiça, verificamos que, em primeira instância existem, de conformidade com o preceituado no art. 33.º da LOSJ:

– Os tribunais de competência territorial alargada[37]; e
– Os tribunais de comarca.

Considerando, agora, apenas estes últimos, verificamos que cada um deles corresponde a uma das modernas 23 comarcas[38] em que se divide o território nacional, circunscrevendo-se cada uma delas a um distrito administrativo ou a uma região autónoma. Porém, no Distrito de Lisboa, conjuntamente com a parte norte do Distrito de Setúbal – Almada a Alcochete – existem três comarcas (a de Lisboa, com sede em Lisboa; a de Lisboa Norte, com sede em Loures e a de Lisboa Oeste, com sede em Sintra). Ainda no Distrito do Porto, existem as Comarcas do Porto e do Porto Este (esta com sede em Penafiel).

Os tribunais da Relação, em regra, julgam em segunda instância por via de recurso e funcionam em secções especializadas (civis, criminais e sociais). Têm sede em Lisboa, Porto, Coimbra, Évora e Guimarães[39] com competência abrangendo diversas comarcas e alguns dos tribunais de competência territorial alargada (art. 32.º, 67.º e Anexo I da LOSJ).

Por sua vez, os tribunais judiciais, conforme se dispõe no art. 40.º e sgts da LOSJ, têm **competência em razão da matéria** "para as causas que não sejam atribuídas a outra ordem jurisdicional" (Tribunal Constitucional, tribunais administrativos e fiscais e arbitrais). Procurando obter ganhos de produtividade, através da sua maior especialização, ainda que com alargamento do âmbito territorial, os **tribunais de comarca** desdobram-

[37] De conformidade com o art. 83.º da LOSJ a sua competência territorial estende-se ou é alargada para mais de uma comarca, quiçá, para todo o território nacional. São todos de competência (material) especializada, sendo, atualmente os seguintes: tribunal da propriedade intelectual; tribunal da concorrência, regulação e supervisão; tribunal marítimo; tribunais de execução de penas e tribunal central de instrução criminal.

[38] Tradicionalmente, as comarcas correspondiam a um único concelho ou a um grupo de concelhos.

[39] O Tribunal da Relação de Guimarães passou a ter secção social a partir de setembro de 2014 e, consequentemente, a ter competência nesta área, que antes pertencia ao Tribunal da Relação do Porto (LOSJ, art. 66.º, n.º 4 e Deliberação do C.S.M., de 9/12/2014).

-se em **juízos**[40], que se designam pela respetiva competência material e pelo nome do município em que estão instalados e que podem ser de:

- **competência especializada**; e de
- **competência genérica;** e ainda de
- **proximidade.**

Ponderando, agora, apenas os **juízos de competência especializada** dos tribunais de comarca, que, em princípio, são de competência material especializada[41], salienta-se que detêm competência territorial em toda a comarca ou em uma boa parte dela. Entre tais juízos, existem os de competência especializada cível (central e local), criminal (central, local e local de pequena criminalidade), de instrução criminal, de família e menores, do comércio e de execução, avultando, no âmbito do direito processual laboral, os **juízos do trabalho**.

Conforme consta do atual mapa judiciário, anexo ao ROFTJ e do quadro inserido na parte final deste livro, na generalidade das novas comarcas, existe apenas um **juízo do trabalho**, exceto nas dos distritos mais populosos, como são os casos das comarcas do Porto, em que já funcionam cinco juízos do trabalho e Aveiro com dois, vindo a perfazer um total de 44.

Cada juízo, que não deixa de ser um tribunal, tem um ou mais juízes de direito. Em cada juízo do trabalho pode ainda haver juízes sociais, para além de nele ainda se poder constituir o tribunal coletivo.

2. Competência e organização dos juízos do trabalho

No que tange à **competência material**, os juízos do trabalho, como tribunais de competência especializada, repartem-na em matéria civil de natureza laboral e em matéria contraordenacional nos domínios laboral e da segurança social, tudo conforme se estabelece no art. 126.º da LOSJ, cujas normas merecerão desenvolvimento no Capítulo V.

[40] Estes juízos de cada um dos atuais tribunais de comarca não deixam de ser verdadeiros tribunais, correspondendo, de certo modo, aos antigos tribunais de comarca, quer de competência genérica, quer de competência especializada, cujas secretarias se dividiam em secções.

[41] Porquanto, nos termos do n.º 4 do art. 81.º da LOSJ, *podem ser criados, por decreto-lei, juízos de competência especializada mista.*

Naturalmente, cada juízo do trabalho tem a sua **competência territorial** definida, através do ROFTJ. Contudo, nem todo o território nacional se encontra abrangido por tais juízos, dado que na área do Tribunal Judicial da Comarca dos Açores, apenas existe o Juízo do Trabalho de Ponta Delgada, cujo jurisdição se estende tão somente pelos municípios da Ilha de São Miguel[42]. Portanto, para os restantes municípios será competente em vez de um juízo do trabalho, o correspondente juízo de competência genérica, nomeadamente, o juízo de competência genérica desdobrada em matéria civil, quando exista.

No que toca à **competência hierárquica**, os juízos do trabalho são, em regra, tribunais de 1.ª instância. Porém, como resulta do que se preceitua no n.º 2 do art. 126.º da LOSJ, compete-lhes também *julgar os recursos das decisões das autoridades administrativas em processos de contraordenação nos domínios laboral e da segurança social.*

Convirá salientar que ao contrário do que pode acontecer nos juízos cíveis e criminais, nos juízos do trabalho não há níveis de especialização, sendo, assim, irrelevante a sua **competência em razão do valor**.

Os **juízes sociais** que poderão compor o tribunal coletivo, para além do coletivo de juízes, *são nomeados de entre cidadãos que possuam a qualidade de entidade patronal, trabalhador assalariado ou trabalhador independente, e residam na área de jurisdição do respetivo tribunal* os quais são nomeados ou eleitos pelo Conselho Superior da Magistratura de entre candidatos. Estes, no âmbito dos tribunais do trabalho, primeiramente, são eleitos no seio das associações de empregadores e de trabalhadores assalariados e independentes[43]. Porém, *quando não for possível a intervenção de juízes sociais o tribunal é constituído apenas pelo coletivo,* isto de harmonia com o preceituado no artigo único da Lei n.º 7/79, de 9 de fevereiro.

Em cada tribunal de trabalho, o **Ministério Público** é representado por um procurador da República ou procurador-adjunto (LOSJ, art. 9.º e sgs. 99.º e 166.º a 170.º). A sua competência é muito ampla, como se irá assi-

[42] Regime aplicável à organização e funcionamento dos tribunais judiciais de primeira instância (ROFTJ) - DL 86/2017, de 27 de dezembro, art. 14.º, Mapa III.

[43] Tudo de conformidade com o estipulado no DL n.º 156/78, de 30 de junho (art. 11.º e sgs.), cuja aplicação tem sido mais que deficiente.

nalando[44], porquanto, na sequência do Estatuto do M.P. (Leis n.os 47/86, de 15 de Outubro e 60/98, de 27 de Agosto), os seus magistrados têm um papel significativo junto dos tribunais de trabalho. Pois, para além das competências gerais[45], podem assumir o patrocínio dos trabalhadores e seus familiares (e até de hospitais e instituições de assistência), dirigirem ainda a fase conciliatória do processo especial emergente de acidentes de trabalho – arts. 7.º, 8.º e 119.º do CPT[46] e terem legitimidade para, em nome do Estado, proporem certas ações com processos especiais (art. 5.º-A). Segundo Cunha Rodrigues, *a atribuição ao Ministério Público do patrocínio oficioso dos trabalhadores e suas famílias visa um interesse social baseado na proteção do trabalho e na defesa de entes a que o Estado reconhece uma fragilidade tendencial*[47].

Em cada comarca existe uma única secretaria para assegurar o expediente dos respetivos juízos (LOSJ, art. 138.º), a cargo dos oficiais de justiça, ainda que tenha núcleos junto dos juízos. Por sua vez, as secretaria organizam-se em unidades centrais e unidades de processos, para além de outras (ROFTJ, art. 39.º e sgs.).

Em consequência, cada um dos processos do foro laboral tramitará através de uma unidade de processos, que lhe conferirá a numeração, ficando afeto a um juiz de um juízo do trabalho de um tribunal judicial de comarca.

Para além das partes, seus advogados e solicitadores (LOSJ, arts. 12.º e 15.º)[48] podem ainda intervir outras pessoas (participantes processuais)

[44] E resulta, nomeadamente, dos arts. 6.º a 8.º, 99.º e sgs., e 174.º do CPT.

[45] Cfr a obra clássica do saudoso Cons. António da Costa Neves Ribeiro, O Estado nos Tribunais, Coimbra Editora, 1985.

[46] Para maior desenvolvimento, ver O Ministério Público e o Patrocínio dos Trabalhadores no Processo Declarativo Laboral, comunicação do Procurador João Monteiro, inserida em Estudos do Instituto de Direito do Trabalho, vol. V, IDT/Almedina, Coimbra, 2007, pág. 24 e O Ministério Público e o Patrocínio dos Trabalhadores na Jurisdição do Tribunal do Comércio *in* QL, ano XI, 3004, n.º 23, pág. 81 e ainda Funções do Ministério Público na Jurisdição do Laboral ... *ebook* do CEJ, fevereiro de 2015.

[47] Citado por Paula Marçalo, *in* Estatuto do Ministério Público Anotado, Coimbra Editora, 2011, pág. 51.

[48] Lei n.º 49/2004, de 24 de agosto – define o sentido e o alcance dos atos próprios dos advogados e dos solicitadores e tipifica o crime de procuradoria ilícita.

como por exemplo peritos médicos, testemunhas, agentes de execução e representantes das seguradoras[49]-[50].

Convirá ainda fazer uma alusão ao **acesso ao direito e aos tribunais**, que compreende a informação e proteção jurídicas, abrangendo esta última a consulta jurídica e o apoio judiciário (Lei n.º 34/2004, de 29 de julho)[51].

3. O atual Código de Processo do Trabalho. Estrutura

No atual CPT as suas normas arrumam-se numa sequência idêntica à do CPC, mas a "summa divisio" em livros não tem a mesma significação, já que, numa das suas peculiaridades, o código do processo laboral continha duas partes essenciais e separadas, constantes dos dois seguintes livros:

- **Livro I – Do processo civil** (arts. 2.º a 186.º); e do,
- Livro II – Do processo penal (que ia do art. 187.º ao 200.º).

Este Livro I compõe-se de sete títulos, cada um integrando os seguintes temas:

I – Da ação – art. 2.º – (capacidade judiciária e legitimidade, representação e patrocínio judiciário);
II – Competência – art. 10.º – (competência internacional, interna e territorial e extensão da competência);
III – Processo – art. 21.º – (distribuição, citações e notificações, instância, procedimentos cautelares, espécie e formas de processo);
IV – Processo de declaração – art. 51.º;
V – Processo de execução – art. 88.º;
VI – Processos especiais – art. 99.º;
VII – Processo de contraordenação – art. 186.º– F (Remissão).

[49] As seguradoras devem ter junto dos tribunais de trabalho representantes (DL 143/99, de 30 de abril, art. 65.º). Este diploma regulamentava a Lei n.º 100/97, de 13 de setembro, no que respeitava à reparação dos danos emergentes de acidente de trabalho, razão pela qual foi revogado pelo art. 186.º b) da Lei n.º 98/2009, de 4 de setembro (nova LAT). Mas, na fase conciliatória destes processos, podem ter mandatários, que não sejam advogados.

[50] Sobre o funcionamento dos tribunais do trabalho ver A Jurisdição Laboral, estudo de Albertina Aveiro Pereira, *in* Minerva, ano II, n.º 3, 2003, pág. 28.

[51] Regulamentada pelas Portarias n.os 10/2008, de 3 de janeiro e 1085-A/2004, de 31 de agosto

Como deixaram de existir as **contravenções** que eram aludidas no art. 86.º da antiga LOFTJ, que passou a estabelecer a competência dos tribunais do trabalho em matéria de contraordenações nos domínios laboral e da segurança social, deixou de ter sentido o processo penal no âmbito normativo do CPT. Deste modo, toda a Parte II do CPT deixou de ter aplicação, acabando por ser revogada, expressamente, na reforma operada pelo DL 295/2009, de 13 de outubro (art. 7.º, n.º 2).

Como já aludido, as últimas alterações ao CPT,[52] que introduziram um novo processo especial, mas não retificaram nenhuma das anomalias existentes no articulado, nem procederam a qualquer adaptação ao novo CPC, que, entretanto, já havia sido publicado. Face às notórias discrepâncias existentes será de todo provável que o articulado do atual CPT venha a ser objeto de revisão proximamente.

4. A subsidiariedade

Como bem se sabe, as normas jurídicas, em geral, integram-se no sistema (ou em subsistemas) jurídico, criando, assim, complexos laços de relacionamento e até pesando na sua interpretação, como se expressa no art. 9.º, n.º 1, do Código Civil (CC).

Configurando-se na lógica entre género e espécie, também as normas processuais, quanto ao seu âmbito pessoal de aplicação, se podem classificar em gerais, especiais e até excecionais. Daqui derivam, dentro do sistema jurídico, na conexão entre normas, relações (com grau maior ou menor) de generalidade, de especialidade e de excecionalidade. Como escreve A. Santos Justo[53], "as gerais, ou comuns: estabelecem o regime-regra para o sector de relações que disciplinam". As "especiais: consagram uma disciplina nova ou diferente para círculos mais restritos de pessoas, coisas ou relações, mas não diretamente oposta ao regime comum das normas gerais". As "excecionais: consagram um *ius singulare*, ou seja, um regime oposto ao regime-regra, num sector restrito...". Daqui, "não comportam aplicação analógica, mas (apenas) admitem interpretação extensiva", como se preceitua no art. 11.º do mesmo CC.

[52] Leis n.ºs 63/2013, de 27 de agosto e 55/2017, de 17 de julho, para além da Lei n.º 73/2017, de 16 de agosto (prevenção da prática do assédio).

[53] Introdução ao Estudo do Direito, Coimbra Editora, 6.ª ed., 2012, pág. 149.

É neste particular relacionamento entre normas jurídicas, que surgem as **relações de subsidiariedade** que, como salienta Nuno Sá Gomes[54], se verificam "quando uma regra (subsidiária) se aplica na falta ou impossibilidade de aplicação de outra regra (principal)".

A subsidiariedade do conjunto normativo do processo civil em relação ao processo laboral (e, antes também ao processo penal) encontra-se bem expressa logo no art. 1.º, n.º 2 do CPT onde se preceitua que nos casos omissos (que são muito frequentes) se deve recorrer sucessivamente:

a) *À legislação processual comum, civil ou penal, que directamente os previna;*
b) *À regulamentação dos casos análogos previstos neste Código;*
c) *À regulamentação dos casos análogos previstos na legislação processual comum, civil ou penal;*
d) *Aos princípios gerais do direito processual do trabalho;*
e) *Aos princípios gerais do direito processual comum.*

Mas no n.º 2 é imposta uma restrição, que foi deveras significativa, ao afastar-se a aplicação das normas subsidiárias *incompatíveis com a índole do processo regulado neste Código,* ou seja, que não se ajustem aos princípios do processo laboral. Atualmente, face à evolução do processo civil para a celeridade, adequação das formas processuais e luta pela verdade material, em detrimento da segurança, pouco ou nada haverá de índole incompatível, o que equivale a dizer que o direito processual do trabalho continua a ter um corpo diferente, mas passou a ter, praticamente, a mesma alma, os mesmos princípios do direito do processo civil. Sendo este um tema central, adiante, merecerá algum desenvolvimento, quando se ponderarem os os princípios. Simultaneamente, suscita-se a questão de saber se o CPT não deverá voltar a inovar.

Para além desta relação geral de subsidiariedade, ao longo do CPT existem, ainda, muitas normas que mandam proceder à **remissão** (direta) para determinadas figuras ou disposições do CPC, reforçando de modo particular aquela relação de subsidiariedade. Sirvam de exemplo os preceitos dos arts. 27.º-A (mediação), 31.º (apensação de ações), 32.º (procedimento), 40.º-A (caducidade da providência), 49.º (processo

[54] Introdução ao Estudo do Direito, Lex, Lisboa, 2001, pág. 157 e 134, onde salienta J. Dias Marques, Introdução ao Estudo do Direito, Lisboa, 1968. Ainda Miguel Teixeira de Sousa, Introdução ao Direito, Almedina, 2012, pág. 225.

declarativo comum) e 54.º (despacho liminar). Anote-se que tal remissão umas vezes é direta e plena, mas outras vezes é condicionada por alguma disposição do CPT, como por exemplo na do art. 31.º.

No que tange à subsidiariedade em relação ao **processo penal**, deixou tal remissão de relevar, a não ser em sede do julgamento dos recursos em matéria de contraordenações de natureza social, nos termos dos arts. 12.º e 186-J do CPT, pois, como acima se referiu, deixou de existir o processo de transgressões[55], que foi substituído pelo processo das contraordenações. Naquele, o seu julgamento incumbia ao tribunal de trabalho. Neste, apenas o julgamento do recurso de decisão das autoridades administrativas é da competência deste tribunal.

5. O Sistema de Mediação Laboral

Um dos meios alternativos aos tribunais para resolver conflitos é a mediação. Traduz-se na atividade de uma terceira pessoa (mediador ou mediador de conflitos) totalmente estranha ao dissídio e independente em relação aos conflituantes, mas por estes aceite, que, depois de identificar os pontos do litígio, apresenta proposta para a sua resolução que possa vir a ser aceite por ambos os litigantes. A apresentação de tais propostas tanto pode ser em reunião dos três, como separadamente entre o mediador e cada parte, como é mais frequente. Caso as sucessivas propostas de resolução não venham a ser aceites pelos contendores, a mediação não surtirá efeito e ficará gorada.

Assim a **mediação** bem se distingue da **conciliação**, porquanto nesta são as partes que "tentam a solução para o seu conflito"[56] diretamente ou com o apoio de um terceiro (conciliador) que procura apenas que as partes se entendam e que, assim, continuam a discutir frente a frente apenas por ele assistidas. Diferentemente do que acontece na conciliação, o mediador estuda a situação e concebe propostas que vai apresentando a cada uma das partes, tendo assim um papel mais interventivo.

[55] No revogado art. 200.º do CPT, que era o último, estabelecia-se que era subsidiariamente aplicável, com as necessárias adaptações, o regime do processo de transgressões e, no que neste não estivesse previsto, o Código de Processo Penal.

[56] Procuradora Maria Manuela de Melo Cardoso, A Mediação em Direito do Trabalho, *in* Prontuário de Direito do Trabalho, CEJ, n.ºs 88/89, janeiro a agosto de 2011, pág. 197.

Acontece que o mediador, assim como na conciliação, pode não conseguir pôr termo ao litígio, enquanto na arbitragem (ou tribunal arbitral) o árbitro (ou os árbitros, sempre em número ímpar) chega sempre a um veredito, dando uma solução ao litígio e, assim, o resolvendo. O mesmo acontece com o tribunal clássico, que, como estabelecido, logo no n.º 1 do art. 2.º do CPC, tem de dar uma decisão com força de caso julgado.

Através da recente Lei n.º 29/2013, de 19 de abril (que não revoga, expressamente, a Portaria n.º 282/2010, de 25 de maio, relativa a mediadores de conflitos nos julgados de paz e dos sistemas de mediação familiar e laboral) foram estabelecidos "os princípios gerais aplicáveis à mediação realizada em Portugal, bem como os regimes jurídicos da mediação civil e comercial, dos mediadores e da mediação pública"[57].

Como **princípios gerais** a que deve obedecer a mediação, consagram-se, nos arts. 3.º a 9.º, os da voluntariedade, da confidencialidade, da imparcialidade, da independência, da competência, da responsabilidade e da executoriedade.

Ainda da mencionada Lei n.º 29/2013 se infere que se deve distinguir da mediação em geral, os sistemas públicos de mediação, a que respeita o Capítulo V. Estes serão criados e geridos por entidades públicas, através de um ato constitutivo ou regulatório (art. 30.º e sgs.).

Para além deste sistema público de mediação, disciplina a mesma Lei n.º 29/2013 o regime jurídico dos mediadores (Capítulo IV) e bem assim o regime de mediação civil e comercial (Capítulo III). E logo no artigo inicial deste capítulo – o art. 10.º – se exclui da sua aplicação para além da mediação familiar (Despacho n.º 18.778) e da mediação penal (Lei n.º 21/2007), também a **mediação laboral**. Ao excluir-se expressamente este capítulo deve concluir-se que as normas dos restantes, sobre os princípios e estatuto do mediador de conflito e bem assim as disposições gerais, complementares e finais, se aplicarão à mediação em geral, incluindo a laboral.

De resto, no art. 46.º, manda-se aplicar, expressamente, o disposto na referida Lei "aos **conflitos coletivos de trabalho** apenas na medida em

[57] A nível europeu, vigora a Diretiva n.º 2008/52/CE, que encoraja a utilização da mediação e procura assegurar uma relação equilibrada entre a mediação e os processos judiciais, a qual foi objeto da Resolução 2013/C51 do Parlamento Europeu, de 13/09/2011 (JOUE, N.º 51E, Série C, de 22 de fevereiro de 2013).

que não seja incompatível com o disposto nos artigos 526.º a 528.º do Código do Trabalho".

Cingindo-nos às relações de trabalho subordinado, perante o direito substantivo, nomeadamente no que concerne ao sistema de cessação do contrato de trabalho e à jurisdicionalização dos acidentes de trabalho na sua generalidade, o número de processos nos tribunais de trabalho será sempre volumoso, gerando as delongas habituais em quase todos eles, que, por vezes, já se configuram como verdadeira denegação da justiça[58] [59].

Procurando diminuir a litigiosidade nos tribunais de trabalho, na esteira de uma diretiva governamental[60] foi ressuscitado, mas em moldes bem diferentes, o aludido instituto de tentativa prévia de conciliação laboral, denominando-se, agora, de **Sistema de Mediação Laboral**[61]. Como aludido, quer na conciliação, quer na mediação surge um terceiro entre as partes em conflito. Porém, enquanto na primeira, como escreve o Prof. Romano Martinez "a negociação é incrementada e encaminhada" por tal terceiro já "a mediação, como ação ou efeito de mediar, pressupõe que alguém intervenha de modo a fomentar o encontro de vontades entre duas outras pessoas"[62].

[58] Para desenvolvimento v. João Pedroso e outros, Por Caminhos da Reforma da Justiça, Coimbra Editora, 2003, pág. 102.

[59] Segundo o Sistema de Informação das Estatísticas da Justiça (SIEJ), no âmbito da justiça laboral, enquanto, em 2009, deram entrada 58.092 processos, em 2013, tal número passou para 46.359 e em 2015 para 39.665. Segundo a sua temática, distribuíam-se nas seguintes percentagens aproximadas:

- Acidentes de trabalho e doenças profissionais 52%,
- Contratos individuais de trabalho 41%,
- Cumprimento de contratos e outras obrigações............ 2%,
- Procedimentos cautelares 1%,
- Outros.. 4%.

A duração média dos processos laborais findos situou-se nos 13 meses.

[60] Resolução do Conselho de Ministros n.º 172/2007, de 6 de novembro (Medidas de descongestionamento dos tribunais).

[61] www.portugal.gov.pt/Portal/PT/Governos/Governos_Constitucionais/GC17/Ministerios /MJ/Comunicacao tp:// /Outros Documentos/20060505_MJ_Doc_Mediacao_Laboral.htm e com toda a informação em www.gral.mj.pt.

[62] Resolução de Conflitos Laborais por Arbitragem, estudo *in* Prontuário de Direito do Trabalho n.º 87 CEJ-Coimbra Editora, setembro-dezembro 2010, págs. 281 e 282.

O Sistema de Mediação Laboral resultou de um protocolo entre o Ministério da Justiça (ex-Direcção-Geral da Administração Extrajudicial da Justiça, agora integrada na DGPJ[63]) e todas as confederações empresariais e de trabalhadores, assinado em 5 de maio de 2006, com entrada em vigor nesta data. Contém um anexo através do qual é incluído no Manual de Procedimento e Boas Práticas do Sistema de Mediação Laboral a orientação sobre acordos emergentes de despedimento[64].

Não se trata, pois, de um sistema de conciliação dirigida por representantes das associações sindicais e de empregadores, como acontecia nas antigas comissões corporativas e, depois, de conciliação e julgamento, mas, outrossim, de **mediação**, realizada por pessoas credenciadas e, naturalmente, com um estatuto de independência, constantes de **listas de mediadores** organizadas sob a égide da DGPJ, após frequência de cursos de formação certificada e de seleção[65].

O procedimento, consubstanciado no referido Manual, passa pelas 4 fases seguintes:

1.ª – O trabalhador (ou empregador) interessado comunica, por qualquer meio, com o Ponto de Contacto do SML (PC) naquela Direcção-Geral;
2.ª – O PC comunica com ambas as partes para viabilizar a mediação e indica um mediador laboral;
3.ª – Se necessário o PC providencia pelo local para reunirem;
4.ª – O acordo, se for alcançado, é reduzido a escrito e assinado, ainda que em matéria de despedimento deva mediar um prazo de cinco dias.

O acordo alcançado tem **força executiva** nos termos dos arts. 703.º, n.º 1 b) e 707.º do CPC e 88.º do CPT[66].

[63] www.dgpj.mj.pt. Neste sítio da Internet refere-se que já aderiram ao SML 80 entidades.

[64] Textos inseridos por Cátia Marques Cebola, *in* Resolução Extrajudicial de Conflitos – Coletânea de Legislação, Quid Juris, Lisboa, 2011, pág. 203.

[65] Portarias n.ºs 344 e 345/2013, ambas de 27 de novembro e 282/2010, de 25 de maio, que no seu anexo III contém o Regulamento do procedimento de seleção de mediadores para prestar serviços no sistema de mediação laboral.

[66] Em 2016, verificaram-se, tão somente, 18 propostas de mediação laboral e apenas três se concluíram.

Entretanto, através da introdução do art. 27.º-A no CPT, passou a aplicar-se ao processo de trabalho, com as necessárias adaptações, o sistema relativo à **mediação prevista no CPC**, que se contempla no art. 273.º, onde se regula a possibilidade de remessa do processo pelo juiz, em qualquer estado, para mediação, a homologação do acordo obtido e a suspensão da instância.

Desde que não se trate de direitos indisponíveis, na atualidade, os **julgados de paz** também podem disponibilizar um serviço de mediação "a qualquer interessado" e como "forma alternativa de resolução de quaisquer litígios, ainda que excluídos da competência (de julgamento) dos julgados de paz"[67]. Efetivamente, nos termos do art. 151.º da LOSJ, os julgados de paz não podem intervir em causas que "envolvam matéria de direito da família, direito das sucessões e direito do trabalho"[68]. Contudo o seu "serviço de mediação é competente para mediar quaisquer litígios que possam ser objeto de mediação, ainda que excluídos da competência do julgado de paz", conforme se dispõe no art. 16.º, n.º 3 da Lei n.º 78/2001, de 13 de julho, que regula a competência, organização e funcionamento de tais julgados. O respetivo procedimento decorrerá sob os auspícios de um mediador credenciado e, vindo alcançar-se um acordo, este não poderá ser homologado pelo juiz de paz por falta de competência em matéria laboral.

Mas tal acordo de mediação, "tem força executiva, sem necessidade de homologação judicial", como se dispõe no art. 9.º, n.º1 a) da citada Lei da Mediação (Lei n.º 29/2013). Deste modo, face a tais dispositivos legais, este acordo enquadra-se também na parte final da alínea a) do art. 88.º do CPT, podendo servir de base à execução.

Na **R.A. da Madeira** encontra-se criado o Serviço Regional de Resolução Voluntária de Conflitos do Trabalho[69], integrando, como opções, a conciliação, a mediação e a arbitragem voluntária de conflitos de trabalho. Mas uma das suas atribuições consiste na *conciliação dos conflitos*

[67] DL n.º 329/2001, de 20 de dezembro (criação de julgados de paz), art. 8.º e P. n.º 1112/2005, de 28 de outubro (Regulamento dos serviços de mediação dos julgados de paz).

[68] A sua competência material "é alternativa relativamente aos tribunais judiciais de competência territorial concorrente", cfr. Ac. n.º 11/2007, emitido em julgamento alargado do recurso, publicado em 25 de julho de 2007, sendo o seu relator o Conselheiro Salvador da Costa.

[69] DLR n.º 45/2006/M, de 24 de agosto.

individuais que voluntariamente lhe sejam submetidos pelas partes (art. 2.º, a) do Regulamento) obedecendo aos princípios do "tripartismo".

Na **R.A. dos Açores** funciona o Serviço Regional de Conciliação e Arbitragem do Trabalho (SERCAT), dotado de autonomia técnica e independência, competindo à Direção Regional do Emprego e Qualificação Profissional (DREQP), Direção de Serviços do Trabalho e Agências para a Qualificação, Emprego e Trabalho de Angra de Heroísmo e da Horta assegurar o apoio técnico e administrativo necessário ao seu funcionamento[70].

6. A arbitragem

A arbitragem é um dos meios de resolução alternativa de litígios que "são parte integrante do nosso sistema de justiça, sendo impensável pensá-lo hoje sem o incluir"[71]. É no último Livro do CPC (VI) que se prevê o tribunal arbitral[72], ou seja, a arbitragem, como modo (muito avançado e opcional) de resolver conflitos. Hoje em dia, neste Código apenas se mantêm os artigos 1082.º a 1085.º relativos à arbitragem obrigatória ou necessária, contendo algumas regras sobre a nomeação e substituição dos árbitros e (no último artigo do CPC – o 1085.º) remetendo *para o disposto na lei da* ***arbitragem voluntária***[73].

Esta é a Lei n.º 63/2011, de 14 de dezembro, que na esteira do previsto no art. 150.º da LOSJ aprova a "lei da arbitragem voluntária"[74]-[75]. Nela se dispõe, no n.º 4, do art. 4.º, que *a submissão a arbitragem de litígios*

[70] Para desenvolvimento, v. estudo da Prof.ª Paula Costa e Silva, *De minimis non curat praetor. O acesso ao sistema judicial e os meios alternativos de resolução de controvérsias: alternatividade efectiva e complementaridade, in* O Direito, ano 140.º, 2008, VI, pág. 735.

[71] Mariana França Gouveia, Curso de Resolução Alternativa de Litígios, Almedina, Coimbra, 2011, pág. 33.

[72] Em consonância com o disposto no n.º 2 do art. 209.º da CRP.

[73] Sendo certo que ainda são feitas referências expressas à exequibilidade das decisões arbitrais (arts. 706.º, n.º 1), ao compromisso arbitral (arts. 277.º b) e 280.º) à preterição do tribunal arbitral voluntário (art. 578.º) e à execução baseada em sentença arbitral (art. 730.º).

[74] Esta legislação, bem como o quadro normativo internacional da arbitragem pode ver-se em João Álvaro Dias, Resolução Extrajudicial de Litígios, Almedina, Coimbra, 2002; em Cátia Marques Cebola, cit. Resolução Extrajudicial de Conflitos e em Armindo Ribeiro Mendes e outros, Lei da Arbitragem Voluntária Anotada, Almedina – APA, Coimbra, 2012.

[75] Que revogou a Lei n.º 31/86, de 29 de agosto. Para além de outra legislação, salienta-se o recente DL n.º 60/2011, de 6 de maio, que cria a Rede Nacional de Centros de Arbitragem

emergentes de ou relativos a **contratos de trabalho** *é regulada por lei especial, sendo aplicável, até à entrada em vigor desta o novo regime aprovado pela presente lei, e, com as devidas adaptações, o n.º 1 do artigo 1.º da Lei n.º 31/86, de 29 de Agosto, com a redação que lhe foi dada pelo Decreto-Lei n.º 38/2003, de 8 de Março.* Prevê-se, pois, a formulação de uma nova lei sobre a arbitragem para resolução de conflitos emergentes do contrato de trabalho. Mas, por enquanto, continua em vigor o disposto naquele n.º 1, que, sob a epígrafe "convenção de arbitragem", estabelece que *desde que por lei especial não esteja submetido exclusivamente a tribunal judicial ou a arbitragem necessária, qualquer litígio que não respeite a direitos indisponíveis pode ser cometido pelas partes, mediante convenção de arbitragem, à decisão de árbitros.* Acontece que, nos tempos que correm, a maior parte dos litígios no âmbito do contrato de trabalho, pelo menos no setor privado, cingem-se à cessação do contrato de trabalho. Ora, neste âmbito e no que se refere à **regularidade e licitude do despedimento**, nos termos e conforme a epígrafe do art. 387.º do CT, esta matéria... "só pode ser apreciada por tribunal judicial".

Ao nível das **relações (individuais) de trabalho** o mesmo pode acontecer, mas não pode deixar de ser ponderada a sua validade face às regras de competência internacional dos tribunais de trabalho e sobre os **pactos privativos de jurisdição** (arts. 10.º e 11.º do CPT) e de competência interna (arts. 13.º a 18.º a 19.º) no qual se comina a nulidade dos **pactos de desaforamento**[76]. Como salienta o Prof. Romano Martinez[77] "os arts. 387.º e 388.º do CT2009 só vedam o recurso à arbitragem no que respeita à determinação da regularidade e da licitude do despedimento (individual e coletivo), não obstando, por isso, a que outras questões laborais sejam dirimidas por via arbitral", acrescentando "desde que preencham o requisito da *disponibilidade* do direito" e mais adiante ainda que "cabe atender à *irrenunciabilidade* de certos direitos". Como

Institucionalizada (RNCAI) e estabelece as formas e critérios de financiamento e avaliação dos centros que a integram.

[76] Para desenvolvimento v. estudo de Lucinda D. Dias da Silva, Arbitragem e *Iuris Laboreis Alma*, *in* QL, n.os 26 e 27 (2006), respetivamente, págs. 194 e 91.

[77] Estudo citado, págs. 299 e 300 e Direito do Trabalho, 2017, 8.ª ed. IDT/Almedina, pág. 1307.

direitos indisponíveis do trabalhador, pela sua natureza, dá como exemplo os direitos de personalidade.

É pelo mesmo diapasão, que segue a jurisprudência, ao julgar que um trabalhador que aceitou ser beneficiário de um fundo de pensões também aceitou uma convenção de arbitragem prevista nos respetivos estatutos. E, assim, "recorrendo ao tribunal do trabalho para fazer valer direito relativo ao mencionado fundo em lugar de recorrer ao tribunal arbitral, dá origem à procedência da exceção dilatória de preterição do tribunal arbitral". Rematando-se no sumário de tal acórdão que "o direito contratualmente constituído aquando da cessação do contrato de trabalho, a pensão de reforma a cargo de fundo de pensões não é um *direito indisponível* e, por isso, a convenção de arbitragem é legalmente possível"[78]. O mesmo já se passou em litígio emergente da resolução de um **contrato de trabalho desportivo** subordinado a convenção de arbitragem voluntária[79]. De resto, no atual regime jurídico do contrato de trabalho do praticante desportivo, do contrato de formação desportiva e do contrato de representação ou intermediação estabelece-se que, para a solução de quaisquer conflitos emergentes daqueles dois primeiros contratos, se possa prever por convenção coletiva o recurso ao Tribunal Arbitral do Desporto. Efetivamente podem ser submetidos a este Tribunal "quaisquer litígios emergentes de contratos de trabalho desportivo celebrados entre atletas ou técnicos e agentes ou organismos desportivos, podendo ser apreciada a regularidade e licitude do despedimento", embora tenha de haver prévia convenção de arbitragem[80].

[78] Ac. do TRL, de 25-11-2009 [Rel. Des. Paula Sá Fernandes] *in* C.J., Ano XXXIV, Tomo V/2009, pág. 147.

[79] Ac do TRL, de 13-04-2011 [Rel. Des. Isabel Tapadinhas] in C.J., Ano XXXVI, Tomo III/2011, pág. 171.

[80] Art. 7.º da Lei do Tribunal Arbitral de Desporto aprovada pela Lei n.º 74/2013, de 6 de setembro. O decreto da A.R. com o texto inicial deste diploma foi objeto de apreciação preventiva pelo TC que decidiu "pronunciar-se pela inconstitucionalidade, por violação do direito de acesso aos tribunais consagrado no artigo 20.º, n.º 1, e por violação do princípio da tutela jurisdicional efetiva, previsto no artigo 268.º, n.º 4, da Constituição da República Portuguesa, da norma constante da 2.ª parte do n.º 1 do artigo 8.º, conjugada com as normas dos artigos 4.º e 5.º, todos do Anexo ao Decreto n.º 128/XII, na medida em que delas resulte a irrecorribilidade para os tribunais do Estado das decisões do Tribunal Arbitral do Desporto proferidas no âmbito da sua jurisdição arbitral necessária" (Ac. n.º 230/2013, publicado em 9 de maio de 2013). Depois, em sede de fiscalização sucessiva, o TC voltou a considerar incons-

Ainda no Estatuto da Carreira Docente Universitária, se prevê a resolução alternativa de litígios, preceituando-se que "sem prejuízo da possibilidade de recurso a outros mecanismos extrajudiciais de resolução de conflitos, pode ser constituído tribunal arbitral para julgamento de quaisquer litígios emergentes de relações reguladas pelo presente Estatuto, inclusive as relativas à formação dos contratos quando não estejam em causa direitos indisponíveis e quando não resultem de acidentes de trabalho ou de doença profissional" [81].

No âmbito do seguro de acidentes de trabalho, na sequência do disposto no art. 81.º da Lei n.º 98/2009, de 4 de setembro, vigora a Portaria n.º 256/2011, de 5 de julho que aprovou "a parte uniforme das condições gerais da apólice de seguro obrigatório de acidente de trabalho para trabalhadores por conta de outrem, bem como as respetivas condições uniformes...". Acontece que no seu art. 34.º, depois de confirmar que "a lei aplicável a este contrato é a lei portuguesa" e que "podem ser apresentadas reclamações" prevê ainda que "nos litígios surgidos ao abrigo deste **contrato (de seguro de acidente de trabalho)** pode haver recurso à **arbitragem**, a efetuar nos termos da lei" prevendo-se, no artigo seguinte, que "o foro competente para dirimir os litígios emergentes deste contrato é o fixado na lei civil". Assim, terá de se admitir, que no restrito âmbito do contrato de seguro e da respetiva apólice, mas não no círculo dos acidentes de trabalho (e doenças profissionais), é possível estabelecer-se uma cláusula de arbitragem, para além de ser o juízo cível o competente, em detrimento do tribunal do trabalho.

7. Os procedimentos previstos na lei substantiva

No direito (substantivo) do trabalho sempre se estabeleceu a obrigação de se realizarem certos atos formais, em geral, pelo empregador, como por exemplo, o registo da admissão de trabalhadores, a sua inscrição na previdência/segurança social, a aprovação de horários de trabalho (antigamente necessária) e outros. A partir de 1975, começa a impor-se a realização de determinadas sequências de atos para o empregador poder

titucionais os n.os 1 e 2 do art. 8.º, com voto de vencida da Conselheira Maria João Antunes no sentido de que, sendo este tribunal criado por lei (e não por negócio jurídico), a irrecorribilidade das suas decisões não violava o direito de acesso aos tribunais.

[81] Versão do DL n.º 205/2009, de 31 de agosto, art. 84.º-A, n.º 1.

tomar certas decisões, em especial, para fazer cessar o contrato de trabalho com a invocação de justa causa. Surge, assim, o processo disciplinar, cuja necessidade a jurisprudência veio a alargar para o exercício do poder disciplinar, com exceção da admoestação. Implicitamente, acabou por ser imposto o processo de inquérito, como prévio ao disciplinar para dar a este alguma sustentação.

Mas com o Código do Trabalho, o fenómeno acentuou-se, determinando-se e regulando-se diversos **procedimentos**. Como seria de esperar, a jurisprudência fê-lo recrudescer, valorizando tais processos como se fossem judiciais, que assim passaram a ter uma relevância digna de nota, não podendo deixar de merecer atenção em qualquer estudo de direito processual do trabalho. Dando-lhe uma visão de conjunto, Bernardo da Gama Lobo Xavier define-os *como sequência de atos estabelecidos nas normas de trabalho e por estas normas regulados com vista à realização de um acto final, no procedimento também compreendido*[82]. Invocando a sua natureza instrumental, evidencia que se aplicam em quase todos os casos de cessação do contrato de trabalho e para a sua justificação aponta razões de justiça, objetivação e racionalização, eficiência na decisão e integração funcional dos interesses, terminando por admitir que tais procedimentos privados acabam por servir de controlo dos poderes empresariais.

Numa perspetiva eminentemente formal, indicam-se os procedimentos, como tal caracterizados no CT:

- Exercício de direitos de trabalhador-estudante – art. 96.º;
- Caso de transferência temporária ou definitiva – art. 196.º;
- Redução temporária ou suspensão do contrato de trabalho – art. 299.º;
- Encerramento temporário por facto imputável ao empregador– art. 311.º;
- Ação disciplinar – art. 329.º;
- Despedimento por facto imputável ao trabalhador – art. 353.º;
- Despedimento coletivo – art. 360.º;
- Despedimento por extinção de posto de trabalho – art. 369.º;
- Despedimento por inadaptação – art. 373.º;
- Resolução de contrato pelo trabalhador – art. 395.º;

[82] RDES, Ano XLVIII, n.º 1-2, janeiro-junho 2007, pág. 42.

- Constituição e aprovação de estatutos de comissão de trabalhadores - art. 430.º;
- Constituição de associações sindicais e de empregadores - art. 445.º;
- Negociação coletiva - art. 486.º;
- Arbitragem - art. 505.º;
- Elaboração de portarias de extensão e de condições mínimas - art. 516.º;
- Conciliação - art. 524.º;
- Mediação - art. 527.º.

Destes procedimentos, tendo em conta a sua complexidade e interesse prático, apenas o que visa a aplicação de sanções disciplinares e o despedimento, o da arbitragem e de conciliação e mediação serão objeto de análise em capítulos posteriores.

8. A reforma do processo e a legislação complementar e regulamentar

Devido a diversos males[83], tem vindo o sistema de justiça português a desprestigiar-se, tornando-se endémica a morosidade em que caiu e passando a constituir um óbice ao desenvolvimento económico e social. E a este propósito escreve Conceição Gomes "o sistema judicial vive o seguinte paradoxo: mobilizado para a defesa e tutela dos direitos fundamentais, é, ele próprio, agente da violação desses direitos"[84].

Procurando contrariar tal tendência, têm vindo a ser concretizadas diversas reformas, que, direta ou reflexamente, estão a alterar o direito processual do trabalho e a sua *praxis*. A principal traduziu-se no **novo CPC**, aprovado pela Lei n.º 41/2013, de 26 de junho, que passou a vigorar no dia 1 de setembro de 2013. Entretanto, foi publicada a nova **LOSJ**, contida na Lei n.º 62/2013, de 26 de agosto e a sua regulamentação, que

[83] Falta de jurisprudência uniformizada; adiamentos frequentes; prazos longos; atuação para o processo em si, sem ter em consideração a concreta realidade social e a situação das pessoas intervenientes, quer singulares, quer coletivas; julgamento de conformidade com o politicamente correto ou em voga na comunicação social e não "em nome do povo", entendido como a sociedade atual e a futura; falta de especialização em prol da carreira; falta de contingentação processual e da inerente responsabilização nos atrasos; inspeção interna meramente formal; não utilização dos meios coercivos para a litigância de má fé; falta de formação profissional; irresponsabilidade, diminuição do estatuto...

[84] Os Atrasos na Justiça, Fundação Francisco Manuel dos Santos, Lisboa, 2011, pág. 109.

vieram a ser alteradas, em 2016, por forma consensual, tudo constituindo, sem dúvida, a grande "reforma estrutural".

Falta, contudo, a atualização do Código de Processo do Trabalho.

Para regulamentação do novo CPC, foram publicadas diversas portarias, nomeadamente sobre a **tramitação eletrónica** dos processos judiciais – Citius – P. n.º 280/2013, de 26 de agosto, alterada pela P. 170/2017, de 25 de maio, permitindo a entrega de peças processuais de natureza civil (incluindo a laboral) através do sítio http://citius.tribunaisnet.mj.pt.[85]. Interessa ainda referir a P. n.º 220-A/2008, de 4 de março, relativa ao Balcão Nacional de Injunções e as Portarias n.ºs 331-A/2013 e 282/2013 sobre as **ações executivas** cíveis.

Ainda, não pode ser olvidado o **Regulamento das Custas Processuais**, aprovado pelo DL n.º 34/2008, de 26 de fevereiro, que acabou por entrar em vigor em 20 de abril de 2009[86], aplicável "aos processos que corram termos nos tribunais judiciais e nos tribunais administrativos e fiscais" com um novo sistema de isenção e dispensa de custas a favor dos trabalhadores (alínea h) do art. 4.º) e até dos sindicatos "quando litigam em defesa coletiva dos direitos individuais dos seus associados[87], mas impondo o pagamento de taxa de justiça na impugnação das decisões nos processos contraordenacionais (art. 8.º).

Como legislação complementar, haverá de se ter em conta a Lei n.º 34/2004, de 29 de julho, sobre a **acesso ao direito e aos tribunais**, regulamentada pela Portarias n.ºs 10/2008, de 3 de janeiro e 1085-A/2004, de 31 de agosto, estabelecento esta os critérios de prova e de apreciação da insuficiência económica para a concessão da proteção jurídica. Ainda o DL n.º 71/2005, de 17 de março, disciplina o acesso ao direito e aos tribunais no âmbito dos litígios transfronteiriços.

[85] Ultrapassando a prática de atos processuais por telecópia (DL n.º 28/92, de 27 de fevereiro) e a comunicação com os tribunais por correio eletrónico (Portaria n.º 642/2004, de 16 de junho). Pela Resolução do Conselho de Ministros n.º 98/2013, publicada em 30/12/2013, foram considerados prioritários diversos sistemas de informação e aplicações informáticas no âmbito do Ministério da Justiça.

[86] *Ex vi* do art. 156.º da Lei n.º 64-A/2008, de 31 de dezembro, que aprova o Orçamento do Estado para 2009.

[87] Cfr Ac. do STA n.º 5/2013, publicado em 17 de maio de 2013.

III
Sistemas Jurisdicionais Estrangeiros

1. Considerações gerais

Não caberá neste compêndio um estudo de confronto com outros sistemas organizativos da justiça laboral ou social. Muito menos um estudo de direito comparado[88], que implicaria a contemplação das diferentes formas processuais utilizadas pelos diversos órgãos jurisdicionais de distintos Estados. Segue-se apenas o resultado de uma breve indagação[89] de alguns dos sistemas dos países com maior afinidade com o nosso.

De tal indagação, poderá concluir-se que, por esse mundo fora, existem todos os modos possíveis de organização judiciária, isto é, uns que se integram na **ordem dos tribunais** comuns e outros que compõem ordens jurisdicionais próprias apenas com **competência** para o setor laboral ou até social (trabalho e segurança social). E dentro destes, uns também abrangem o contencioso dos funcionários do Estado e outros apenas o do setor privado.

[88] Segundo Dário Moura Vicente, o Direito Comparado será o "ramo da Ciência Jurídica que tem por objeto o Direito na sua pluralidade e diversidade de expressões culturais e procede ao estudo comparativo destas" in Direito Comparado, vol I, 2.ª ed., Almedina, Coimbra, 2012, pág. 18.

[89] Hoje em dia, é fácil proceder a tal indagação, nomeadamente através do Portal Europeu da Justiça, em especial por meio do tema sobre a "cooperação judiciária em matéria civil na União Europeia" [https://e-justice.europa.eu].

Mas, quer uns, quer os outros, podem observar **lei processual** específica ou a lei processual civil geral com algumas especialidades. Em muitos, para além dos juízes de carreira, podem cooperar no julgamento **juízes sociais**, eleitos ou cooptados para um caso apenas ou por um certo período de tempo.

Em todos prevalece a **tentativa de conciliação** (de mediação ou arbitragem) como instrumento essencial para procurar resolver os litígios laborais, quer em momento prévio, quer na decorrência do processo judicial.

Curiosamente, nestes domínios, o sistema da "common law", quer no Reino Unido, quer na generalidade dos Estados americanos, não diverge muito do sistema continental europeu.

2. Espanha

O sistema judicial é composto por diversas ordens jurisdicionais, entre as quais a **social**, para dirimir os conflitos laborais e de segurança social. Esta ordem assenta nos "juzgados de lo social", que são tribunais de 1.ª instância. Das suas decisões poderá recorrer-se para as secções sociais dos tribunais superiores. Destes ainda se poderá recorrer para a secção social da Audiência Nacional ou para o Supremo Tribunal.

A atuação daqueles órgãos jurisdicionais de ordem social regia-se pela Lei do Procedimento Laboral, agora substituída pela Ley 36/2011, de 10 de outubro "reguladora de la jurisdiccion social", à qual subsidiariamente se aplica a "Ley de Enjuiciamiento Civil".

Previamente ao procedimento judicial é obrigatória a tentativa de conciliação ou de mediação (art. 63.º) ou a reclamação hierárquica, no âmbito do emprego público (art. 69.º)[90].

3. Reino Unido

Como os "courts" tradicionais da "common law", disfrutando de plena autonomia no seu julgamento, frequentemente, não aplicavam a legislação social escrita (statutes) e ainda menos as convenções coletivas de tra-

[90] Para desenvolvimento: Alfredo Montoya Melgar, Derecho del Trabajo, 38.ª ed., 2017 e com Jesus M. Galiano Moreno e outros, Curso de Procedimiento Laboral, 10.ª ed. 2014, ambos da Editorial Tecnos, Madrid e Mónica Albiol Ortuño e outros, Derecho Procesal Laboral, Editorial Tirant Lo Blanch, 11.ª ed., Valência, 2015.

balho, foi instituído[91] um sistema próprio com base nos "industrial tribunals", depois designados "employment tribunals"(ET)[92]. Estes tribunais de 1.ª instância, foram constituídos ao abrigo do "Employment Tribunals Act", 1996, e passaram a aplicar a lei fundamental inglesa das relações de trabalho – "Employment Rights Act" 1996 (ERA) – e as leis (escritas) complementares. Compõem-no, para além do presidente legalmente qualificado, mais dois membros indigitados, um pelas organizações de empregadores e o outro pelas associações sindicais.

Antes de recorrer ao tribunal, o que por este é ponderado, devem ser utilizados os serviços de uma instituição britânica de grande prestígio – a ACAS ("Advisory, Conciliation and Arbitration Service"), que, até por telefone, poderá disponibilizar um mediador[93].

Das decisões daqueles tribunais pode recorrer-se para o competente "employment appeal tribunal" (EAT) e, eventualmente, para o "United Kingdom Employment Appeal Tribunal" (UKEAT)[94].

Cada um destes tribunais tem leis de processo próprias, desenvolvidas com base no "Employment Appeal Tribunal Rules", 1993, com alterações[95-96].

4. Itália

As questões sociais são julgadas na jurisdição civil através de tribunais comuns, singulares, em primeira instância ("giudizio di primo grado").

Em segunda instância, existem tribunais de recurso regionais e, no cume da hierarquia, o Tribunal Supremo de Cassação (com sede em Roma).

Não há código de processo laboral, mas no "Codice di procedura civile", existem normas especificas no "*Libro secondo – del processo di cogn-*

[91] Industrial Training Act (1964).

[92] Mas poderá o processo também ser apresentado num "civil court" como indica Julian Yew, Dismissals – Law and Practice, The Law Society, 2.ª ed., Londres, 2005, pág. 203.

[93] https//.www.acas.org.uk e www.gov.uk/employment tribunals.

[94] A sua copiosa jurisprudência é publicada em http//:www.bailii.org/uk/cases/UKEAT.

[95] www.gov.uk/employment-tribunals e www.justice.gov.uk/tribunals.

[96] Para desenvolvimento: Tom Harrison, Employment Law – Institutions of Employment Law, 6.ª ed., Business Education Publishers, Bath, pág. 27; Tamara Lewis, Employment Law, 11.ª ed, LAG, Londres, 2015, pág. 653 e Astra Emir, Law of Employment, Selwyn´s, 19.ª ed., Oxford, 2016, pág. 8.

gizione", onde se contêm *"norme per le controversie in materia di lavoro"* (arts. 409.º a 473.º) com:

Cap. I – Delle controversie individuali di lavoro
Cap. II – Delle controversie in materia di previdenza e di asristenza oblligatorie.[97-98]

5. Alemanha

O sistema judiciário, para além do tribunal constitucional, de conformidade com o art. 95.º da Lei Fundamental da R.F. da Alemanha, compõe-se de cinco ramos ou competências especializadas independentes, entre as quais avulta a de competência do direito laboral.

Esta entronca no Tribunal Federal do Trabalho (Bundesarbeitsgericht), que contém 10 secções especializadas, julgando em sistema de cassação e apenas quanto à aplicação de direito. Está sediado, não em Berlim, mas em Erfurt. No âmbito do contencioso do direito da segurança social funciona o Bundessozialgericht.

Na 1.ª instância existem os tribunais de trabalho (Arbeitsgerichte) e em 2.ª instância os tribunais regionais do trabalho (Landessarbeitsgerichte), em regra, em cada um dos Estados federados.

Nas instâncias, os juízes togados são assessorados por juízes sociais profissionalizados, que são nomeados pelas autoridades administrativas.

Os tribunais observam uma lei de organização e de processo própria (Arbeitsgerichtsgezetez – ArbGG) que admite larga aplicação subsidiária do Código de Processo Civil (ZPO).

Ainda no processo judicial é realçada a proeminência da conciliação (§ 54 ArbGG), podendo logo nela o juiz discutir com as partes o tema do litígio para avaliar se a ação pode ter sucesso[99-100].

Ao nível das empresas para além das comissões de trabalhadores (Betriebsrat), devem existir conselhos de conciliação (§ 74.º e sgs. do Código do Trabalho – Betriebsverfassungsgezetz – BetrVG).

[97] www.diritto.it Santoro Passarelli, Diritto e processo del lavoro e della previdenza sociale – Privato e Publico, Giusepe UTET, 2013.

[98] Para desenvolvimento: G. Amoroso e outros, Diritto del Lavoro, II – Processo, 2.ª ed., Giuffré Editore, Roma, 2012.

[99] www.bundesarbeitsgericht.de e e-justice.europa.eu.

[100] Será o sistema mais completo e mais eficiente da Europa: tempo médio para solucionar as questões laborais em geral – 1 a 3 meses e as questões de despedimento – até 1 ano.

6. França

Existem várias seriações de tribunais, designadas como jurisdições, mas organizadas em duas grandes ordens: a ordem judicial e a ordem administrativa.

Os órgãos competentes em matéria laboral são os já historiados "conseils de Prud'hommes". Cada um destes conselhos, que se espalham por toda a França, é composto por juízes eleitos que representam, em igual número, os empregadores e os trabalhadores. Mas neles pode ainda intervir o juiz togado do "tribunal d'instance".

A sua competência, atribuições, organização, funcionamento e a eleição dos "conseillers proud'hommes" constam do Código do Trabalho, no art. L 1421 e sgts. É ainda nesta parte do mesmo Código que se integram as regras sobre os "bureaux de conciliation e de jugement", bem como do procedimento a observar, incluindo nos recursos e até sobre os emolumentos e custas[101].

Para além dos conselhos, existem ainda os tribunais para os assuntos de segurança social, com juiz de carreira e assessores[102].

7. Brasil

Entre diversas ordens de tribunais, existe uma orgânica própria para os tribunais de trabalho – Justiça do Trabalho – que também é competente para a área da previdência social. É estruturada em varas (primeira instância), tribunais regionais de trabalho (por regiões que englobam alguns Estados) e o Tribunal Superior do Trabalho (em Brasília), cujos juízes (17) têm a denominação de Ministros. Igualmente, existe um Ministério Público do Trabalho, com as procuradorias da justiça do trabalho e da previdência social.

As regras específicas desta organização judicial e do processo laboral constam da Consolidação das Leis de Trabalho[103] (artigos 643.º e sgs.),

[101] Para desenvolvimento: Code du Travail, 80.ª ed., Dalloz, Paris, 2017 contendo a Reforma Macron e em filme: http://www.justice.gouv.fr/organisation.de.la.justice-10031/orde-judiciaire-10033/conseil.

[102] e-justice e www.legisfrance.gouv.fr.

[103] De 1 de maio de 1943 (Getúlio Vargas) com numerosas alterações, a última das quais introduzida pela Lei n.º 13.467, de 13 de julho de 2017.. O seu texto e alterações pode ver-se em www.planalto.gov.br/ccivilo3.

aplicando-se subsidiariamente o Código de Processo Civil[104] . É também em tal Consolidação (art. 647.º) que se regulam as juntas de conciliação e julgamento, que integram um juiz e dois vogais, um em representação dos trabalhadores e outro dos empregadores[105].

[104] Cuja nova versão foi recentemente aprovada, tendo entrado em vigor em 2016.

[105] Para desenvolvimento: Mozart Victor Russomano, Direito do Trabalho e Direito Processual do Trabalho, 2.ª ed., Juruá Editora, Curitiba, 2002; Orlando Gomes e Elson Gottshalk, Curso de Direito do Trabalho, com atualizações, 19.ª ed., Forense, Rio de janeiro, 2012, pág. 814 e sgs. e Amuri Mascaro Nascimento, Curso de Direito do Trabalho, Editora Saraiva, 19.ª ed., São Paulo, 2004, pág. 1145 e sgts e Francisco Ferreira Jorge Neto e outo, Direito Processual do Trabalho, 7.ª ed., Atlas, São Paulo, 2015, pág. 117 e sgts.

IV
O Direito Processual do Trabalho

1. Princípios fundamentais

Atendendo ao que se preceitua no n.º 3 do art. 1.º do CPT, que faz depender a adequação das normas subsidiárias à "índole do processo" laboral, neste, tendencialmente, vigoram os mesmos princípios gerais ou estruturantes do direito processual civil, que a seguir (num dos seus elencos possíveis)[106] se lembram:

Princípio do direito à jurisdição ou de acesso à justiça
- DUDH, art. 10.º; PIDCP, art. 14.º -1.º;
- CEDH, art. 6.º-1.º; CRP, arts. 2.º, 20.º, 2 e 202.º e sgs.;
- CPC, art. 2.º, apoio judiciário e ação popular.

Princípio da proibição da autodefesa
- CPC, art. 1.º.

Princípio do direito ao processo justo ou equitativo
- DUDH, art. 10.º; PIDCP, art. 14.º-1; CEDH, art. 6.º-1:
- Direito a julgamento equitativo com garantias de imparcialidade e independência do tribunal;

[106] Para desenvolvimento ver Miguel Teixeira de Sousa, Estudos sobre o Novo Processo Civil, Lex, Lisboa, 1998, pág. 33 e sgs.; José Augusto Pais de Amaral, Direito Processual Civil, 11.ª ed. Coimbra, 2013, pág. 13 e sgs.; José Lebre de Freitas, Introdução ao Processo Civil, 3.ª ed., Coimbra Editora, 2013, pág. 93 e sgs.; Fernando Pereira Rodrigues, O Novo Processo Civil – Os Princípios Estruturantes, Almedina, Coimbra, 2013.

– Igualdade das partes;
– Publicidade das audiências;
– Juiz legal ou natural;
– Proferimento da decisão em prazo razoável.

Princípio ou garantia do contraditório – arts. 3.º, 372.º, 415.º e 604.º, n.º 3 e):
– Direito à audição prévia;
– Direito de resposta;
– Direito da audiência contraditória.

Princípio da adequação formal – arts. 547.º, 591.º, 1 e), 597.º, 630.º, n.º 2:
– Realização de atos não previstos na tramitação legal;
– Dispensa de atos que se revelem inidóneos para o fim do processo, sendo, pois, permitido estabelecer uma tramitação sucedânea.

Princípio da legalidade das formas processuais – art. 131.º
– Mas havendo a considerar as regras gerais sobre a nulidade dos atos (art. 195.º).

Princípio da duração razoável do processo – art. 156.º
– Contra a lentidão e a morosidade.

Princípio do direito à prova – art. 410.º
– Ónus da prova e sua distribuição – utilização dos meios de prova;
– Limites – provas proibidas.

Princípio da imediata aplicação da lei processual – *Aplicação imediata do novo CPC a todos os processos,* mesmo aos que já estavam em curso, mas com a observância de algumas regras transitórias (arts. 5.º a 7.º da Lei de aprovação). Apenas ficaram excluídos:
– os procedimentos cautelares antes instaurados, e,
– os procedimentos e incidentes de natureza declarativa...

Princípio do dispositivo e da disponibilidade privada – arts. 3.º, n.º 1; 259.º e 609.º:
– Autonomia das partes na definição dos fins do processo que intentem;
– Domínio das partes sobre os factos a alegar e os meios de prova a utilizar.

Princípio da igualdade e da autorresponsabilidade das partes – arts. 4.º e 5.º.

Princípio do inquisitório ou da oficiosidade (e da instrução) – arts. 6.º, 150.º e 411.º.

Princípio da cooperação – art. 7.º:
- Dever de boa fé processual – arts. 8.º e 542.º *a contrario;*
- Dever de recíproca correção – arts. 9.º e 151.º;
- Dever de cooperação para a descoberta da verdade – 417.º.

Princípio da preclusão – arts. 5.º, n.º 1; 139.º, n.º 3; 423.º; 552.º, n.º 1 d); 573.º e 574.º.

Princípio do conhecimento oficioso do direito – art. 5.º, n.º 3.

Princípio da prevalência da decisão de mérito – art. 6.º.

Princípio da limitação dos atos – art. 130.º.

Princípio do juiz legal ou natural – art. 203.º.

Princípio da estabilidade da instância – art. 260.º.

Princípio da submissão aos limites do direito substantivo – art. 289.º.

Princípio da aquisição processual – art. 413.º.

Princípio da imediação das provas – art. 500.º.

Princípio da oralidade – arts. 591.º, n.º 1 e) e f) e 604.º, n.º 5.

Princípio da plenitude da assistência do juiz – art. 605.º.

Princípio da livre apreciação das provas – art. 607.º, n.º 5.

Princípio da publicidade do processo e audiência:
- Garantia da publicidade e da audiência dos tribunais – CRP art. 209.º e CPC, art. 606.º;
- Garantia de acesso aos autos por todos os interessados – CPC, art. 163.º e sgs.

Todavia, face ao especial fundamento do direito substantivo aplicável através do processo laboral, também neste se fazem sentir os princípios do direito do trabalho, nomeadamente em virtude da **imperatividade (relativa ou absoluta) da generalidade das suas normas** que se liga ao **princípio do tratamento mais favorável ao trabalhador**[107].

Donde resulta, desde logo uma das maiores especificidades do direito processual laboral em relação ao direito processual comum e se caracteriza pela **prevalência do princípio da verdade material sobre o princípio do dispositivo** e que se traduz na possibilidade de haver:

[107] CT, arts. 3.º; 121.º, n.º 3 e 476.º.

- ampliação da matéria de facto pelo juiz (art. 72.º, n.ºs 1, 2 e 4 do CPT);
- condenação em quantidade superior ao pedido ou em objeto diverso, (art. 74.º do CPT) o que é impossível no processo civil (art. 609.º, n.º 1 do CPC);
- participação no processo de diversas pessoas (arts. 3.º a 5.º e 27.º a) do CPT);
- determinação da prática de atos necessários ao suprimento de falta de pressupostos processuais suscetíveis de sanação e convite às partes para completar e corrigir articulados (art. 27.º a) e b)), o que passou também a ser possível de forma mais evidenciada no processo civil, como resulta do teor do n.º 2 do art. 590.º e do art. 28.º ambos do CPC;
- representação e patrocínio judiciário pelo M. P. (art. 6.º a 9.º do CPT).

Invocando o Prof. Raúl Ventura como o maior pensador e responsável pelo direito processual do trabalho português[108], José António Mesquita apresenta, no seu estudo Princípios Gerais do Direito Processual do Trabalho[109], a síntese de tais **princípios** do seguinte modo:

- A hipervalorização do ato conciliatório;
- A celeridade processual;
- A simplicidade da tramitação;
- A imediação entre o juiz e as partes;
- A oficiosidade do impulso processual;
- A igualdade real das partes, que não apenas a igualdade jurídica;
- A prevalência do inquisitório sobre o dispositivo;
- A condenação *ultra vel extra petitum.*

O mesmo autor, depois de mencionar a curiosa e ainda atual polémica entre os Profs. Raul Ventura e Adelino da Palma Carlos, em que este

[108] e do próprio direito substantivo tendo lecionado a primeira cadeira anual de Direito do Trabalho, na FDL, no ano de 1948/49, cujas lições se encontram inseridas *in* Estudos em Homenagem ao Prof. Raul Ventura, vol. II, Coimbra Editora, 2003, pág. 549.

[109] RDES, julho-dezembro 2006, pág. 209. Segue-se-lhe o estudo sobre o mesmo tema no direito brasileiro, que se encontra muito desenvolvido, da autoria de Yone Frediani.

defende tão somente as especificidades do direito substantivo do trabalho e não do seu direito processual[110], sintetiza os **princípios de maior relevância** como sendo os seguintes:

- Hipervalorização da conciliação;
- Patrocínio judiciário pelo Ministério Público;
- Forma processual única;
- Suprimento oficioso de vícios e irregularidades;
- Impulso processual e indagação oficiosa;
- Ampliação da base instrutória;
- Condenação *extra vel ultra petita;*
- Recursos (critério dos interesses imateriais, requerimento de interposição do recurso[111] e parecer do M.P.); e,
- Oficiosidade da execução.

Por sua vez, Isabel Alexandre, no seu estudo sobre o mesmo tema dos Princípios Gerais do Processo do Trabalho[112], desenvolve os seguintes:

- Gratuitidade ou baixo custo;
- Não obrigatoriedade de assistência de advogado ou procurador;
- Possibilidade de representação das partes;
- Celeridade;
- Simplicidade da tramitação;
- Imediação;
- Oralidade;
- Publicidade;
- Concentração;
- Unidade de instância;
- Intervenção eventual de assessores ou peritos;
- Igualdade real das partes;

[110] Suplemento do Boletim da Faculdade de Direito de Lisboa, 1964, pág. 91.

[111] A especificidade de juntar a alegação ao requerimento de interposição fica ultrapassada face à nova reforma dos recursos em processo civil operada pelo DL 303/2007, através da qual, como escreve o Cons. Cardona Ferreira *passa a ser regra interpor e alegar (com conclusões), como acto inicial global da fase de recurso: novos arts. 684.º-B, n.os 1 e 2, e 685.º-A, n.º 1* Guia de Recursos em Processo Civil – O Novo Regime Recursório Civil, Coimbra Editora, 2007, pág. 149.

[112] No citado volume II de Estudos em Homenagem ao Prof. Raul Ventura, pág. 849.

- Equidade;
- Possibilidade de *condemnatio extra vel ultra petitum*[113].

Álvaro Lopes-Cardoso ainda salienta mais os princípios do direito de acesso aos tribunais, da legalidade das formas processuais, do prazo razoável, da adequação formal, da aquisição processual, da boa fé processual, da celeridade processual, do contraditório, da concentração, da cooperação – colaboração das partes *(jus postulandi)* –, do dispositivo, da economia processual, da igualdade das partes, da imediação, da oralidade, do inquisitório, da livre apreciação da prova, da preclusão e auto-responsabilidade das partes[114].

Ainda haverá que salientar que alguns dos princípios do **direito processual contraordenacional,** igualmente, se aplicam ao direito processual laboral, quer no tocante à estrutura do processo, quer no que tange à promoção processual, quer quanto à prossecução processual e ainda relativos à prova e à forma[115] na sequência dos recursos da decisão das autoridades administrativas.

2. Caraterização face ao novo CPC

Como já foi ventilado, a grande reforma do processo civil levada a efeito em 2013 e coroada pela aprovação de um novo Código, bem como a anterior reforma de 1995/96, incorporaram alguns dos princípios fundamentais e até normas características e específicas do processo laboral que, em consequência, passaram a ser comuns aos dois ramos de direito processual.

Encontram-se em tal situação, desde logo na perspetiva do ritualismo ou desenvolvimento da **instância**, a forma única de processo declarativo que passou a ser apenas a comum; a indicação dos meios probatórios com os articulados; a fundamentação dos recursos com a respetiva interposição e o reforço dos poderes de gestão processual do juiz. No domínio dos grandes **princípios**, poderá dizer-se que passaram a ser

[113] Condenação em pedido diferente ou para além do pedido formulado pelo autor – cfr. art. 74.º do CPT.

[114] Cit. Manual de Processo do Trabalho, pág. 27.

[115] Para maior desenvolvimento, v. Germano Marques da Silva, Curso de Processo Penal, 4.ª ed., vol. I, Verbo, Lisboa, 2000, pág. 49 e sgs.

apanágio de ambos os direitos processuais, os princípios da celeridade processual, da simplicidade das formas e da tentativa da descoberta da verdade material.

Cremos, no entanto, que continuam a existir **diferenças específicas** entre os dois ramos de direito processual, que bem justificam a autonomia legislativa e a manutenção dos dois códigos, bem como a sua autonomia conceptual e até pedagógica. Na verdade o direito processual laboral:

- Deriva do direito do trabalho, que regula as relações laborais subordinadas, as quais preenchem uma grande parte das situações jurídicas das sociedades modernas, que, pela sua natureza, bem se distinguem das restantes relações privadas;
- Regula processos que correm oficiosamente (promovidos pelo próprio Estado, como ente público, através do Ministério Público) como é o caso dos principais processos emergentes de acidente de trabalho e de doença profissional (art. 99.º), do processo para declaração de nulidade de disposição de convenção coletiva (n.º 2 do art. 186.º-G); e da ação de reconhecimento da existência de contrato de trabalho (art. 186.º-K);
- Contém, pelo menos uma forma processual peculiar: a dos processos emergentes de acidente de trabalho e de doença profissional que podem ter a estrutura de um processo civil ou de partes, mas em que prevalece a formulação inquisitorial e da oficiosidade (arts. 100.º, 105.º, 117.º, 142.º e 155.º);
- Prossegue mesmo a verdade material, pois ao contrário do que acontece no novo processo civil, a sentença condenatória pode ultrapassar o pedido, quer em quantidade, quer em qualidade (art. 74.º);
- Continua a fazer prevalecer a conciliação em relação ao julgamento, nomeadamente para manter a relação de trabalho entre as partes;
- Ainda a gratuitidade tendencial em alguns processos, como nos principais processos emergentes de acidente de trabalho e de doença profissional e nos de liquidação e partilha de bens de instituição e em relação aos trabalhadores ou familiares em certas situações (art. 4.º h) do RCP).

3. Natureza

Através do processo civil, visa-se essencialmente obter a composição do litígio. Mas o direito processual do trabalho pretende ir mais longe, nomeadamente durante a vigência da relação laboral, procurando uma composição pacificadora entre a empresa e o seu trabalhador, donde privilegia a **conciliação,** que tem momentos determinantes logo no início da lide, mas sempre possível quando seja desejada (CPT, arts. 51.º, 61.º, 70.º, 108.º...). Todavia, tal *ratio legis* encontra-se plenamente ultrapassada pelo decurso dos tempos. Na verdade, hoje em dia, na prática, a desconformidade do ordenamento jurídico-laboral com a dinâmica realidade no setor privado é tão gritante e o depauperamento entre as partes é já tão profundo (e o subsídio de desemprego é tão apetecível) que a possibilidade de conciliação no sentido de conservar a relação de trabalho (como a lei continua a pretender) é praticamente nula nos casos de rompimento da relação laboral. Porquanto a conciliação, que amiudadas vezes se alcança, é no sentido de pôr cobro ao processo judicial, mediante compensação pecuniária. Raramente, se alcança acordo no sentido do trabalhador continuar ou voltar ao emprego. E, naturalmente, se for sentenciada a reintegração do trabalhador despedido[116]em empresa privada o litígio (em vez de ficar resolvido) ainda mais se agrava[117].

De qualquer modo, no direito processual laboral ainda se vislumbra uma maior preocupação com a **celeridade** e **amplitude** para alcançar a paz social entre os sujeitos laborais, cujos interesses são opostos mas também convergentes. E estes, que passam pela manutenção da empresa, nos tempos que correm e no futuro, são mais relevantes do que aqueles, embora inaceitáveis pelos marxistas.

Na dicotomia entre direito público e direito privado, utilizando na destrinça qualquer dos critérios possíveis, conclui-se, como todo o direito processual, que o do trabalho se insere na esfera do **direito público**. Efetivamente, sendo o tribunal um órgão de soberania, integra-se no Estado e a sua ação não pode deixar de prosseguir o interesse público (da paz social), embora, no imediato, dirima interesses privados.

4. Características

As características próprias que bem distinguem o direito processual do trabalho do direito adjetivo civil e penal resultam da aplicação (ou ade-

[116] Nos termos do art. 389.º, n.º 1, a) do Código do Trabalho.

[117] Nas relações laborais do setor público, tudo é diferente, já que os interesses dos gestores e dos colegas de trabalho são, essencialmente, individuais.

quação) de muitos dos princípios já assinalados, que andam ao redor da ideia de proteção do trabalhador, como sendo a parte mais fraca, na sua relação com o empregador.

Desde logo, não pode deixar de caracterizar o processo laboral a **tipicidade dos seus processos especiais**, como se prevê no art. 21.º e a partir do art. 98.º-B até ao último artigo do CPT.

Também são evidentes no processo laboral algumas especificidades quanto aos **pressupostos processuais,** como decorre dos arts. 2.º a 20.º do mesmo CPT e, adiante, se desenvolverá.

Ainda são notórias algumas diferenças nas **citações e notificações**, nomeadamente no que tange à comunicação dos atos, *maxime* da sentença, diretamente às partes, concretizando o seu envolvimento processual e a sua imediação em prol da relação laboral, que é eminentemente pessoal ou *intuitu personae.*

Uma destas características concretiza-se na atribuição da natureza de **urgência** em diversos tipos de processos, como é o caso das ações de impugnação de despedimento coletivo, de despedimento de representantes sindicais ou de membros das comissões de trabalhadores, das emergentes de acidentes de trabalho e doenças profissionais e das recentemente criadas ações de regularidade e licitude do despedimento e de reconhecimento da existência de contrato de trabalho (art. 26.º do CPT)[118].

Igualmente a **oficiosidade** de algumas destas ações constitui outra característica própria do direito processual do trabalho (n.º 3 do mesmo art. 26.º). Igualmente e em conexão, o processo laboral não deve permitir que a verdade formal prevaleça sobre a verdade material. Como escreveu Albino Mendes Baptista, *o juiz laboral deve procurar com especial empenho a verdade material, explorando todas as vias possíveis para a obter*[119]. Mas, entendemos nós, não deverá sempre presumi-la.

A possibilidade do juiz, nos termos do art. 27.º do CPT, de **fazer intervir no processo** "até à audiência de discussão e julgamento"... "qualquer

[118] Na redação conferida pela Lei n.º 63/2013, de 27 de agosto.

[119] O Código do Trabalho e a Jurisdição Laboral, estudo publicado na revista Minerva, ano I, n.º 2 – 2003, pág. 80.

pessoa" ou determinar a **realização de atos** para suprir algum pressuposto processual e ainda convidar as partes a completar ou **corrigir articulados**, igualmente constituíam características singulares do processo laboral, ainda que, agora, também passam a estar contempladas no processo civil, como já referido.

Ainda é uma singularidade própria deste processo, nomeadamente perante o teor do art. 265.º do CPC, a concessão de especiais poderes ao autor da ação, que em regra é um trabalhador, tendo este a possibilidade de **cumular ou aditar novos pedidos e causas de pedir**, mesmo relativamente a factos que possam ter ocorrido antes de interposta a ação judicial, embora neste caso tenha de haver justificação (art. 28.º).

São ainda características próprias do nosso direito processual do trabalho as **limitações às modificações subjetivas** da instância por parte dos trabalhadores – art. 29.º. Em regra, o trabalhador não pode ceder a sua posição processual (usualmente como autor), ficando, portanto, impedido, por este modo de transmitir todos os seus créditos ainda que litigiosos. Poderá, no entanto ceder alguns dos seus créditos, na medida em que sejam penhoráveis, nos termos do art. 280.º do Código do Trabalho e 738.º, n.º 1 do CPC. Ainda para defesa dos interesses do trabalhador, no processo laboral, a parte contrária apenas pode ser substituída em caso de "transmissão global do estabelecimento", como se estatui no n.º 2 do mesmo art. 29.º.

Igualmente são visíveis as especificidades no que tange à **admissibilidade da reconvenção** (em geral deduzida pelo empregador) que fica bastante limitada, pois só é possível quando assente em factos articulados pelo autor, caso "o valor da causa exceda a alçada do tribunal" e desde que o pedido do réu não corresponda a processo diferente (art. 30.º).

Além disto ainda se pode apontar como característica própria do processo laboral, a maior facilidade na **apensação de ações**, precisamente para se obter maior celeridade e economia no andamento do processo. Tal apensação, como se prevê no art. 31.º, pode efetivar-se mediante decisão do juiz ou a requerimento do magistrado do M.P., para além da iniciativa de alguma das partes como acontece no processo civil (art. 267.º do CPC). Todavia, como já se julgou no T.R.C., "a apensação de ações não implica, necessariamente, que cada uma das ações perca a sua autonomia, a individualidade própria, de que dispunha antes da apensação" e por isso a autora de uma não passa a ser a autora de outra, para além de cada uma delas poder depor como testemunha da outra[120].

Por último, não deverá ainda olvidar-se que o direito processual laboral se tem caracterizado pela **inovação e experimentalismo**, vindo muitas das suas renovações, pese embora a subsidiariedade, a serem adotadas pelo direito processual civil, ao longo das últimas décadas. Nesta senda, na revisão do CPT não devem deixar de serem considerados novos esquemas e formas processuais aproveitando as facilidades concedidas pela telemática, para além de outras.

120 Ac. de 31/03/2011, [Rel. Des. Felizardo Paiva] in C.J., Ano XXXVI, Tomo II/2011, pág. 74.

V

Pressupostos Processuais

1. Ideia e elenco no processo em geral

Rememorando os requisitos prévios ao processo, ou seja à sua admissibilidade, para que o tribunal possa apreciar o mérito ou fundamento da causa, estabelecidos para o processo civil, e lembrando que tais **pressupostos processuais** podem ser relativos às partes, ao tribunal e até ao objeto da causa, para além de positivos ou negativos[121], podemos proceder à sua síntese do seguinte modo:

- *Competência do tribunal*: internacional e interna (quanto à matéria, à hierarquia, valor (e forma), e território) – CPC, art. 64.º e sgs.;
- *Personalidade judiciária* – CPC, arts. 11.º a 14.º;
- *Capacidade judiciária* – CPC, arts. 15.º a 29.º;
- *Legitimidade das partes*: singular e plural – CPC, arts. 30.º a 39.º; (Litisconsórcio: voluntário – CPC, art. 32.º e necessário – CPC, art. 33.º; Coligação ou conjunção de partes – CPC, art. 36.º;
- *Interesse processual* (em agir ou indispensabilidade do recurso a tribunal ou tutela jurídica) CPC, arts. 286.º, n.º 1 e 277.º d) *a contrario*; *Patrocínio judiciário* – CPC, art. 40.º; e
- *Proteção jurídica e apoio judiciário* – Lei n.º 34/2004, de 29 de julho.

[121] Para desenvolvimento, Jorge Augusto Pais de Amaral, Direito Processual Civil, 2013, 11.ª ed., Almedina, Coimbra.

2. Capacidade judiciária

No que se refere às condições inerentes às partes para poderem estar em juízo (pressupostos processuais), algumas especificidades são visíveis no processo laboral.

É o caso da **capacidade,** pois os **menores** com 16 anos de idade, em consonância com o disposto nos arts. 68.º e 69.º do CT, podem litigar diretamente como autores, de harmonia com o art. 2.º, n.º 1, do CPT, diferentemente (ou não) do que acontece no âmbito do processo civil (art. 15.º, n.º 1 e 2). Também terão capacidade judiciária passiva, como defende o Desembargador José de Morais[122], o que é duvidoso já que, no n.º 1 daquele art. 2.º, é expressa a posição de tais menores como autores.

Ainda os menores com idade inferior a 16 anos poderão estar em juízo representados pelo MP (e não por advogado) "quando se verificar que o seu representante legal não acautela judicialmente os seus interesses". Tal verificação terá de ser feita pelo próprio magistrado do MP, que a justificará perante o tribunal e ficando sujeita ao contraditório.

Ainda que não haja uma correspondência ou identidade, há algum relacionamento com a capacidade (jurídica) para a celebração do contrato de trabalho, conforme é delineada nos arts. 68.º e 69.º do Código do Trabalho.

Para além da capacidade judiciária ativa conferida aos menores pela lei processual laboral, esta ainda permite que as **estruturas de representação coletiva dos trabalhadores**[123] *"ainda que destituídas de personalidade jurídica"* possam estar em juízo, ativa e passivamente. Cremos, que o legislador não está a conceder tal prerrogativa a todas as organizações ou grupos de trabalhadores, incluindo os que o são apenas de facto e, portanto, sem registo oficial e sem personalidade. Está, outrossim, a pensar naquelas estruturas que apenas encetaram o processo para o seu reconhecimento jurídico sem o terem concluído ainda. Aliás, a nível comunitário, quer o conselho de empresa, quer o procedimento de informação e

[122] *In* Os Pressupostos Processuais no Processo do Trabalho: Análise e Discussão de Aspectos Práticos, inserido em Estudos do Instituto de Direito do Trabalho da FDL, vol V, IDT/Almedina, Coimbra, 2007, pág. 9.

[123] Tais estruturas são as associações sindicais, as comissões e subcomissões de trabalhadores, os representantes dos trabalhadores para a segurança e saúde no trabalho, os conselhos de empresa europeus e os procedimentos de informação e consulta (art. 404.º do CT).

consulta não carecem de ter personalidade jurídica[124]. O mesmo acontecia com as comissões de trabalhadores, que não usufruíam de personalidade jurídica até ao Código do Trabalho (arts. 462.º, no Código de 2003 e 416.º no de 2009) e ainda assim detinham capacidade judiciária.

3. Legitimidade

Relativamente ao interesse direto em demandar ou em contradizer, ou seja quanto à **legitimidade** aplica-se o previsto no CPC, nos arts. 30.º e sgs., sendo apenas de evidenciar algumas regras específicas no caso do litisconsórcio de trabalhadores, nas ações de anulação e interpretação de cláusulas de convenções coletivas e nas ações que respeitarem a interesses coletivos dos trabalhadores, conforme estabelecido nos arts. 3.º a 5.º do CPT.

Recentemente, também as "organizações cujo fim seja a defesa ou a promoção dos direitos e interesses dos **trabalhadores da União Europeia** e dos membros das suas famílias, relativos ao exercício da liberdade de circulação ... têm legitimidade processual para intervir em representação da pessoa interessada, desde que" se insiram nas suas atribuições e estejam mandatadas pela pessoa interessada [125].

Em situações de prestação de **trabalho em grupo** ou em conjunto, em que haja interdependência[126] como seja numa orquestra ou numa "empreitada", pode qualquer um dos trabalhadores, de conformidade com o disposto no art. 3.º do CPT, fazer valer os seus direitos no tribunal do trabalho, ultrapassando, assim, as regras do **litisconsórcio** necessário, embora deva indicar os demais interessados "para no prazo de 10 dias intervirem na ação". Esta notificação poderá ser edital em caso de desconhecimento das moradas. Os trabalhadores que não vierem a intervir no processo terão os seus interesses defendidos pelo magistrado do M.P junto do tribunal. Em consequência a decisão que vier a ser proferida

[124] Apenas terão de dar conhecimento do acordo instituidor "aos serviços competentes da área laboral", cfr arts. 9.º a 11.º da Lei n.º 96/2009, de 3 de setembro.

[125] Art. 3.º da Lei n.º 27/2017, de 30 de maio, que transpôs a Diretiva 2014/54/EU, que aprovou medidas no âmbito da livre circulação de trabalhadores.

[126] Cfr. Maria do Rosário Palma Ramalho, Tratado de Direito do Trabalho, Parte II, 4.ª ed. Almedina, Coimbra, 2012, pág. 215.

"constitui caso julgado em relação a todos os trabalhadores", como se estatui no art. 78.º, n.º 1, do mesmo CPT.

A este propósito assinala-se ainda que os **juízos do trabalho** terão competência para conhecer "das questões entre trabalhadores ao serviço da mesma entidade, a respeito de direitos e obrigações que resultem de atos praticados em comum na execução das suas relações de trabalho ..." (art. 126.º, n.º 1, h) da LOSJ).

Por sua vez, no art. 4.º do CPT legitima-se a intervenção não só das entidades outorgantes das convenções coletivas de trabalho[127], como seria lógico, "bem como dos trabalhadores e dos empregadores diretamente interessados" nas ações judiciais "respeitantes à **anulação e interpretação de cláusulas daquelas convenções**"[128]. Naturalmente, serão interessados os trabalhadores e as empresas a quem se aplique a convenção, de harmonia com o princípio da filiação, consagrado no art. 496.º do Código do Trabalho. Já não são diretamente interessados os antigos trabalhadores ou empregadores que deixaram de estar abrangidos pela convenção, incluindo os trabalhadores reformados e as suas associações [129].

Ainda, no artigo seguinte, se confere legitimidade às associações sindicais[130] e de empregadores nas ações relativas "aos **interesses coletivos** que representam"[131], para além daquelas poderem representar e substituir trabalhadores em certas ações. Conforme o Conselheiro Ribeiro Cardoso tais interesses coletivos são "os pertencentes a um grupo, classe ou categoria indeterminada, mas determinável de indivíduos, ligados entre si pela mesma relação jurídica básica, e valida e legalmente associa-

[127] Código do Trabalho, art. 2.º, n.º 3 e 485.º e sgs.

[128] Regulada especialmente nos arts. 183.º a 186 do CPT.

[129] Sobre a ilegitimidade da uma destas associações, v. Ac. do STJ, de 14-01-2016 (Rel. Cons. Melo Lima) [dgsi]

[130] V. Ac. do STJ, de 22-01-2003, Col. Jur., STJ, 2003, I, pág. 256. Nos domínios do CPT anterior v. Ac. do STJ, de 18-11-1998, Col Jur., 1998, S III, pág. 271. As associações sindicais são os sindicatos, as uniões, as federações e as confederações (art. 442.º, n.º 1 do CT).

[131] Cfr. CT, art. 443.º, n.º 1, d), onde se reconhece às associações sindicais e de empregadores o direito a iniciar e a intervir em processos judiciais. Para desenvolvimento, João Reis, A Legitimidade do Sindicato no Processo, *in* Estudos em Homenagem ao Professor Manuel Alonso Olea, Almedina, 2004, pág. 385.

dos. São interesses de uma categoria, grupo ou classe de pessoas, não se reduzindo a um mero somatório de interesses" [132].

Como aludido, podem ainda, mas apenas as **associações sindicais**, exercer o direito de ação, em representação de trabalhadores seus associados ou em substituição de outros trabalhadores que autorizem tal exercício, nos processos movidos contra o empregador por medidas tomadas por este:

a) contra dirigentes daquela associação sindical ou que nela exerçam qualquer cargo (seccionista, por exemplo);
b) contra representantes eleitos dos trabalhadores (nas comissões de trabalhadores, na representação para a segurança e saúde no trabalho e nos conselhos europeus); e,
c) nas ações respeitantes à violação genérica de direitos individuais da mesma natureza de trabalhadores seus associados (como por ex. redução de um subsídio que era pago a todos).

Aquela autorização à associação sindical pode ser tacitamente presumida mediante uma comunicação por escrito da associação sindical dirigida ao trabalhador.

Mas ainda em "ações que estejam em causa **interesses individuais** dos trabalhadores ou dos empregadores", igualmente as respetivas associações podem intervir como assistentes, mas desde que tal seja aceite pelas partes correspondentes e revelem legitimidade e interesse em intervir, o que poderá acontecer, por exemplo, na aplição de uma cláusula convencional em certo sentido.[133].

Na esteira do preceituado no art. 413.º do Código do Trabalho, que prevê a justificação e controlo judicial em matéria de **confidencialidade de informação**[134] a prestar às estruturas de representação coletiva dos trabalhadores, confere-se (no n.º 6 ainda do art. 5.º) a correspondente legitimidade a estas organizações.

[132] In sumário do Ac. do STJ, de 03-03-2016. V. também Ac. do STJ, de 22-04-2015 (Rel. Cons. Gonçalves Rocha) [dgsi].

[133] A posição processual da assistência encontra-se configurada e regulada no art. 326.º e sgs. do CPC.

[134] Prevista e regulada nos arts. 186.º-A a 186.º-C do CPT.

Ainda no que se refere aos processos para controlo da legalidade da **constituição e dos estatutos das associações sindicais**, de empregadores e das comissões de trabalhadores, que por força do direito internacional[135] (e dos arts. 439.º e 447.º do CT) pertencem aos tribunais (e não à administração pública) é dada **legitimidade expressa ao M.P.** (no novo art. 5.º– A do CPT). O mesmo acontece nas ações para apreciação do teor de cláusulas sobre **igualdade e não discriminação**[136] inseridas no texto das convenções coletivas de trabalho (art. 479.º do CT).

Haverá que distinguir a assinalada legitimidade do M.P. como representante do Estado (e do Povo que este representa), nomeadamente para propor as ações judiciais referidas, do seu papel no exercício do **patrocínio judiciário** dos trabalhadores ou de outras pessoas e entidades como referido no art. 7.º, o qual pode ser recusado nas condições previstas nos dois artigos seguintes.

Este patrocínio inclui a possibilidade de tentar solucionar o litígio extrajudicialmente. Se tal acontecer, haverá necessidade de lavrar um texto consubstanciando o acordo alcançado, porventura com prestações pecuniárias a pagar no futuro. Face ao novo elenco de espécies de títulos executivos traçado no art. 703.º do CPC e olvidando-se que tal texto pode assumir a forma de auto de conciliação (art. 88.º–B) põe-se a questão de saber se assumirá ou não a categoria de **título executivo**, pois não será um dos "documentos exarados ou autenticados, por notário ou por outras entidades ou profissionais com competência para tal...". Na nossa opinião deverá ser considerado como título executivo, pelas razões expendidas, adiante, no capítulo XI, relativo ao processo de execução.

4. Competência internacional

Já no que concerne à competência, há algumas peculiaridades a salientar. A **competência internacional** dos tribunais do trabalho é muito alargada, pois, no art. 10.º, n.º 1, para além das regras da competência territorial nacional (do art. 13.º e sgs.) estende-se aos casos em que algum *facto*

[135] Convenção da OIT n.º 98, de 1949, ratificada pelo DL 45.758, de 12 de junho de 1964.
[136] Prevista e regulada nos arts. 186.º-G a 186.º-I.

que fundamente a causa de pedir tenha ocorrido no território nacional, como seja, por exemplo, a celebração do contrato de trabalho[137].

Ainda serão territorialmente competentes os tribunais do trabalho portugueses em litígios derivados de *destacamento* para o estrangeiro de trabalhadores (portugueses ou não) contratados por empresa estabelecida (com ou sem sede) em Portugal[138].

Igual competência acontecerá nos dissídios dos *conselhos de empresa europeus e dos procedimentos de informação e consulta* quando a empresa mãe do grupo tenha sede em Portugal ou quando tal dissídio se trave com a empresa cá sediada.

Porém, na esteira do disposto no art. 62.º do CPC, há que ter em conta o **direito internacional, incluindo o direito comunitário**, que, em caso de divergência, prevalecerá também nesta matéria. Apontavam-se as Convenções de Bruxelas e de Lugano respeitantes à Competência Judiciária e à Execução de Decisões em Matéria Civil e Comercial[139]. Depois da sua revisão, no que tange ao direito comunitário vigora o Regulamento (CE) n.º 44/2001, de 22 de dezembro de 2000 e a Decisão do Conselho de 15 de outubro de 2007, que, em substituição da Convenção de Lugano, aprovou a Convenção relativa à competência judiciária, ao reconhecimento e à execução de decisões em matéria civil e comercial[140]. Atualmente e desde 2015, vigora o Regulamento (UE) n.º 1215/2012, de 12 de dezembro [141], inserindo como regra básica, que "as pessoas domiciliadas num Estado-Membro devem ser demandadas, independentemente da sua nacionalidade nos tribunais desse Estado-Membro", ficando sujeitas às regras de competência aplicáveis aos nacionais (art. 4.º).

No que concerne à competência em matéria de **contratos individuais de trabalho** (secção 5), se o requerido não tiver domicílio na União aplicam-se as regras de competência internacional internas. Mas se a entidade empregadora tiver apenas filial, agência ou outro estabelecimento

[137] O regime dos direitos dos estrangeiros e conflitos de leis consta do art. 14.º e sgs. do Código Civil.

[138] A figura do destacamento de trabalhadores encontra-se regulada no art. 6.º e sgs. do CT.

[139] Aprovadas para ratificação pela Resolução do C.M. n.º 34/91 e pela Resolução da A.R. n.º 33/91.

[140] Publicados no JOCE n.º L12/1, de 16.01.2001 e JOUE, L 339/1, de 21.12.2007. O seu comentário pode ver-se em A. Neves Ribeiro, Processo Civil da UE, Coimbra Editora, 2002.

[141] Publicado no JOUE L 351/1, de 20/12/2012 já com duas alterações.

num Estado-Membro já se considera que nele tem domicílio. Caso tenha a sua sede num Estado-Membro pode ser acionada nos tribunais desse Estado e até de outro Estado-Membro com o qual o trabalhador tenha alguma conexão derivada da sua atividade laboral. Todavia, a entidade empregadora já só poderá demandar o trabalhador no tribunal do seu domicílio.

Por outro lado, há que salientar que as regras que estabelecem tal competência internacional em favor dos tribunais portugueses não podem, em princípio, ser substituídas por **pactos privativos de jurisdição** (art. 11.º do CPT). Mas tanto aquela Convenção de Lugano, como o atual Regulamento 1215/2012, regimentam ainda a validade de tais *pactos de jurisdição* (art. 23.º), desde que "sejam posteriores ao surgimento do litígio" ou que "permitam ao trabalhador (não ao empregador) recorrer" a outros tribunais.

Amiudadas vezes, com a questão de saber qual o tribunal do trabalho internacionalmente competente, surge a questão de saber de qual Estado será a lei aplicável, ou seja, a questão de direito internacional privado[142], questões estas que não podem ser confundidas.

5. Competência territorial

A competência interna de natureza territorial dos tribunais de trabalho é bastante estendida para, assim, favorecer os trabalhadores (arts. 13.º a 19.º). O normativo desta competência interna serve para ampliar aquela competência internacional, em detrimento do que resulta do CPC[143].

Desde logo, a regra geral que confere competência ao tribunal da área do **domicílio do réu** é, quando tal posição é ocupada pelo empregador ou pela seguradora (nos processos de acidentes de trabalho), estendida aos tribunais das circunscrições em que se situa alguma sua sucursal, agência, filial, delegação ou representação.

[142] Para desenvolvimento e no âmbito da U E, v. o comentário do Prof. Rui Manuel Moura Ramos ao Ac. do Tribunal de Justiça (Grande Secção) de 15/5/2011, in RLJ n.º 3981, jul-ago 2013, pág. 378.

[143] Cfr. Ac. do STJ, de 12-09-2007 (Cons. Pinto Hespanhol) doc. SJ200709120011554, onde ficou julgado que *a primeira parte do artigo 10.º do CPT consagra o princípio da coincidência entre competência internacional dos tribunais do trabalho e a competência territorial estabelecida nos subsequentes artigos 13.º a 19.º*.

Nas **ações emergentes de contrato de trabalho**, para além do tribunal do domicílio da empresa, será ainda territorialmente competente, quer o tribunal do domicílio atual do autor, quer do local de trabalho. Na mesma linha, também as ações resultantes de **acidentes de trabalho ou de doenças profissionais** podem ser intentadas no tribunal do lugar em que o acidente ocorreu ou onde a doença terá sido originada, podendo também relevar o domicílio do sinistrado.

Relativamente aos processos emergentes de **despedimento coletivo**, o tribunal competente será o do local do estabelecimento da prestação do trabalho, que poderá ou não coincidir com a sede da empresa. Havendo vários estabelecimentos, prevalecerá o que registar mais trabalhadores despedidos (art. 16.º).

Já no que tange aos litígios resultantes da prestação de serviços e bens aos sinistrados de acidentes de trabalho ou de doenças profissionais e bem assim dos que derivarem de atos e contratos contrários à legislação sindical e do trabalho correrão por apenso à ação principal (art. 17.º do CPT[144]), sendo, pois, competente o tribunal por onde correr (ou jazer) tal ação.

Por último, nas ações com processo especial referentes à liquidação e partilha de bens de **associações de natureza profissional** e em que estas sejam as visadas serão competentes os tribunais da área da sua sede e não do domicílio do autor, que apenas prevalece quando estão em causa direitos dos associados, como se impõe no art. 18.º, n.ºs 1 e 2, ainda do CPT.

No seguimento do estipulado no art. 39.º da LOSJ e ainda como *favor laboratoris*, as regras da competência territorial assumem natureza impc rativa, não admitindo acordos com sentido diferente, como se estabelece no art. 19.º (nulidade dos **pactos de desaforamento**). Todavia, como se encontra disposto no art. 102.º do CPC, "a infração das regras de competência fundadas no valor da causa, na divisão judicial do território ou decorrentes do estipulado na convenção prevista no artigo 95.º determina a **incompetência relativa** do tribunal". Tal irregularidade configura-se como uma exceção dilatória, devendo ser arguida pelo réu, mas podendo ser do conhecimento oficioso, como resulta do estatuído nos arts. 103.º, 104.º, 577.º e 578.º todos do CPC.

[144] e LOSJ, art.126.º, alíneas d) e e).

6. Competência em razão da matéria

Conforme já aludido no capítulo II, a competência dos juízos do trabalho, em razão da matéria, encontra-se definida nos arts. 60.º e 65.º do CPC e 40.º e 126.º da LOSJ, centrando-se nas questões originadas na celebração, cumprimento e cessação do contrato de trabalho e dos contratos equiparados, incluindo os de aprendizagem e tirocínio; nas questões suscitadas no âmbito das relações coletivas do trabalho e nas questões desencadeadas pelos acidentes de trabalho e doenças profissionais, para além da impugnação das decisões administrativas em processo de contraordenações laborais e de segurança social. Anote-se que todas estas questões são de natureza civil, como se refere no n.º 1 ou à volta da responsabilidade contraordenacional, como estipulado no n.º 2, ambos daquele art. 126.º. Faltará, portanto, competência aos juízos do trabalho para apreciar questões do foro criminal, administrativo ou fiscal a não ser em questões prejudiciais por extensão da sua competência, como se admite no art. 20.º do CPT e se desenvolverá em número posterior.

Contudo, porque na redação do texto deste art. 126.º tem havido demasiado seguidismo em relação às correspondentes disposições das leis anteriores, torna-se conveniente explicitar o conteúdo das diferentes alíneas o que se passa a tentar fazer, transcrevendo o texto das alíneas que integram o n.º 1 deste artigo e a explanar e seu conteúdo do modo seguinte:

a) Das questões relativas à anulação e interpretação dos instrumentos de regulamentação coletiva de trabalho que não revistam natureza administrativa.

Os irct's são os que se elencam no art. 2.º do CT e têm a sua disciplina nos arts. 476.º e sgs. do mesmo Código. Os negociais são a convenção coletiva, o acordo de adesão e a decisão arbitral em processo de arbitragem voluntária; os não negociais são a portaria de extensão, a portaria de condições de trabalho e a decisão arbitral em processo de arbitragem obrigatória necessária.

Como estes últimos, "os não negociais", não surgem por acordo entre os interessados, mas por via administrativa e até com grande carga política[145] sendo a sua emissão de responsabilidade do ministro responsável

[145] Cfr. Resolução do Conselho de Ministros, n.ºs 90/2012, de 31 de outubro alterada pela Resolução n.º 43/2014, de 27 de junho.

pela área laboral (cfr. arts. 516.º, n.º 2; 518.º, n.º 1; 509.º, n.º 1 e 511.º, n.º 1, todos do CT) o respetivo contencioso cai na alçada dos tribunais administrativos, como se prevê no art. 144.º da LOSJ.

Ainda há outros irct's que revestem natureza administrativa e são o acordo coletivo de trabalho, o acordo de adesão e a decisão de arbitragem voluntária que se prevêem como fontes específicas do contrato de trabalho em funções públicas, cfr. art. 13.º, n.º 3 e sgts da Lei Geral do Trabalho em Funções Públicas[146]. De harmonia com o estipulado no artigo anterior desta Lei, que se reporta à jurisdição "são da competência dos tribunais administrativos e fiscais os litígios emergentes do vínculo de emprego público", o que engloba as questões referentes aos irct's com natureza pública. Há pois plena consonância entre a competência material dos juízos do trabalho e dos tribunais administrativos.

Relativamente às questões sobre os irct's previstos no Código do Trabalho, há que evidenciar que elas deverão ser dirimidas através de dois processos laborais com tramitação especial. Um denominado como **ação de anulação e interpretação de cláusulas de convenções coletivas de trabalho,** que se regula nos art.s 183.º a 186.º, com determinação da legitimidade das partes no art. 4.º, todos do CPT. O outro desses processos é o de **declaração de nulidade de disposição de convenção coletiva em matéria de igualdade e não discriminação**, previsto nos arts. 479.º do CT e 186.º-G, n.º 2, do CPT, onde se manda que se sigam os trâmites daquele processo de anulação.

Não obstante a designação destes processos especiais se quedar pelas convenções coletivas, crê-se que também as contendas originadas em **decisões de arbitragem voluntárias** tomadas ao seu redor podem ser objeto de tais processos, que assim, continuarão de competência dos juízos do trabalho.

b) Das questões emergentes de relações de trabalho subordinado e de relações com vista à celebração de contratos de trabalho.

As relações de trabalho subordinado são aquelas que derivam do contrato de trabalho, tal como é definido no art. 11.º do CT. E como o contrato de trabalho é a fonte, por excelência, dos litígios a resolver nos juízos do

146 Aprovada pela Lei n.º 35/2014, de 20 de junho, em vigor desde 1 de setembro e que disciplina os irct's a partir do art. 355.º.

trabalho mal se compreende por que as suas questões não integram logo a alínea a).

Em consonância com a **responsabilidade pré-contratual** ou culpa na formação do contrato de trabalho, expressamente prevista no art. 102.º do CT[147], também os litígios gerados nesta temática devem ser apreciados pelo tribunal do trabalho e não pelo tribunal civil, embora aquela figura tenha a sua base legal no CC (art.º 227).

A competência material dos juízos do trabalho para estas questões (resultantes do contrato de trabalho e das diligências negociais que precedem a sua celebração) haverá de resultar da configuração dada pelo autor na sua petição. Na verdade, na esteira do n.º 3 do art. 30.º e 259.º do CPC e como resulta do preceituado do n.º 1 do art. 38.º da LOSJ, "a competência fixa-se no momento em que a ação se propõe, sendo irrelevantes as modificações de facto que ocorram posteriormente, a não ser nos casos especialmente previstos na lei". Impõe-se, pois, que o autor articule factos (e não conceitos jurídicos) no início da sua petição que, provando-se, revelem a existência de um contrato de trabalho (ou a promessa ou a vontade de o celebrar) para que se verifique a consequente competência do tribunal.

Assim, nomeadamente nas questões, hoje em dia tão recorrentes, de saber se o contrato é de trabalho ou de prestação de serviço, o juízo do trabalho só se poderá considerar materialmente incompetente (incompetência absoluta) quando o respetivo juiz formar a convicção que o contrato não é de trabalho, mas de prestação de serviço, o que acarretará absolvição da instância (ou indeferimento liminar) ou a remessa do processo para o tribunal cível competente se requerida, tudo de conformidade e com as limitações das normas dos arts. 96.º a 101.º e 576.º, n.º 2; 577.º a) e 578.º do CPC.

No caso muito particular da cessação do contrato de trabalho ser decidida pelo administrador da insolvência, já será competente o juízo do comércio em detrimento do juízo do trabalho, de conformidade com o disposto no art. 128.º, n.º1, a) e n.º 3 da LOSJ [148].

Depois de algumas tergiversações, os tribunais do trabalho têm-se considerado competentes para julgarem os litígios laborais suscitados

[147] E ainda nos arts. 24.º, n.º 1 (direito à igualdade no acesso ao emprego) e 30.º (direito à igualdade e não discriminação em razão do sexo de candidato a emprego).

[148] Cfr. Ac. do TRP, de 28-10-2015, (Rel. Fernanda Soares) [dgsi].

entre trabalhadores portugueses de embaixadas em Lisboa com os respetivos Estados[149] .

Na esteira da legislação anterior, nos termos do art. 12.º da Lei Geral do Trabalho em Funções Públicas (Lei n.º 35/2014, de 20 de junho com alterações) "são da competência dos tribunais administrativos e fiscais os litígios emergentes do vínculo de emprego público", que, além de outros, engloba o contrato de trabalho em funções públicas. Também aqui, conforme decisão do Tribunal de Conflitos, "a questão da competência em razão da matéria resolve-se de acordo com os termos da pretensão do autor..."[150].

c) Das questões emergentes de acidentes de trabalho e doenças profissionais.

O regime jurídico dos acidentes de trabalho e de doenças profissionais, incluindo a reabilitação e reintegração consta, na sua essencialidade, dos arts. 281.º a 283.º do CT e, no seu desenvolvimento, na Lei n.º 98/2009, de 4 de setembro (LAT).

Em termos básicos a reparação dos danos resultantes dos acidentes de trabalho[151] (lesão corporal, perturbação funcional ou doença de que resulte redução na capacidade de trabalho ou de ganho ou a morte) é realizada através de prestações em espécie e em dinheiro da responsabilidade (objetiva ou pelo risco) dos empregadores que, obrigatoriamente, a devem transferir para seguradoras autorizadas. Já no caso das doenças profissionais, tal responsabilidade corre pelo Centro Nacional de Proteção contra Riscos Profissionais[152]. Mas em ambos os casos o controlo jurisdicional pertence aos tribunais do trabalho sendo desenvolvido oficiosamente. Para tanto estão previstos no CPT os processos para a efetivação de direitos resultantes de acidente de trabalho (art. 99.º e sgts) e de doença profissional (art. 155.º) e, bem assim, os processos para declaração de extinção de direitos resultantes de acidente de trabalho (art.s.

[149] Ac. do STJ, de 04-06-2014 (rel. Pinto Hespanhol [dgsi].

[150] Ac. do Tribunal de Conflitos, proc. 08/14, de 01-10-2015.

[151] Cujo conceito é delimitado nos arts. 8.º e sgts da LAT.

[152] É um departamento do Instituto da Segurança Social, IP. De acordo com a Lei de Bases da Segurança Social – Lei n.º 4/2007, de 16 de janeiro - uma das proteções dadas pelo sistema previdencial é a do risco de doenças profissionais.

151.º a 153.º) e ainda para efetivação de direitos de terceiros conexos com acidente de trabalho (art.154.º) o qual já se enquadra na alínea seguinte.

Acontece que, como previsto no art. 4.º, n.º 2 da Lei de aprovação do CT e no art. 148.º da mencionada LAT, "a regulamentação relativa ao regime do seguro obrigatório de **acidentes do trabalho dos trabalhadores independentes** consta de diploma próprio, (DL 159/99, de 11 de maio[153]). Mas como previsto no art. 7.º, pode haver simultaneidade de regimes, isto é, quando o trabalhador independente exerce funções por conta de outrem e quando exerce atividade profissional por conta própria. Como no primeiro caso se presume (até prova em contrário) que o "acidente ocorreu ao serviço da entidade empregadora" estaremos perante um vulgar acidente de trabalho cuja jurisdicionalização compete ao tribunal do trabalho, de conformidade com o estabelecido na alínea c) que se está a cotejar.

Todavia se o acidente de trabalho é sofrido por um **trabalhador independente** no exercício da sua atividade por conta própria[154], caso se suscite algum litígio este será travado com a seguradora que responderá diretamente, dado não haver entidade empregadora. Não havendo assim uma relação de trabalho subordinado, mas a prestação de um serviço, regulado no Código Civil (1154.º a 1156.º) parece legítimo questionar se o tribunal competente será o civil ou o do trabalho, até porque a norma da respetiva apólice uniforme[155] apenas se refere ao foro competente sem esclarecer qual é. Considerando que os juízos do trabalho são competentes para apreciar outras questões civis que não respeitem ao contrato de trabalho, como, por exemplo, as das alíneas d), e), f), g) e n) e considerando ainda que tal litígio só poderá ser apreciado através do mecanismo do processo especial para efetivação de direitos resultantes de acidentes de trabalho, somos da opinião que deve prevalecer a interpretação declarativa da alínea c), concluindo que o tribunal do trabalho será compe-

[153] Alterado pelo DL 382-A/99, de 22/9.

[154] Situação prevista no art. 4.º, n.º 2, do da Lei de aprovação do CT (Lei n.º 7/2009, de 12 de fevereiro), que ainda, na alínea b), manda aplicar o mesmo regime a "administrador, diretor, gerente ou equiparado, sem contrato de trabalho, que seja remunerado por essa atividade".

[155] Norma n.º 14/99-R, de 16/2, com alterações, do Instituto de Seguros de Portugal, atual Autoridade de Supervisão de Seguros e Fundos de Pensões [www.asf.com.pt].

tente também para as questões emergentes de acidentes de trabalho e doenças profissionais dos trabalhadores independentes.

Atente-se, por último, que, paralelamente à LAT, vigora o regime jurídico dos acidentes de trabalho e das doenças profissionais ocorridos ao serviço de entidades empregadoras públicas, contido no DL n.º 503/99, de 20 de novembro, que, naturalmente, se insere no contencioso administrativo e, portanto, fora da alçada dos juízos do trabalho.

d) Das questões de enfermagem ou hospitalares, de fornecimento de medicamentos... em benefício de vítimas de acidentes de trabalho ou doenças profissionais.

Estas questões devem ser apreciadas através de um dos processos especiais emergentes de acidentes de trabalho e de doenças profissionais, mais concretamente o processo para a efetivação de direitos de terceiro conexos com acidentes de trabalho, previsto no art. 154.º do CPT.

Tal competência dos juízos do trabalho explica-se por duas ordens de razão: uma primeira, devida às especiais obrigações de prestação de cuidados de saúde aos sinistrados dos acidentes de trabalho que impendem sobre diversas entidades que poderão ser estranhas à relação jurídica (LAT, 26.º, 29.º, 38.º e 41.º) e uma segunda, que resulta da conveniência de tais processos correrem por apenso ao processo especial, onde se encontra determinada ou haverá de se determinar a entidade responsável pela reparação dos danos resultantes do acidente, que até poderá ser o Fundo de Acidentes de Trabalho.

e) Das ações destinadas a anular os atos e contratos celebrados por quaisquer entidades responsáveis com o fim de se eximirem ao cumprimento de obrigações resultante da aplicação da legislação sindical ou de trabalho.

Como se sabe e resulta do disposto no art. 3.º do CT, com o assinalado desígnio da proteção dos trabalhadores por conta de outrem, grande parte da legislação que disciplina o contrato de trabalho, ao contrário do que acontece com a generalidade dos contratos, é de imperatividade (absoluta ou relativa). E todas as normas do direito sindical são imperativas, exceto quando admitem o respeito pela vontade dos seus destinatários. O mesmo acontece com as normas que regimentam as relações coletivas de trabalho, que constam do art. 404.º do CT, em diante. Aliás, entendemos que aquela expressão "direito sindical", contrariando o seu significado literal, é utilizada numa aceção semelhante à de "direito coletivo", que encima este mesmo artigo. É que, em tempos recuados, o direito sindical detinha o campo que hoje é o do designado, mais elucidativamente, por direito coletivo do trabalho[156].

Nesta perspetiva, entende-se que os juízos do trabalho detêm competência material para julgar os casos em que por algum negócio jurídico, quer unilateral, quer bilateral, se procure afastar a aplicação de qualquer norma do direito coletivo do trabalho, constante dos art. 404.º ao 545.º do CT, exceto quando a norma o permitir ou quando contenha algum regulamento ou ato administrativos [157], nomeadamente, no que tange aos instrumentos de regulamentação coletiva não negociais.

f) Das questões emergentes de contratos equiparados por lei aos de trabalho.

Tais contratos são os de trabalho no domicílio que, atualmente, se encontram regulados através da Lei n.º 101/2009, de 8 de setembro, na esteira dos arts. 4.º c) da Lei de aprovação do CT e 10.º deste Código, onde se previnem as "situações equiparadas" ao contrato de trabalho. Nelas a prestação do trabalho é feita sem subordinação jurídica, mas havendo dependência económica. O labor é sempre desenvolvido no domicílio ou em instalações do trabalhador, podendo este adquirir a matéria-prima ou esta ser fornecida pelo beneficiário que é normalmente uma empresa. O trabalhador pode ser ajudado por familiares ou até atuar em conjunto com outros trabalhadores em situação idêntica.

g) Das questões emergentes de contrato de aprendizagem e de tirocínio.

Crendo que o legislador não disse tudo o que pretendia dizer, igualmente se deverá considerar o tribunal do trabalho competente para

[156] V. como exemplos Juan Garcia Abellan, Introduccion al Derecho Sindical, Madrid, 1961; Mozart V. Russomano, Princípios Gerais de Direito Sindical, Rio de Janeiro e Madrid, 1975; Luis Camps Ruiz e outros, Fundamentos de Derecho Sindical, Madrid, 1977; Gino Giugni, Diritto Sindicale, Bari, 1980. Mas os fundadores da ciência do Direito do Trabalho Alfred Hueck e Hans Carl Nipperdey, no seu Tratado de 1927-30 referiam-se ao direito coletivo do trabalho *in* Compêndio de Dereho del Trabajo, Madrid, 1963.

[157] Cuja regulamentação fundamental consta do Código do Procedimento Administrativo, aprovado pelo DL n. 4/2015, de 7 de janeiro.

apreciar os litígios derivados dos contratos de praticante e de estágio ou outros da mesma índole. O que se prevê nesta alínea são os contratos não classificados como verdadeiros contratos de trabalho, ainda que em todos se contemple a prestação de trabalho subordinado e se estabeleça alguma retribuição, mas tendo como seu escopo principal a aprendizagem ou a formação profissional e não a prestação do trabalho[158].

h) Das questões entre trabalhadores ao serviço da mesma entidade, a respeito de direitos e obrigações que resultem de atos praticados em comum na execução das suas relações de trabalho ou que resultem de ato ilícito praticado por um deles na execução do serviço e por motivo deste, ressalvada a competência dos tribunais criminais quanto à responsabilidade civil conexa com a criminal.

Em suma, nesta alínea prevêem-se os litígios entre um grupo de trabalhadores e o seu empregador e os litígios que no seio da empresa resultem apenas do relacionamento entre os seus trabalhadores, portanto, sem a intervenção do empregador, que não caiam no foro criminal.

Na primeira situação teremos o caso do trabalho prestado por um grupo de trabalhadores, como, por exemplo, através de uma orquestra ou através de uma "empreitada" em contrato no domicílio. Em tal eventualidade, processualmente, os demandantes poderão atuar em regime de litisconsórcio ou individualmente, como se prevê no art. 3.º do CPT.

Na segunda situação prevê-se o pedido de responsabilização de um trabalhador contra outro da mesma empresa que, no seu trabalho tenha praticado um ato ilícito, como por exemplo alguma forma de discriminação ou ordem ou comunicação indevidas geradoras de danos morais ou materiais. Porém, se tal ilicitude gerar responsabilidade criminal, como no caso de ofensas corporais, já o pedido de indemnização civil terá de ser deduzido em processo-crime, nos termos do art. 71.º e sgts do Código do Processo Penal e o tribunal do trabalho não será o competente[159].

[158] O elenco e a regulamentação destes contratos podem alcançar-se no sítio do Instituto do Emprego e Formação Profissional [www.iefp.pt]. Através do DL n.º 13/2015, de 26 de janeiro, são definidos os objetivos e os princípios de política de emprego.

[159] À semelhança do fixado no art. 72.º, n.º 2, do CPP, a apresentação do processo no tribunal do trabalho equivale à renúncia do direito à apresentação de queixa crime.

i) Das questões entre instituições de previdência e abono de família e seus beneficiários, quando respeitem a direitos, poderes ou obrigações legais, regulamentares ou estatutários de umas ou outras, sem prejuízo da competência própria dos tribunais administrativos ou fiscais.

Através desta alínea i) confere-se a necessária competência aos juízos do trabalho para apreciarem os processos especiais relacionados com o contencioso de instituições de previdência e abono de família, previstos nos arts. 162.º a 182.º. Apesar da nomenclatura modernizada, a disposição tinha sentido quando existiam as caixas de previdência ou de abono de família que foram sendo integradas no Instituto da Segurança Social, contra o que se deixava prever no art. 106.º da Lei de Bases da Segurança Social (Lei n.º 4/2007, de 16 de janeiro). Atualmente, apenas têm existência as Caixas de Previdência do Ministério de Educação (DL n.º 193/97, de 29 de julho) e a dos Advogados e Solicitadores (DL n.º 119/2015, de 29 de junho) cuja tutela do Estado as faz integrar na previsão do art. 77.º daquela Lei, estabelecendo a "reação contenciosa nos termos do Código de Processo nos Tribunais Administrativos". Aliás a questão já foi debatida no Tribunal de Conflitos[160] que concluiu serem os tribunais administrativos os competentes para conhecer de um litígio entre a CPAS e um seu beneficiário, considerando ser "relevante a natureza pública das instituições de segurança social para determinar a ordem dos tribunais que deve intervir".

Parece, assim, que esta alínea i) se encontra esvaziada de conteúdo jurídico, pois os juízos do trabalho, atualmente, nesta matéria apenas detêm a competência assinalada no n.º 2, a que abaixo se faz referência.

j) Das questões entre associações sindicais e sócios ou pessoas por eles representados, ou afetados por decisões suas, quando respeitem a direitos, poderes ou obrigações legais, regulamentares ou estatutárias de uns ou de outros.

O contencioso sindical enquadrado nesta alínea é o interno, isto é, aquele que se suscita no âmbito das relações travadas entre as associa-

[160] Acórdão de 2 de outubro de 2008, lavrado no processo 010/08 (JUSNET 8227/2008). O Tribunal de Conflitos constitui-se ao abrigo dos arts. 17.º do DL 23.185, de 30/10/1933, 1.º, n.º 3 da Lei de Organização e Processo do Tribunal de Contas (Lei n.º 98/97, de 26 de agosto) e 63.º, n.º 3 da LOSJ e 110.º, n.º 3 do CPC.

ções sindicais e os seus sócios ou não sócios afetados por decisões suas. Será exercido através do processo laboral comum, conforme se estatui no art.º 162.º do CPT, com as especialidades previstas no n.º 2 e nos artigos seguintes, respeitantes aos procedimentos para:

- Convocação de assembleias gerais;
- Impugnação de estatutos, deliberações de assembleias gerais ou atos eleitorais; e
- Impugnação judicial de decisão disciplinar.

No confronto entre este dispositivo processual e o teor desta alínea j) podia admitir-se que o tal contencioso interno apenas se aplicaria às associações sindicais, ficando excluído o das **associações de empregadores e das comissões de trabalhadores**. Mas, considerando que foi deficiente a técnica usada, deve-se concluir que nesta alínea j) também se confere competência ao tribunal do trabalho para apreciar e julgar os referidos litígios quando suscitados no âmbito das associações de empregadores e das comissões de trabalhadores (suas coordenadoras e subcomissões). De resto tal interpretação (extensiva) é corroborada pelo normativo da alínea r) onde se confere competência ao mesmo tribunal para apreciar, para além de outras, "as questões relativas ao controlo da legalidade ... ***do funcionamento*** e da extinção daquelas associações de empregadores e das comissões de trabalhadores", ainda que também se incluam as associações sindicais.

k) Dos processos destinados à liquidação e partilha dos bens das instituições de previdência ou de associações sindicais, quando não haja disposição legal em contrário.

O processo especial que está ínsito nesta disposição é o que se regula nos arts. 173.º a 182.º do CPT. Também nestas disposições o legislador processual foi mais ambicioso, consignando que tal liquidação e partilha também respeitam, para além das instituições de previdência e das associações sindicais, às associações de empregadores ou às comissões de trabalhadores. Deste modo, servirão para aqui as razões acima expostas, para se concluir da competência dos juízos do trabalho também para dirimirem as questões próprias destes últimos processos.

l) Das questões entre instituições de previdência ou entre associações sindicais a respeito da existência, extensão ou qualidade de poderes ou deveres legais, regulamentares ou estatutários de um deles que afete o outro.

O que se prevê nesta alínea serão as possíveis divergências entre instituições de previdência (quando havia dezenas de caixas de previdência) ou entre associações sindicais. Naquelas, atualmente, não vislumbramos tal possibilidade face à abrangência do ISS. Diferentemente entre estas associações podem, na realidade, suscitar-se diversos conflitos intersindicais, desde logo, os de reconhecimento pelos empregadores e os de representatividade dos trabalhadores associados para efeitos da contratação coletiva, em especial, na sua negociação. Igualmente podem surgir questões de representatividade pelas associações de grau superior (uniões, federações e até confederações).

m) Das execuções fundadas nas suas decisões ou noutros títulos executivos, ressalvada a competência atribuída a outros tribunais.

Através desta disposição, deve concluir-se que os tribunais de trabalho são os únicos competentes para o controlo jurisdicional das execuções das suas decisões e bem assim das restantes que se fundamentam nos títulos executivos previstos no art. 88.º do CPT, nomeadamente nos autos de conciliação.

A ressalva em relação à "competência atribuída a outros tribunais" significa que os juízos do trabalho não têm tal competência nas execuções que por esses tribunais devem correr, nomeadamente pelos juízos de execução, conforme se encontra preceituado no art. 129.º da LOSJ.

n) Das questões entre sujeitos de uma relação jurídica de trabalho ou entre um desses sujeitos e terceiros, quando emergentes de relações conexas com a relação de trabalho, por acessoriedade, complementaridade ou dependência, e o pedido se cumule com outro para o qual o juízo seja diretamente competente.

Através do normativo desta alínea confere-se competência aos juízos do trabalho também para apreciar as questões que se encontrem fortemente conexionadas com a relação de trabalho subordinado "e o pedido se cumule com outro para o qual o juízo seja diretamente competente".

A cumulação de pedidos está prevista nos arts. 82.º e 555.º do CPC e a extensão da competência para questões prejudiciais no art. 20.º do CPT.

Deste modo, através do preceituado nesta alínea, o tribunal de trabalho, por exemplo, também será competente para julgar um pedido contra a empresa cessante no contrato de trabalho do autor, ou contra um fundo de pensões ou até contra um fornecedor de bens ou serviços à empregadora de que o trabalhador seja beneficiário.

o) Das questões reconvencionais que com a ação tenham as relações de conexão referidas na alínea anterior, salvo no caso da compensação, em que é dispensada a conexão.

Por meio do texto desta alínea é, redundantemente, dada competência aos tribunais do trabalho para também conhecerem e julgarem os pedidos reconvencionais que se terão de confinar às normas dos arts. 30.º (e 60.º) do CPT. Naturalmente, o pedido reconvencional terá de se conexionar com a ação conforme se descreve na alínea anterior e no art. 266.º do CPC, ressalvando-se o caso da compensação.

p) Das questões civis relativas à greve.

Através dos tribunais do trabalho, poderão ser deduzidos pedidos cíveis no âmbito da greve relativos a indemnizações por greves ilícitas, por prejuízos causados, por abuso do direito, por desrespeito de serviços mínimos, como ainda por coação, substituição ou discriminação sobre trabalhadores grevistas (530.º e sgts do CT). E até por môr da alínea b), também o tribunal de trabalho terá competência para julgar tais questões quando resultem do "lock-out". Naturalmente, ficam excluídas as questões criminais, que, como é óbvio, pertencem ao foro respetivo e que podem resultar das violações previstas nos arts. 543.º e 545.º do CT.

q) Das questões entre comissões de trabalhadores e as respetivas comissões coordenadoras, a empresa ou os trabalhadores desta.

É dada, deste modo, competência aos juízos do trabalho para dirimirem os conflitos de relacionamento entre as comissões de trabalhadores e as respetivas comissões coordenadoras (se alguma existisse) e que se prevêem nos arts. 415.º, n.º 4 e 435.º, e sgts do CT. Entre elas e a empresa a que respeitam (art. 415.º, n.º 1 do CT), bem como com os trabalhadores da empresa em que a comissão se insere, que são todos seus membros, independentemente de inscrição, conforme o que se estipula no n.º 3 do mesmo artigo.

Como as subcomissões de trabalhadores são estruturas de representação coletiva dos trabalhadores (art. 404.º b) do CT) também têm capacidade judiciária, de conformidade com o estatuído logo no art. 2.º-A do CPT. Assim, ainda que não referidas, parece que também o mesmo tribunal terá competência para as questões que surjam entre elas e as respetivas comissões de trabalhadores.

r) De todas as questões relativas ao controlo da legalidade de constituição, dos estatutos e respetivas alterações, do funcionamento e da extinção das associações sindicais, associações de empregadores e comissões de trabalhadores.

O controlo da legalidade do processo de constituição, do teor dos seus estatutos e das suas alterações respeitantes a estes três tipos de associações, que nada têm a ver com o relacionamento com os associados e terceiros, pertence ao MP conforme se dispõe nos arts. 439.º, n.º 1 e 2 e 447.º, n.º 8 do CT e 5.º-A, nº 1 do CPT.

Todavia, com acima ficou expresso, já as questões derivadas do seu **funcionamento** se inserem no seu apelidado contencioso interno e terão de ser submetidas à apreciação do juízo do trabalho competente, através dos instrumentos processuais contemplados no art. 162.º e sgs.

s) Das demais questões que por lei lhes sejam atribuídas.

Não obstante esta cláusula residual, atualmente, não se conhece nenhuma norma de algum diploma que confira competência aos tribunais de trabalho para outros casos, para além das situações em que se justifique a extensão de competência nos termos do art. 20.º do CPT.

Segundo o n.º 2 deste art. 126.º da LOSJ, "compete ainda aos juízos do trabalho julgar os **recursos das decisões das autoridades administrativas em processos de contraordenação nos domínios laboral e da segurança social**".

Como já aludido, tais autoridades administrativas são a Autoridade para as Condições de Trabalho (ACT) e o Instituto de Segurança Social, IP (ISS) e as decisões passíveis de recurso são as proferidas no âmbito do regime processual aplicável às contraordenações laborais e da segurança social, aprovado pela Lei n.º 107/2009, de 14 de setembro e alterada pela

Leis n.os 63/2013, de 27 de agosto e 55/2017, de 17 de julho. O respetivo processo de recurso ou impugnação judicial é tratado adiante, no capítulo XIX.

7. Competência em razão da hierarquia e do valor

Hierarquicamente, os juízos do trabalho, integrantes do tribunal de comarca, julgam em primeira instância, como decorre do art.s 42.º e 81.º da LOSJ. Portanto, é através deles que, em regra, os processos se iniciam e constituem mediante a distribuição numa das espécies elencadas no art. 21.º do CPT [161].

Porém, como se prevê nos arts. 12.º e 186.º-J do CPT, em consonância com o arts. 67.º do CPC e 126.º, n.º 2, da LOSJ, ainda os juízos do trabalho têm competência para julgar os recursos das decisões (administrativas) em **processo de contraordenações laborais e de segurança social**. Assim, ao reapreciar as decisões nestas matérias tomadas pela ACT ou pelo ISS, IP, o juízo do trabalho está a decidir em segunda instância por via de recurso, embora a primeira não pertença ao foro judicial, constituindo um verdadeiro ato administrativo.

Na esteira do art. 66.º do CPC e conforme resulta do disposto no art. 41.º da LOSJ, atualmente, o **valor da causa** apenas pode determinar a competência do tribunal relativamente aos juízos centrais e locais cíveis, nas ações declarativas cíveis de processo comum. Portanto, nos juízos do trabalho, o valor da causa é irrelevante para efeitos da atribuição da competência, podendo apenas relevar para a admissibilidade do recurso e da reconvenção.

8. Extensão da competência

Como no processo civil (CPC, art. 92.º) também no art. 20.º do CPT se prevê a resolução de **questões prejudiciais**[162] que se suscitem em qualquer processo laboral e sejam da competência de outro tribunal (cível,

[161] Excecionalmente, os tribunais superiores podem julgar em primeira instância relativamente a certas individualidades e em certos processos, cfr art.s 68.º e 69.º do CPC e 55.º e 73.º da LOSJ.

[162] Segundo José Lebre de Freitas, "é questão jurídica prejudicial toda aquela cuja solução constitua pressuposto *necessário* da decisão de mérito, quer esta necessidade resulte da configuração da causa de pedir, quer da arguição ou existência duma exceção (perentória ou dilatória), quer ainda do objeto de incidentes em correlação lógica com o objeto do processo,

comercial, criminal, administrativo ou outro, por interpretação extensiva e atualizada).

Em tal situação, o juiz do trabalho poderá ou não "sobrestar (ou seja, não prosseguir, parar) na decisão até que o tribunal competente se pronuncie", como reza a parte final do n.º 1 do art. 92.º (antigo 97.º) do CPC. Mas tal suspensão apenas se verificará se a nova ação for interposta dentro de um mês ou se este novo processo não estiver parado por negligência (pelo mesmo prazo). Caso não se verifiquem estes pressupostos, o juiz laboral julgará a questão prejudicial, mas tal decisão não produzirá efeitos fora do processo em que foi proferida (CPC, art. 92.º, n.º 2), fazendo, pois, mero caso julgado formal[163]. Assim, nestes casos o órgão jurisdicional laboral assume capacidade para julgar em matérias que não seriam, em regra, da sua competência.

Todavia, o tribunal do trabalho terá que sobrestar na sua decisão quanto a "questões sobre o estado das pessoas em que a sentença a proferir seja constitutiva", portanto, constitutiva (nos termos da alínea c) do n.º 3 do art. 10.º do CPC) de nova situação de parentesco ou afinidade, como acontece com o divórcio e filiação[164].

No que concerne a uma questão que amiudadas vezes se suscita, esclarece Abílio Neto, que "de acordo com o entendimento maioritário da jurisprudência, se os mesmos factos invocados como justa causa de despedimento originaram um **processo-crime** contra o respectivo autor, não haverá lugar à suspensão da acção declarativa da ilicitude do despedimento até à decisão na acção penal, porquanto são diferentes os fundamentos e os pressupostos num e noutro dos procedimentos, o que, no rigor dos princípios, é inquestionável, embora numa óptica pragmática tenhamos algumas dúvidas que seja essa a melhor solução"[165].

Questiona-se ainda se, em outra situação frequente nos tempos que correm, em que a empresa ré em processo laboral é objeto de **processo**

e seja mais ou menos direta a relação que ocorra entre essa questão e a pretensão ou o *thema decidendum" in* Introdução ao Processo Civil, Coimbra Editora, 3.ª ed., 2013, pág.151.

[163] Alberto Leite Ferreira, Código de Processo do Trabalho Anotado, 2.ª ed. Coimbra Editora, 1972, pág. 108 e na edição de 1989, pág. 99.

[164] Nos termos do art. 1576.º do CC "são fontes das relações jurídicas familiares o casamento, o parentesco, a afinidade e a adoção".

[165] Código de Processo do Trabalho Anotado, 5.ª ed., Ediforum, Lisboa, 2011, pág..54, onde é indicada numerosa jurisprudência.

especial de revitalização, deve ou não aquele processo ficar suspenso até ao desfecho deste último. Sendo os direitos reclamados no processo laboral alienáveis ou disponíveis, parece que deve prevalecer a decisão salvadora da empresa e, assim, o processo laboral deve aguardar tal decisão[166]. Fixado o valor devido ao trabalhador, o seu pagamento deverá ser satisfeito nos termos do PER.

Ainda outra situação em que se poderá verificar (como também previsto no art. 93.º do CPC) a extensão da competência do tribunal do trabalho será quando seja deduzida **reconvenção** resultante de "questões entre sujeitos de uma relação jurídica de trabalho ou entre um desses sujeitos e terceiro, quando emergentes de relações conexas com a relação de trabalho, por acessoriedade, complementaridade ou dependência e o pedido se cumule com outro para o qual o juízo seja diretamente competente" (alíneas o) e p) do artigo 126.º da LOSJ). Em tais casos, que, em geral, derivarão do fenómeno da terciarização ou "subempreitada", o tribunal do trabalho será competente em quaisquer matérias, mormente referentes a contratos civis ou comerciais, quando conexos com a relação de trabalho por a ela serem acessórios, complementares ou dependentes. Mas estes elementos até serão prescindidos caso a reconvenção tenha como objetivo a compensação de créditos.

Pode-se suscitar a questão de saber se o tribunal de trabalho detém competência própria ou por conexão para julgar sobre o ressarcimento dos **danos não patrimoniais** resultantes de acidentes de trabalho e que se encontram previstos na parte inicial do n.º 4 do art. 18.º da atual LAT (e n.º 2 do mesmo art. 18.º da antiga LAT), tendo-se concluído no Acórdão do S.T.J., de 24/09/2013, que "se a parte não pretende fazer valer o direito à reparação tipicamente contemplada na lei laboral, mas apenas quer exercitar o direito à indemnização por danos morais, nos termos da lei geral, não se vê qualquer razão para ter de intentar a ação no Tribunal do Trabalho, que não tem competência direta para apreciar tal matéria a não ser por via da conexão acima referida"[167].

[166] Nos termos do art. 17.º-E, n.º 1, do CIRE, o início do PER suspende o curso de todas as ações para cobrança de dívidas até à sua aprovação ou recusa.

[167] Inserto em www.dgsi.pt. Relator Cons. Moreira Alves.

VI
Atos Processuais e Instância

1. Generalidades

Como se viu, o processo é uma scriação de atos para se conseguir compor ou evitar o litígio. Tais atos são inúmeros e até de diverso jaez. Sendo ações (ou, eventualmente, omissões) praticadas por pessoas e com relevo no campo do direito, são verdadeiros **atos jurídicos**[168]. Podem ser praticados pelas partes, pelo órgão jurisdicional e por alguns outros intervenientes no processo. Podem ser atos isolados (como o pagamento da taxa de justiça ou a emissão de um despacho ou sentença), mas também podem ser compósitos, quando carecerem de alguma conotação entre si (como no caso de uma audiência de julgamento). No Livro II do CPC, apresentam-se, caracterizam-se e disciplinam-se os atos processuais mais comuns e, portanto, mais utilizados na generalidade dos processos judiciais.

A disciplina normativa de tais atos processuais é apresentada através de duas perspetivas diferentes. Uma – estática, constante do Título I (arts. 130.º a 258.º) – epigrafada como sendo dos **atos processuais**, propriamente ditos, embora alguns deles já se apresentem como compósitos, carecendo de se agruparem para alcançarem o efeito pretendido, como acontece na notificação, pois para além do ato da comunicação, antes, teve de se preparar o texto e ainda antes teve de haver uma decisão. A outra perspetiva é já dinâmica ou sequencial – integra o Título II (arts.

[168] Por enquanto, continuamos a não ter em conta os atos realizados de forma automática, já previstos no art. 137.º do CPC, portanto, pelo sistema informático.

259.º a 291.º) – e é epigrafada como **da instância**, em que os atos são múltiplos e se sucedem uns aos outros para alcançar o referido desiderato da composição do litígio. Este Título é desdobrado e complementado pelo seguinte – relativo aos **incidentes da instância** – ou seja, as vicissitudes anómalas mais frequentes que se podem verificar ao longo do andamento do processo. Antes das normas sobre a utilização dos meios probatórios (Título V – da **instrução**), inerentes a todo e qualquer processo judicial, insere-se o regime dos **procedimentos cautelares**, que são já verdadeiros processos. Porém, como se destinam a compor o litígio de forma provisória, através de providências cautelares e não por decisões definitivas, não são tratados pela lei processual como tal.

Como o regime dos **procedimentos cautelares laborais** contém marcantes diferenças em relação aos cíveis, será objeto de maior atenção no capítulo seguinte. Neste, procurar-se-á fazer uma síntese do normativo do CPC sobre os atos processuais e o desenvolvimento da instância e chamar à atenção para o que, neste campo, de específico se verifica no processo laboral.

2. Atos processuais

Desde já convirá prevenir que há atos que sendo importantes ou fundamentais ao processo nele não são praticados (como por exemplo a procuração forense) ou nele não se inserem, como por exemplo a convenção de arbitragem ou pacto de jurisdição[169].

O referido Título I do CPC arruma os atos processuais por dois capítulos, respeitando um aos **atos em geral** e o outro a **atos especiais**.

Relativamente aos **atos em geral**, disciplina juridicamente a sua forma, a tramitação eletrónica, a tradução, os prazos para a sua prática e o justo impedimento para os não respeitar.

Regula, de seguida, os **atos das partes,** nomeadamente a apresentação das peças em juízo, a comprovação do pagamento de taxa de justiça, a definição de articulados, a necessidade de duplicados e a regra básica sobre o prazo para cumprimentos dos respetivos atos.

Também os **atos dos magistrados** são disciplinados em geral, desde a ordem, a gestão e a marcação de diligências, a sua denominação (como despachos, sentenças e acórdãos), a necessidade da sua fundamentação,

[169] José Lebre de Freitas, Introdução ao Processo Civil, 3.ª ed. Coimbra Editora, 2013, pág. 18.

para além da gravação das audiências e o estabelecimento dos tempos para as decisões.

Ainda são objeto de regulação os **atos da secretaria**, como o tratamento do expediente, a autuação e a corporização dos demais trâmites processuais.

Por fim, regula-se a publicidade e o acesso aos processos, a comunicação dos atos (requisição, cartas precatórias e rogatórias e mandados especiais), para além do específico regime da **invalidade dos atos** (nulidade e anulação de certos atos em especial e dos atos em geral).

3. Instância

Já na referida perspetiva dinâmica, disciplina-se o "**começo e desenvolvimento da instância**" (Capítulo I, art. 259.º e sgs.) e nos dois capítulos seguintes, a sua **suspensão** e **extinção**, que, em regra, naturalmente, resultará do julgamento do pedido ou pedidos que o processo encerra.

Como corolário do desenvolvimento da instância e, simultaneamente, da sua estabilidade e como reverso do poder das partes de dispor do processo civil, ainda que mitigado no processo laboral, surge a sua responsabilidade na condução dos atos processuais. Em consequência, deixando de praticar ou deduzir algum ato dentro do prazo estabelecido, sem justo impedimento e não podendo tal falta ser suprida pelo juiz ou este entender não dever colmatá-la, verificar-se-á a **preclusão** de tal direito.

No Título III (arts. 292.º e sgs. e 91.º) regulam-se e tipificam-se os **incidentes da instância** mais comuns[170], ou seja: a verificação do valor da causa; a intervenção de terceiros (intervenção principal: espontânea ou provocada; intervenção acessória: provocada, assessória do MP, assistência; oposição: espontânea, provocada e mediante embargos de terceiros); a habilitação (de sucessores, adquirentes ou cessionários) e a liquidação

[170] Como escreve o Conselheiro Salvador da Costa, "o incidente processual é ... a ocorrência extraordinária, acidental, estranha, surgida no desenvolvimento normal da relação jurídica processual, que origine um processado próprio, isto é, com um mínimo de autonomia, ou noutra perspetiva, a intercorrência processual secundária, configurada como episódica e eventual em relação ao processo próprio da ação principal ou de recurso". O mesmo autor salienta que a lei prevê outros incidentes ainda que não denominados como tal ou tipificados (suspeição do juiz ou do oficial de justiça, incompetência relativa, conflito de competência ou de jurisdição) *in* Os Incidentes da Instância, 9.ª ed., Almedina, Coimbra, 2017, págs. 8, 9 e 17.

(do pedido genérico, a proferir antes da discussão da causa ou depois de proferida a sentença).

Em **processo laboral** encontram-se previstos diversos incidentes, uns nominados outros inominados. Mas como todos eles se situam no âmbito dos processos (especiais) emergentes de acidente de trabalho e de doença profissional serão evidenciados no correspondente capítulo (XIII).

4. Especialidades no processo laboral

No que tange ao desenvolvimento da instância processual, anotam-se, de seguida e como mais evidentes, as **especificidades do processo laboral** que respeitam a: citações e notificações (4.1.), processos com natureza urgente (4.2.), modificações subjetivas da instância (4.3.) e apensação de ações (4.4)[171], como se passa a desenvolver.

4.1. Citações e notificações

Como expressamente resulta do disposto no art. 23.º do CPT, às citações e notificações aplicam-se as regras estabelecidas no CPC, (nos arts. 219.º e sgs.) e, a nível europeu, no Regulamento (CE) n.º 1393/2007, com as especialidades constantes dos (dois) artigos seguintes[172].

Uma destas especialidades traduz-se na necessidade da **notificação da decisão final** em qualquer processo laboral, diferentemente do que se dispõe no n.º 1 do art. 247.º do CPC, dever ser efetuada às partes, para além dos respetivos mandatários. Em consequência, deve ser enviada com a notificação a cópia de tal decisão, conforme se estabelece no art. 253.º do CPC. Trata-se de uma eflorescência do princípio da imediação.

Acontece ainda que quando a sentença for condenatória, deve ser junto aos autos "documento comprovativo da extinção da dívida" "no prazo de 30 dias", como previsto no art. 90.º do CPT. Face àquela notifi-

[171] Ainda no CPT se prevê alguma especificidade em relação ao CPC, no que tange à cumulação de pedidos e de causas de pedir (art. 28.º) na reconvenção (art. 30.º) e na tentativa de conciliação (arts. 51.º a 53.º), temas estes que serão tratados, adiante, no capítulo IX, a propósito da tramitação do processo comum.

[172] Fora da UE v. Convenção Relativa à Citação e Notificação no Estrangeiro de Atos Judiciais e Extrajudiciais em Matéria Civil e Comercial (Haia, 15/11/1965), aprovada pelo Decreto n.º 210/71, de 18 de maio.

cação direta, o réu (em regra, a empresa) não poderá arguir a sua falta de conhecimento. Contudo a data que releva, nomeadamente para efeitos de recurso, é a data da notificação ao mandatário e não à parte.

Previne-se ainda (no n.º 2 do art. 24.º do mesmo CPT) que a carta para notificação à parte de decisão final possa vir devolvida. Em tal eventualidade, ainda que a norma mande que se aplicam "as regras relativas aos mandatários", deve, numa interpretação atualizada, considerar-se aplicável o teor do n.º 2 do art. 249.º do CPC (ainda que não haja mandatário constituído) onde se preceitua que "a notificação não deixa de produzir efeito pelo facto de o expediente ser devolvido, desde que a remessa tenha sido feita para a residência ou sede da parte ou para o domicílio escolhido ....; nesse caso, ou no de a carta não ter sido entregue por ausência do destinatário, juntar-se-á ao processo o sobrescrito, presumindo-se a notificação feita no..."[173] terceiro dia posterior ao registo.

Quanto às **citações** também o processo laboral foi pioneiro na sua realização através dos correios por meio de carta registada com aviso de receção, agora de modelo oficialmente aprovado (arts. 228.º e 246.º do CPC e início do n.º 1 do art. 25.º do CPT). Porém, atualmente, ao contrário do que acontece no processo civil (art. 226.º), em regra, a citação ainda é precedida de despacho nesse sentido, conforme arts. 54.º, 98.º-F e 128.º.

Relativamente às **citações e notificações** que segundo este art. 25.º "não devem ser feitas por via postal nem por mandatário judicial", nem por agente de execução (como também se permite no art. 225.º, n.º 2, c) do CPC) haverá que distinguir se o destinatário mora em circunscrição com ou sem tribunal de trabalho. Havendo obviamente tal tribunal deve ser este o preferido. Contudo se tais notificações exigirem "conhecimentos especializados", segundo o critério do juiz, o que poderá acontecer no âmbito dos processos emergentes de acidente de trabalho e doença profissional, deve a notificação (ou citação) ser deprecada sempre ao juízo do trabalho territorialmente competente, exceto quando as suas atribuições estiverem cometidas ao tribunal de comarca[174].

[173] Este é o texto quase integral do n.º 4 do art. 254.º do antigo CPC, que continha a regra correspondente no que concerne à notificação por carta registada dos mandatários.

[174] O que, atualmente, apenas acontece em algumas ilhas da Região Autónoma dos Açores.

4.2. Início da instância

Em processo civil considera-se que a instância se inicia no momento em que é concretizada a propositura da ação, ou seja, "logo que seja recebida na secretaria a respetiva petição inicial", em regra por transmissão eletrónica de dados (art. 259.º). No processo laboral, porque engloba **processos de natureza oficiosa**, já o início da instância pode resultar da iniciativa do Magistrado do MP, pois as participações e demais papéis que se destinem a servir de base a processos emergentes de acidentes de trabalho e de doenças profissionais e bem assim às ações de reconhecimento da existência de contrato de trabalho, são apresentados obrigatoriamente àquele magistrado junto do tribunal territorialmente competente que até "pode ordenar as diligências convenientes com precedência da distribuição" como se preceitua no art. 22.º[175].

Tal não pode deixar de significar que antes mesmo do início do processo judicial, o representante do MP não possa ordenar um inquérito ou a autópsia em caso de acidente de trabalho ou também ordenar pedidos de informações, complementares ou de esclarecimentos, ou até a remessa para outro tribunal.

Mas uma vez recebida a participação do acidente de trabalho de uma das diversas entidades competentes[176] ou a participação da ACT de "situação de prestação de atividade autónoma, em condições análogas ao contrato de trabalho[177], inicia-se a respetiva instância e origina-se a sua distribuição pelas espécies correspondentes a processos emergentes de acidentes de trabalho (3.ª) e processos especiais previstos neste Código (12.ª), como resulta do disposto no art. 26.º, n.os 3, 4 e 6. Destarte, deve concluir-se que quer o processo comum laboral, quer todos os restantes processos especiais vêem iniciadas as respetivas instâncias, como no processo civil, ou seja com a apresentação das respetivas petições iniciais. Mas como no processo especial da ação de impugnação da regularidade e licitude do despedimento não há petição inicial, ficou esclarecido através

[175] No dispositivo deste artigo referem-se as espécies 2.ª e 3.ª, quando, manifestamente, se tratam da 3.ª e 4.ª.

[176] LAT, arts. 86.º a 92.º.

[177] Lei n.º 107/2009, de 14 de setembro (regime processual aplicável às contraordenações laborais e da segurança social), art. 15.º-A, resultante das alterações introduzidas pela Lei n.º 63/2013, de 27 de agosto.

do preceituado no n.º 5 do art. 26.º do CPT, que a respetiva instância se "inicia com o recebimento do requerimento a que se refere o n.º 2 do art. 387.º do Código de Trabalho", o que está em plena consonância com o disposto no art. 98.º-C do CPT, epigrafado como "início do processo".

4.3. Processos com natureza urgente

No processo civil, para além de diversos atos[178], apenas "os procedimentos cautelares revestem sempre caráter urgente, precedendo os respetivos atos qualquer outro serviço jurídico não urgente" nos termos do art. 363.º do CPC[179].

No processo laboral, para além dos respetivos procedimentos cautelares, face ao apregoado princípio da celeridade processual, encontram-se classificados como **urgentes** diversos (para não dizer numerosos) processos como, desde logo, se marca no art. 26.º e que são os seguintes:

a) A ação de impugnação da regularidade e licitude do despedimento;
b) A ação em que esteja em causa o despedimento de membro de estrutura de representação coletiva dos trabalhadores;
c) A ação em que esteja em causa o despedimento de trabalhadora grávida, puérpera ou lactante ou trabalhador no gozo de licença parental;
d) A ação de impugnação de despedimento coletivo;
e) As ações emergentes de acidente de trabalho e de doença profis sional;
f) A ação de impugnação da confidencialidade de informações ou da recusa da sua prestação ou da realização de consultas;
g) A ação de tutela da personalidade do trabalhador;
h) As ações relativas à igualdade e não discriminação em função do sexo;
i) A ação de reconhecimento da existência de contrato de trabalho.

[178] Despacho urgente (art. 156.º, n.º 3); atos urgentes (art. 172.º, n.º 5); diligências na distribuição (art. 212.º, n.º 10); citação urgente (art. 226.º, n.º 4 f)); processos cautelares (art. 363.º); prestação de depoimento (art. 456.º, n.º 1); prazos para a interposição nos processo urgentes...

[179] Encontram-se ainda referências a processos urgentes na jurisdição de menores e nos processo falimentares, bem como no contencioso administrativo e penal.

Mas tal **urgência** não é igual para todos estes processos, tendo, pelo menos, dois graus. Efetivamente, logo no n.º 2, estabelece-se que, sem prejuízo das citações, notificações e atos que se destinem a evitar dano irreparável que se devem realizar mesmo durante as férias judiciais, os atos a praticar nas ações referidas nas alíneas f), g) e h) e acima elencadas apenas têm lugar nas referidas **férias judiciais** quando, em despacho fundamentado, tal for determinado pelo juiz. Portanto, o tratamento destes processos, não havendo tal decisão expressa, passa apenas a ter precedência sobre os outros não urgentes[180].

4.4. Modificação subjetiva da instância

Como já se aludiu (IV, n.º 4), de conformidade com o princípio da estabilidade da instância, como estipulado no art. 260.º do CPC, após a citação do réu "o procedimento deve manter-se o mesmo quanto às pessoas, ao pedido e à causa de pedir, salvo as possibilidades de modificação consignadas na lei". Mas logo de seguida se preveem diversos casos de **modificação da instância**, rematando-se com as situações provindas da **reconvenção** (art. 266.º) e da **apensação de ações** (arts. 267.º e 268.º) que também a alteram.

Assim, uma de tais modificações subjetivas, que se traduz na substituição de alguma das partes (autor ou réu) pode resultar da substituição na relação substantiva em litígio, como por exemplo por cedência de créditos.

No processo laboral, como emanação do "favor laboratoris" e para proteger a integridade dos **créditos laborais**, através do disposto no n.º 1 do art. 29.º do CPT, fica vedada a modificação subjetiva da instância que resulte de "sucessão entre vivos da parte trabalhadora"[181]. Portanto, mesmo que o trabalhador ceda os seus créditos não pode o cessionário assumir a sua posição processual ou vir a interpor ação de condenação.

[180] Isto considerando que os "processos com natureza urgente" ou "processos que a lei considere urgentes" serão aqueles que "correm" durante as férias judiciais (art. 138.º, n.º 1) e em que, como nos procedimentos cautelares, os respetivos atos precedam "qualquer outro serviço judicial não urgente", para além de prazo mais curto na interposição dos recursos (CPC, art. 638.º, n.º 1). Aliás, tal urgência mantém-se mesmo no processamento dos recursos, como se tem julgado, nomeadamente, nos Acórdãos do STJ de 03-06-2008, Proc. n.º 08A1873 (Rel. Fonseca Ramos) e de 09-01-2008, Proc. n.º 07S4222 (Rel. Bravo Serra).

[181] O que está em correspondência com o preceituado nos arts. 279.º e 280.º do CT.

Naturalmente, em caso de falecimento do trabalhador já os seus herdeiros se podem habilitar através do respetivo e aludido incidente previsto no art. 351.º e sgs. do CPC.

No que tange às modificações de instância que provenham da **reconvenção**, como esta no processo laboral comum resulta da iniciativa do empregador que (normalmente assume a posição de réu) também se impõem algumas restrições no art. 30.º, que serão evidenciadas mais adiante (capítulo IX, n.º 7).

No que respeita à **apensação de ações**[182] prevista e regulada no art. 267.º do CPC e que também provoca outra possível modificação da instância, prevê-se (no art. 31.º) que o MP, como tal ou como mandatário do trabalhador, possa, respetivamente, ordenar ou requerer a apensação de ações.

Ainda, nos n.os 2 e 3, se impõe a apensação de ações que respeitam ao mesmo **despedimento coletivo**, o que está em consonância com o preceituado no normativo do respetivo processo especial, mais concretamente no art. 156.º, n.º 3, onde se impõe à empresa ré que requeira o chamamento para intervenção dos restantes trabalhadores abrangidos pelo mesmo despedimento. Daqui decorre que o mesmo despedimento coletivo pode originar vários processos e que algum ou alguns deles podem ter um ou mais autores coligados. Como o tribunal territorialmente competente é único (cfr. art. 16.º), deve a secretaria judicial informar das "ações que se encontrem em condições de ser apensadas" (art. 31.º, n.º 3). Os processos serão apensados ao que tiver sido instaurado em primeiro lugar e se penderam perante o mesmo juiz deve este determinar a junção depois de ouvir as partes (CPC, art. 267.º, n.os 2 e 4).

Também na regulação do processo especial para efetivação de direitos resultantes de **acidente de trabalho** se prevê, para além de diversos incidentes, cujos processos a ele devam ser apensos, que os eventuais processos para efetivação de direitos de terceiros conexos com acidentes de trabalho, também ficam sujeitos a apensação, conforme o disposto nos arts. 17.º e 154.º.

[182] A apensação de ações é uma das formas previstas no CPC para, em determinados casos, se obter vantagens manifestas de economia processual e se procurar evitar a contradição de julgados.

4.5. Suspensão e extinção da instância

A instância laboral pode suspender-se nos casos previstos no art. 269.º do CPC, o último dos quais, admitido na alínea d), é quando "a lei o determinar especialmente".

A mesma instância também se fina ou extingue por força das causas referidas no art. 277.º, do mesmo CPC, que vão desde o julgamento até à impossibilidade ou inutilidade superveniente da lide.

Acontece, porém, que, desde há alguns anos, existe um modo especial de suspensão e de extinção da instância processual que, afetando processos diversos, recai com maior retumbância sobre os processos do foro laboral. Resulta do Código da Insolvência e Recuperação de Empresas (CIRE) que, no âmbito do processo especial de revitalização (PER) prevê que, logo que o seu pedido seja aceite pelo juíz e nomeado o administrador judicial provisório tal decisão "obsta à instauração de quaisquer ações para cobranças de dívidas contra a empresa e, durante todo o tempo em que perdurarem as negociações, suspende, quanto à empresa, as ações em curso com idêntica finalidade, extinguindo-se aquelas logo que seja aprovado e homologado plano de recuperação salvo quando este preveja a sua continuação" (art. 17.º-E, n.º 1).

Naquelas ações para cobrança de dívidas tem-se entendido que ficam englobados os processos movidos pelos trabalhadores onde, usualmente, se pede o reconhecimento de créditos[183]. Assim ficarão suspensos e poderão vir a ficar extintos com a homologação do plano de recuperação. Mas tal não poderá acontecer, na ação emergente de acidentes de trabalho, pois nela estão em causa direitos indisponíveis e outros responsáveis (seguradoras).[184]

Contudo, já um destes planos não veio a ser homologado por conter "uma discriminação profundamente injusta dos trabalhadores em relação a outros credores..."[185]

[183] Ac. do STJ, de 17-03-2016 (Rel. Cons. Ana Luísa Geraldes) [dgsi].

[184] Ac. do TRP, de 07-04-2014 (Rel. Paula Maria Norberto) [dgsi].

[185] Ac. do STJ, de 09-07-2015 (Rel. Olindo Geraldes) [dgsi].

VII
Procedimentos Cautelares

1. Generalidades

Como se continua a proclamar, logo no art. 2.º do CPC, a proteção jurídica dos cidadãos através dos tribunais deve fazer-se em "prazo razoável". Admite-se, pois, que pode não ser feita em prazo curto, o que é plausível em virtude das necessárias delongas desde logo na audição dos interessados, depois, na apreciação dos meios de prova para apurar os factos e, por fim, para decretar o direito e até para o executar. É que decidir sobre os direitos e os deveres das pessoas numa sociedade tendencialmente nivelada carece de elevado grau de segurança, e, portanto de algum cuidado e demora.

Porém, face à dinâmica das relações sociais, pode acontecer a decisão obtida no processo judicial já estar ultrapassada e já de nada servir na prática. Face a esta possibilidade prevê-se no n.º 2 do mesmo art. 2.º, para além da "ação adequada a fazer reconhecer em juízo, a prevenir ou reparar a violação... "do direito e a realizá-lo coercivamente", que ainda podem ter lugar "os procedimentos necessários para acautelar o efeito útil da ação"; nisto consistirá a **providência cautelar**.

Esta é a fundamentação para um género de processo judicial específico denominado **procedimento cautelar**, que visa, por forma célere, obter uma providência cautelar (conservatória ou antecipatória), isto é uma decisão prévia, provisória ou interina relativamente à decisão final a tomar no processo principal[186]. Embora constituindo verdadeiros processos judiciais, o CPC, para além de os designar como procedimentos cautelares, regula-os no Título IV, do Livro II, relativo ao processo em geral, (arts. 362.º a 409.º) e não no Título VII, que integra as normas relativas às diferentes formas de processos.

É comum, na doutrina e na jurisprudência, considerar que todo e qualquer procedimento cautelar se destina a evitar, um perigo grave que ameaça o direito de alguém (***periculum in mora***), perigo este que é tão eminente que não se compadece com a demora da decisão ou da execução em processo normal, já em curso ou ainda a instaurar, merecendo uma medida judicial urgente. Para tal acontecer terá de se proceder a uma breve apreciação dos factos (***sumaria cognitio***) para se obter uma simples probabilidade ou verosimilhança da existência do direito (***fumus boni juris***) e do perigo invocado[187].

Através do procedimento cautelar ou se procura garantir um direito, como acontece no arresto ou na suspensão do despedimento, ou evitar um certo perigo ou prejuízo, como acontece no pedido de alimentos ou no arrolamento de bens.

Em situações mais vulgarizadas, o ritualismo processual já foi adequado pela lei. Temos, então, os **procedimentos cautelares especificados**[188], ou nominados ou tipificados. Para as restantes situações haverá de aplicar-se o **procedimento cautelar comum**, que, assim, tem âmbito residual.

Como se depreende do que ficou dito, todo e qualquer procedimento cautelar não visa obter uma decisão definitiva mas, outrossim, uma decisão rápida ainda que provisória. Aquela será o objeto do processo principal. Existe portanto, uma dependência do procedimento cautelar em

[186] É, certamente, esta a única razão para que os procedimentos cautelares na sistemática dos códigos de processo não sejam regulados como processos, ainda que, na verdade material, o sejam.

[187] Citando o Prof. Adelino da Palma Carlos, Jorge Augusto Pais de Amaral, Direito Processual Civil. 2013-11.ª ed., Almedina, pág. 32.

[188] No CPC prevêem-se e regulam-se os seguintes procedimentos cautelares especificados: restituição provisória da posse (art. 377.º), suspensão das deliberações sociais (art. 380.º), alimentos provisórios (art. 384.º), arbitramento de reparação provisória (art. 388.º), arresto (art. 391.º), embargo de obra nova (art. 397.º) e arrolamento (art. 403.º). Regulam-se outros procedimentos em leis avulsas.

relação ao **processo principal**. Todavia, cronologicamente, o processo tanto pode ser **preliminar** ao principal (ficando sujeito a distribuição) como pode constituir um **incidente** dele, portanto sem carecer de distribuição prévia. O processo principal tanto pode ser declarativo como executivo, sendo certo que os autos do procedimento cautelar lhe terão de ser apensados, face à sua natureza acessória.

Além da assinalada **dependência** formal, ainda a decisão final tomada no procedimento fica, em princípio, dependente da decisão final do processo principal, que sempre prevalecerá, como se enuncia no n.º 3 do art. 371.º do CPC. Mais, também a decisão sobre a matéria factual prevalece como reza o preceito do n.º 4 do art. 364.º, ao estabelecer que "nem o julgamento da matéria de facto, nem a decisão final proferida no procedimento cautelar, têm qualquer influência no julgamento da ação principal". Face a tal relação de dependência, haverá que considerar a possibilidade da **caducidade da providência decretada** no procedimento cautelar, nomeadamente no caso de suspensão do processo principal ou da sua não interposição em prazo determinado e curto (art. 373.º do CPC).

Mas no art. 369.º do novo CPC, veio a ficar prevista a nova figura da **inversão do contencioso**, a obter se o juiz "mediante requerimento, ..., na decisão que decrete a providência, ... dispensar o requerente do ónus de propositura da ação principal se a matéria adquirida no procedimento lhe permitir formar convicção segura acerca da existência do direito acautelado e se a natureza da providência decretada for adequada a realizar a composição definitiva do litígio". Mas tal inversão não será viável no procedimento de suspensão do despedimento desde logo porque, em regra, já estará em curso a ação principal [189].

Atenta a natureza do procedimento cautelar, há que assinalar, para além de outras singularidades, que a providência pode ser tomada sem **audiência prévia do requerido,** pode ser estabelecida **sanção pecuniária compulsória** para assegurar a efetivação do direito embora provisoriamente declarado ou a executar (arts. 366.º e 365.º do CPC), para além de **garantia penal**, já que se pode suscitar o crime de desobediência qualificada (art. 375.º ainda do C.P.C.).

[189] Para desenvolvimento, v. A Inversão do Contencioso nos Procedimentos Cautelares Laborais, estudo de Sara Morais Costa Faria, *in* QL, Ano XXIII, n.º 48, jan/jun 2016, pág. 61.

2. Procedimentos cautelares laborais

Do cotejo da nova redação dos arts. 32.º e 33.º do CPT, pode concluir-se que o "processo ou procedimento" dos procedimentos cautelares laborais, quer o comum, quer os especificados, segue "o regime estabelecido no CPC para o procedimento cautelar comum"[190] mas com as especialidades previstas no CPT.

Deste modo, têm que se ter em conta as normas dos arts. 362.º a 376.º do CPC, considerando as especificidades do art. 32.º do CPT quanto ao **procedimento cautelar laboral comum**, e dos arts. 34.º a 46.º, quanto aos **procedimentos cautelares laborais especificados**. Mas quando se tratar de algum **procedimento cautelar especificado no CPC** embora seja competente o tribunal de trabalho, então, conforme é lógico e se estabelece no art. 47.º do CPT, observar-se-á o respetivo regime processual civil.

Perante este enquadramento, todos os procedimentos laborais, donde poderão resultar as providências cautelares, terão de respeitar as regras do CPC, dos seus arts. 362.º e sgs. com algumas pequenas exceções resultantes do CPT. É naquela disposição que se centram os aludidos requisitos essenciais, ou seja o *fumus boni juris et periculum in mora* para poder "requerer a providência conservatória ou antecipatória concretamente adequada a assegurar a efetividade do direito ameaçado".

O procedimento cautelar comum só deve ser utilizado, obviamente, quando não se adeque à situação algum dos procedimentos especificados ou tipificados. Mas em qualquer deles há sempre que salientar o seu carácter de urgência e a sua dependência de uma ação principal, em curso ou a intentar. Neste último caso, tal ação terá de ser interposta no prazo de 30 dias a contar da notificação do trânsito do decretamento da providência, sob pena desta caducar (art. 373.º, n.º 1 a) do CPC). O contraditório será respeitado "exceto quando a audiência puser em risco sério o fim ou a eficácia da providência" como se preceitua no art. 366.º, n.º 1 do CPC.

Sintetizando, como já enunciado, no CPT prevê-se, para além "dos procedimentos cautelares especificados **regulados no CPC** que forem aplicáveis ao foro laboral e que seguem o regime estabelecido " naquele

[190] Para desenvolvimento, António Abrantes Geraldes, Temas da Reforma do Processo Civil, III, vol. 5. Procedimento Cautelar Comum, 4.º ed., Almedina, Coimbra, 2010.

CPC (art. 47.º), como por ex. no arresto; o procedimento cautelar **comum** (arts. 32.º e 33.º)[191] e ainda os procedimentos cautelares **especificados** seguintes:

- Suspensão do despedimento (individual ou coletivo) – arts. 34.º a 40.º- A;
- Proteção de segurança, higiene[192] e saúde no trabalho – arts. 44.º a 46.º, e o novo, de
- Suspensão de despedimento subsequente a auto de inspeção da ACT em caso de inadequação do vínculo laboral – art. 186-S.

3. Procedimento cautelar comum

No que tange àquele procedimento cautelar comum, ele poderá ser aplicado nas hipóteses seguintes[193]:

- Transferência ilegítima do trabalhador para outro local de trabalho;
- Violação do direito do trabalhador à ocupação efetiva;
- Aplicação de sanções disciplinares proibidas por lei ou abusivas;
- Alteração das coordenadas temporais da prestação do trabalho;
- Mudança unilateral do horário de trabalho;
- Violação das normas sobre período de descanso;
- Violação das normas sobre gozo ou marcação de férias;
- Exercício ilegítimo do *ius variandi* ou do alargamento de funções;
- Privação, total ou parcial, da retribuição;
- Ofensa aos direitos de personalidade do trabalhador;
- Situações de discriminação;
- Violação das normas de proteção da parentalidade;
- Violação das regras sobre liberdade sindical; e
- Em caso de *lock out*.

Tendo como requerente da providência o empregador, parece que este apenas poderá lançar mão de tal procedimento em situações de des-

[191] Para desenvolvimento, Paulo Sousa Pinheiro, O Procedimento Cautelar Comum no Direito Processual do Trabalho, 2.ª ed., Almedina, Coimbra, 2007.

[192] Na nova designação desta temática o termo "higiene" caiu, apenas se mantendo na lei processual por descuido do legislador, cfr Lei n.º 102/2009, de 10 de setembro.

[193] Na esteira de Paulo Sousa Pinheiro, ob. cit., pág. 141.

respeito pelas normas que tutelam o exercício do direito à greve, naturalmente, por parte dos trabalhadores ou quando estes exerçam abusiva e continuadamente algum direito, como o uso pessoal de viatura da empregadora.

Conforme já referido e é expressamente preceituado no n.º 1 do art. 32.º do CPT, ao procedimento cautelar laboral comum e bem assim aos restantes procedimentos especificados "aplica-se o regime estabelecido no CPC para o procedimento cautelar comum" com as especialidades consagradas nas alíneas e números do mesmo artigo. Portanto, para todos os procedimentos cautelares laborais o seu paradigma é o procedimento comum civil, regulado no art. 362.º, ou mais propriamente no art. 365.º e sgs. do respetivo Código.

Compulsando as referidas normas adjetivas cíveis e laborais, temos que o processamento se inicia com um **requerimento** (semelhante a uma petição inicial) no tribunal competente (arts. 13.º, 14.º e 16.º) "com a prova sumária do direito ameaçado e justificando o receio da lesão" contendo, portanto, a indicação dos meios de prova a utilizar.

Quer no procedimento cível, quer no laboral, o requerido será chamado a intervir no processo, "exceto quando a audiência puser em risco sério o fim ou a eficácia da providência" (art. 366.º, n.º 1 do CPC), o que terá de ser defendido pelo requerente. O chamamento do requerido far-se-á, em princípio, mediante citação.

Diferentemente do que acontece no procedimento cível[194], no processo laboral é logo marcada a data para a audiência final, no **despacho liminar**. Como acontece nos restantes articulados, também nos procedimentos cautelares "é obrigatória a dedução por artigos dos factos que interessam à fundamentação do pedido ou da defesa...", como se estabelece no art. 147.º, n.º 2 do CPC.

Sendo o requerido citado ou notificado, o prazo para a sua defesa ou oposição (com os meios de prova nela indicados) vai até à data, entretanto, marcada para a **audiência final** de julgamento.

[194] Se for deferido o decretamento com dispensa de audição do requerido, será logo marcada a audiência. De contrário, será marcada com o despacho que notifique a oposição ao requerente.

Nesta audiência será feita a produção da prova, havendo lugar a uma "breve alegação oral pelos advogados", devendo a decisão ser "sucintamente fundamentada e ditada para a ata" (art. 32, n.º 1, c)).

Relativamente ao número de **testemunhas** de cada parte, é, em geral, de cinco o seu número máximo, *ex vi* da aplicação dos arts. 32.º, n.º 1 do CPT e 365.º, n.º 3 e 294.º do CPC. Porém, não podem depor a cada facto em número superior a três (art. 65.º). De conformidade com o princípio da imediação no processo laboral, as partes devem comparecer à audiência a não ser em caso de impossibilidade a justificar até à mesma data (art. 32.º, n.º 2 do CPT). Nesta situação o mandatário deve ser possuidor de poderes especiais e em termos precisos (n.os 2 e 3)[195].

4. Suspensão de despedimento

Este procedimento cautelar tem a sua base legal no disposto no art. 386.º do Código de Trabalho, que logo marca o prazo de cinco dias úteis para a sua apresentação. Tem aplicação em qualquer das **formas de despedimento** previstas naquele Código, isto é, por facto imputável ao trabalhador, coletivo, por extinção de posto de trabalho e por inadaptação.

Tem-se julgado que a *providência cautelar de suspensão do despedimento apenas tem lugar quando se configure um despedimento-sanção*[196] e não quando haja controvérsia sobre a natureza do contrato. É neste sentido o entendimento de Paulo de Sousa Pinheiro, considerando que "continua a justificar-se a manutenção da jurisprudência firmada no Acórdão de Uniformização n.º 1/2003[197]. Também já foi decidido que "o decretamento da providência cautelar de suspensão de despedimento coletivo não pressupõe a alegação e prova do *periculum in mora* porque o art. 39.º do Código do Processo do Trabalho o não exige"[198].

Na prática, face ao novo processo especial de impugnação judicial da regularidade e licitude do despedimento, este procedimento perdeu bastante do seu interesse. Quando, adiante se abordar este modelo proces-

[195] Os poderes gerais e especiais dos mandatários judiciais prevêem-se no art. 45.º do CPC.

[196] Ac. do TRC, de 03-03-2005, Col. Jur., 2005, II, pág. 51.

[197] Procedimento Cautelar de Suspensão de Despedimento *in* Prontuário de Direito do Trabalho, CEJ, n.os 88/89, janeiro a agosto de 2011, pág. 162.

[198] Ac. do TRP, de 28-02-2011, [Des. Fernanda Soares] *in* C.J. Ano XXXVI, Tomo I/2011, pág. 250.

sual, far-se-á o estudo da ligação com o procedimento cautelar, conforme é disciplinado no n.º 4 dos arts. 34.º e 36.º, onde se procura inserir aquele processo especial, no qual passa a valer a tentativa de conciliação efetuada no procedimento cautelar, que assim não é repetida. Mas daquela primeira norma resulta que, no requerimento inicial do procedimento, se deve requerer também a impugnação judicial da regularidade e licitude do despedimento, em substituição do formulário que lhe é inerente (art. 98.º-D) caso este ainda não tenha sido apresentado, como será provável dado o curto prazo transcorrido após a data do despedimento que se pretende suspender por via judicial.

No regime atual, encontra-se bem explicitado o sistema dos meios de prova, nomeadamente quanto ao arrolamento das **testemunhas**, limitado a três, podendo ainda, fundamentadamente utilizarem-se os restantes meios de prova, para além dos documentos, que serão apresentados com os articulados. Entre estes avulta o processo disciplinar no despedimento individual ou a documentação procedimental que deve ser utilizada nas restantes formas de despedimento.

As partes devem comparecer pessoalmente na audiência final (de julgamento). Naturalmente, as pessoas coletivas devem-se fazer representar pelo titular ou titulares do seu órgão executivo, de conformidade com os seus estatutos. A falta de qualquer das partes terá que ser justificada no ato. Quando tal não acontecer poderá logo haver deferimento ou indeferimento da providência requerida, conforme se dispõe no art. 37.º, desde que a parte não se encontre representada por mandatário com poderes especiais e desde que o tribunal esteja em poder de todos os meios necessários à tomada de decisão.

Também a falta de apresentação do processo disciplinar, no caso de despedimento com invocação de justa causa, ou da documentação necessária nas restantes formas de despedimento poderá acarretar o decretamento da providência, sem apreciação do fundo da questão (art. 38.º)[199].

Efetuada a audiência final, a decisão obedecerá às regras do art. 39.º, que acabam por ter natureza substantiva. Deverá o juiz decretar a pro-

[199] Agora, face à maior vinculação dos princípios do conhecimento oficioso e da prevalência da decisão de mérito, pode questionar-se se ao juiz não se deve impor a necessidade de promover a possibilidade de a parte sanar a falha sem pôr em causa a celeridade que se exige neste tipo de processo.

vidência, para além do caso da falta de apresentação da aludida documentação, também quando "concluir pela *probabilidade séria de ilicitude* do despedimento". Acresce que nos termos do n.º 4 do art. 410.º do Código do Trabalho "a providência cautelar de suspensão de despedimento de trabalhador membro de **estrutura da representação coletiva** dos trabalhadores *só não é decretada* se o tribunal concluir pela existência de probabilidade séria de verificação de justa causa invocada". É, pois, diferente a perspetiva do julgamento de tal probabilidade séria.

A **decisão** que decreta a suspensão do despedimento "tem a força executiva relativamente às retribuições em dívida..." devendo o empregador demonstrar o seu pagamento sob pena de ficar sujeito à execução que pode correr oficiosamente, como acontece com os direitos laborais irrenunciáveis. Parece, pois, que a lei apenas impõe o pagamento das retribuições, admitindo que a reintegração possa não se concretizar. Neste sentido, escreve o Desembargador Chambel Mourisca "não decorrendo da lei, por força da decisão que decrete a suspensão de despedimento, a obrigação do empregador reintegrar o trabalhador, não se vislumbra a possibilidade da instauração de uma execução para prestação de facto para obter esse objetivo, assim como a aplicação de uma sanção pecuniária compulsória por cada dia de atraso nos termos do art. 829.º, n.º 1, do Código Civil"[200].

Cremos que a jurisprudência se firmou em tal sentido, salientando-se o sumário do Acórdão do T.R.L., de 21/10/2010, que é do seguinte teor: "I – A suspensão de despedimento decretada na correspondente providência cautelar de suspensão não gera para o empregador a obrigação de reintegração efetiva do trabalhador, podendo o empregador, no entanto, optar por essa reintegração. II – Caso a entidade empregadora opte pela reintegração do trabalhador, deve comunica-lo a este, situação em que este só está obrigado a prestar trabalho a partir da data do trânsito em julgado da decisão que decretou a suspensão do despedimento"[201].

A sentença que decrete ou não a providência é sempre passível de **recurso**, cujo regime especial será evidenciado no capítulo X.

[200] A Força Executiva da Decisão que Suspende o Despedimento, estudo *in* Prontuário de Direito do Trabalho, n.º 84, setembro-dezembro de 2009, CEJ/Coimbra Editora, pág. 242.

[201] Acórdão relatado pelo Des. Felizardo Paiva. *in* C.J., Ano XXXIV, Tomo IV/2010, pág. 60, onde se cita o Acórdão do mesmo TRL de 15-03-2006 (processo n.º 190-2006-4).

5. Suspensão de despedimento subsequente a auto de inspeção da ACT em caso de inadequação do vínculo laboral

Acontece que com a recente alteração do art. 5.º-A e aditamento do art. 186.º-S passou a vigorar, no âmbito do processo especial de reconhecimento da existência do contrato de trabalho, um **novo procedimento cautelar,** a intentar pelo Ministério Público, destinado à **suspensão de despedimento de aparente prestador de serviços**.

Efetivamente, naquele novo art. 186.º-S, no seu n.º 1, passou a dispor-se que "sempre que o trabalhador tenha sido despedido entre a data da notificação do empregador do auto de inspeção...que presume a existência de contrato de trabalho e de trânsito em julgado da decisão judicial da ação de reconhecimento da existência de contrato de trabalho, o Ministério Público intenta procedimento cautelar de suspensão de despedimento, nos termos da alínea c) do art. 5.º-A deste Código". Mas neste último preceito apenas se confere a legitimidade para o MP intentar o referido procedimento cautelar, não se fazendo qualquer alusão às regras do art. 34.º e seguintes, nem a qualquer intervenção do interessado, que segundo parece não será visto nem achado.

Verifica-se, assim, que para o legislador, desde que o inspetor da ACT conclua que existe um contrato de trabalho e não de prestação de serviço ou outro, passa logo a haver um trabalhador e um empregador e a ação judicial é um mero instrumento de confirmação da correspondende relação juridico-laboral! Na verdade, se houver **cessação de tal contrato até ao trânsito em julgado da sentença**, seja em que sentido esta for, o MP "intenta o procedimento cautelar de suspensão de despedimento", o que inculca que o contrato mesmo antes da sentença já deve ser considerado como sendo de trabalho.

Em tal procedimento, o MP para demonstrar a ilegalidade do despedimento tem que fazer prova da existência do contrato de trabalho, até para o tribunal do trabalho ser o competente. Por esta razão e pela referida falta de classificação do procedimento dever-se-á concluir que o procedimento cautelar, previsto no recente art. 186.º-S do CPT, será um novo procedimento cautelar especificado, como, aliás, logo é confirmado pelo preceito do n.º 1, ao mandar aplicar supletivamente as normas do procedimento de suspensão de despedimento e como, expressamente, se crisma a epígrafe do novo art. 186.º-S.

Mas nos n.ºs 2 e 3 do mesmo artigo ainda se impõe ao MP, mas agora "oficiosamente", que interponha o "procedimento cautelar" "caso tenha conhecimento, por qualquer meio, da existência de despedimento na situação a que se refere o n.º 1 do artigo 15.º-A da Lei n.º 107/2009, de 14 de setembro, na redação atual..." ou seja, **logo que o inspetor do trabalho "lavra o auto e notifica o empregador..."**.

Ainda no n.º 3 se prevê uma terceira situação em que o MP "oficiosamente deverá interpor o procedimento cautelar". Será "sempre que a pessoa ou pessoas a quem a atividade é prestada (já não é o empregador) aleguem (certamente perante a ACT) "que o contrato que titula a referida atividade cessou, a qualquer título, durante o período referido no n.º 1", ou seja **entre a data de notificação ao empregador e o trânsito em julgado**".

Por último, no n.º 4, volta a reportar-se ao despedimento mas agora que "**ocorra antes da receção da participação dos factos** prevista no n.º 3 do artigo 15.º-A da Lei n.º 107/2009, de 14 de setembro, na sua redação atual". Também em tal caso, "o Ministério Público, até dois dias após o conhecimento da existência do despedimento, requer à ACT para, no prazo de cinco dias, remeter a referida participação, acompanhada de todos os elementos de prova recolhidos" para promover o dito procedimento cautelar.

São, pois, estas quatro situações em que o competente magistrado do MP deve interpor o citado procedimento cautelar.

6. Proteção da segurança e saúde no trabalho

A observância das regras de segurança e de saúde no trabalho assume evidente interesse em ordem a prevenir os acidentes de trabalho e as doenças, incluindo as profissionais[202]. É, pois, nesta perspetiva que se passou a regular este procedimento cautelar de natureza laboral.

Como resulta da sua denominação, este procedimento cautelar especificado, regulado nos arts. 44.º a 46.º, tem por objetivo obter judicialmente uma providência para fazer cessar situações que "se revelem sus-

[202] Código do Trabalho, arts. 281.º (princípios gerais em matéria de segurança e saúde no trabalho) e 282.º (informação, consulta e formação dos trabalhadores) e Lei n.º 102/2009, de 10 de setembro (regime jurídico da promoção da segurança e saúde no trabalho).

cetíveis de pôr em perigo, sério e eminente, a segurança a higiene ou a saúde de trabalhadores..." através de meios adequados[203].

Têm legitimidade para o intentar os trabalhadores que "individual ou coletivamente" exerçam ou possam vir a exercer atividade no local em causa ou os seus representantes, portanto a respetiva estrutura de representação coletiva (arts. 5.º e 44.º, n.º 1). Naturalmente, este procedimento cautelar não afasta as operações de fiscalização da competência da ACT, como se prevê no art. 14.º da Lei n.º 102/2009, de 10 de setembro, sobre a promoção da segurança e saúde no trabalho, que, à partida serão mais eficazes e expeditas e com menores custos.

Na sequência do requerimento inicial, sem ter que ouvir o empregador, mas nada impedindo que o faça, o juiz tomará as medidas que achar necessárias podendo, antes, determinar um exame sumário através da ACT, a realizar num prazo "não superior" a 10 dias. A não audiência da parte requerida resulta do disposto nos arts. 45.º; 32.º, n.º 1 b) e 33.º do CPT e 366.º, n.º 1, do CPC, todos interpretados *a contrario,* excetuando este art. 33.º. Mas sendo a providência decretada, o requerido será citado para deduzir oposição se o desejar (art. 366.º, n.º 2 do CPC).

Como o processo resulta da iniciativa de particulares, não correndo oficiosamente, a execução da sentença condenatória terá de ser promovida pelo requerente ou requerentes, ainda que ela beneficie da garantia penal (art. 375.º do CPC). Mas não tendo cabimento no âmbito da execução de direitos irrenunciáveis, prevista no art. 90.º, deverá configurar-se como uma vulgar execução de prestação de facto (arts. 550.º, n.º 4 e 868.º e sgs. do CPC). Poderá, no entanto, enquadrar a nova figura da inversão do contencioso.

7. Procedimentos especificados regulados no CPC

Conforme se preceitua no art. 47.º do CPT, no foro laboral ainda podem correr **outros procedimentos cautelares especificados** regulados no CPC, de harmonia com o seu próprio regime processual civil.

[203] No direito substantivo, as regras sobre a prevenção e reparação de acidentes de trabalho e doenças profissionais constam do art. 5.º e sgts da aludida Lei n.º 102/2009, de 4 de agosto relativa à promoção da segurança e saúde no trabalho.

Embora, a norma não especifique quais são tais procedimentos, pela natureza das coisas, na prática, face à espeficidade das relações de trabalho subordinado poderão originar-se os seguintes procedimentos de:

- Suspensão de deliberações sociais de associações sindicais (art. 380.º e sgs.);
- Arbitramento de reparação provisória (art. 388.º e sgs.);
- Arresto (art. 391.º e sgs.); e
- Arrolamento (art. 403.º e sgs.).

VIII
Espécies e Formas de Processo

1. Espécies de processos

Como já se salientou, o CPT compõe-se, agora, para além do primeiro artigo, apenas do Livro I, respeitante tão somente ao **processo civil**, que se distribui pelos arts. 2.º a 186.º-R. Nele, logo após a disciplina dos procedimentos cautelares, segue-se a indicação das espécies e formas de processo, estipulando, no art. 48.º, n.º 1, que tem duas espécies[204]:

- de declaração ou declarativo – Título IV, e
- de execução ou executivo – Título V.

Por sua vez, o processo de declaração (art. 48.º, n.º 2), configura-se como:

- processo comum, e como um dos
- processos especiais, aplicáveis aos casos expressamente previstos na lei processual (Título VI).

Estes processos, consoante a sua finalidade, podem conter ações de simples apreciação de um direito ou facto; de condenação na prestação de uma coisa ou de um facto (como é usual) e até serem constitutivas de direitos ou deveres (CPC, art. 10.º).

[204] Tal configuração no CPC consta dos arts. 546.º ao 551.º.

Os **incidentes de instância** (como referido em VI-3) destinados a permitir resolver questões secundárias, podem implicar a constituição de processos ainda que não autónomos[205]. No âmbito do direito processual laboral, para além dos regulados no CPC, prevêem-se alguns incidentes, nomeadamente, no processo especial emergente de acidentes de trabalho e doenças profissionais, onde correm por apenso (art. 132.º e outros).

Poder-se-á considerar ainda o **processo de contraordenação**, cuja disciplina consta de lei especial, aplicável *ex vi* do art. 186.º-J do CPT (e que será o objeto do capítulo XIX).

2. Processo declarativo comum

Diferindo do revogado processo civil (e do que antes se passava no processo laboral) o processo declarativo (ou de declaração, como melhor consta no CPC) tem uma única forma de tramitação – a do processo comum (arts. 49.º, 54.º e segt.s do CPT). Não há, pois, atualmente, processo ordinário, sumário ou sumaríssimo em direito processual laboral, como também se deixou de prever no processo civil.

Porém, a esta forma comum do processo declarativo não se aplicavam subsidiariamente em primeira mão, as normas do processo ordinário cível, mas, outrossim, as normas do processo sumário (art. 49.º, n.º 2 do CPT)[206], o que se justificava pela necessidade de maior presteza e mais simplicidade [207]. Em consequência, face ao que se dispõe no art. 2.º, n.º 1 da Lei n.º 41/2013, de 26 de junho, que aprovou o novo CPC, aquela referência ao processo sumário deve considerar-se feita ao **processo declarativo comum**, que tem o seu regime definido, essencialmente, no Livro III (art. 552.º e sgs.). Desta correlação resultam algumas especificidades, para além das do CPT, e que derivam diretamente da disciplina do pro-

[205] Cfr. Joel Timóteo Ramos Pereira, Prontuário de Fórmulas e Trâmites, vol. I – Processo Declarativo, *Quid Juris*, Lisba, 2011, pág. 25.

[206] A forma sumária do processo declarativo cível estava regulada nos arts. 783.º a 791.º do antigo CPC. Mas dele apenas tinham aplicação direta no foro laboral as normas dos arts. 788.º (prazo de cumprimento de cartas) e 790.º, parte inicial do n.º 2 (adiamento da audiência de discussão e julgamento).

[207] Para desenvolvimento, *Requiem* pelo processo sumário laboral ... , estudo de Teresa Maria da Silva Bravo, in QL, Ano XXIII, n.º 48, jan/jun 2016, pág. 41.

cesso de declaração na sua forma comum ou única[208]. Da antiga forma sumária provieram algumas particularidades do processo laboral, que ainda se mantêm, tais como:

- o julgamento das ações não contestadas pode ser efetuado mediante a adesão aos fundamentos alegados pelo autor na petição (arts. 57.º do CPT e 784.º do antigo CPC);
- respostas às exceções e à reconvenção, considerando a alçada (arts. 60.º do CPT e 785.º e 786.º do antigo CPC);
- audiência preliminar só quando a complexidade da causa a justifique (arts. 61.º, n.º 1 do CPT e 787.º do antigo CPC e atual art. 593.º);
- discussão do aspeto jurídico da causa por via oral e as limitações de uma hora para a intervenção nos debates pelos advogados (arts. 72.º, n.º 1 do CPT e 790.º do antigo CPC e atual art. 604.º, n.º 5);
- juiz singular em princípio (arts. 68.º, n.º 1 do CPT e 791.º, n.º 1 do antigo CPC e atual art. 599.º);
- gravação da audiência quando requerida (arts. 68.º, n.º 3 do CPT e antigo art. 791.º, n.º 2 do CPC); e,
- decisão imediata da matéria de facto (arts. 73.º, n.º 2 do CPT e antigo art. 791.º, n.º 3 do CPC).

De qualquer modo, como era óbvio, o normativo do processo ordinário civil acabava por aplicar-se subsidiariamente, na sua generalidade, porque ele próprio era tributário do processo sumário, de conformidade com o disposto no antigo n.º 1 do art. 463.º do CPC.

Na prática, hoje em dia, porque o processo civil acabou por inserir e adequar, no seu próprio normativo, muitos dos princípios e das regras do processo laboral, passou por haver maior uniformidade e aproximação, para além de bastante complementaridade entre os dois ordenamentos.

Na esteira do que se preceitua na alínea a) do n.º 2 e no n.º 3 do art. 1.º e no n.º 2 do art. 49.º, ambos do CPT, deve-se concluir que, praticamente, todo o CPC se aplica subsidiariamente, com exceção das situações reguladas especificamente e das normas "que forem incompatíveis com a índole do processo regulado neste Código" de Processo de Trabalho. Ainda, mas

[208] Embora haja a considerar a adequação prevista no art. 597.º do CPC e a ação declarativa especial para cumprimento de obrigações pecuniárias emergentes de contratos e injunção (DL 269/98, de 1 de setembro).

agora devido ao seu campo de aplicação, por regra, não serão relevantes para o processo laboral as normas que disciplinam os processos especiais civis, ou seja, as que constam no CPC a partir do seu art. 878.º. De resto, muito provavelmente em próxima revisão do CPT, este será decepado de mais alguns dos seus artigos.

3. Processo executivo

Todo o processo executivo (ou melhor, de execução) tem de se alicerçar no direito declarado ao caso concreto, consubstanciado num documento escrito – o título executivo, conforme resulta dos n.os 4, 5, e 6 do art. 10.º do CPC. No foro laboral constituirão títulos executivos "todos os... que o CPC (no seu art. 703.º) ou lei especial atribuem força executiva", para além dos autos de conciliação (art. 88.º).

Atualmente, ao contrário do que ainda se estabelece no art. 50.º do CPT, já não existem as formas do processo executivo nele previstas, como decorre do que se dispõe no art. 88.º e sgs., nomeadamente em virtude da revogação dos arts. 89.º, 90.º e sgs., operada em 2009[209].

Hoje em dia com a especificidade dos dois números daquele art. 90.º, e com a possível **exclusão da reclamação de créditos**, prevista no art. 98.º, são aplicáveis as regras do processo comum de execução, estabelecidos no CPC[210], conforme seja para:

- pagamento da quantia certa;
- entrega de coisa certa;
- prestação de facto.

Apenas se poderá aceitar haver um processo executivo específico quando estão em causa **direitos irrenunciáveis ou indisponíveis,** em que "o tribunal, oficiosamente, ordena o início do processo executivo, cujas diligências de execução são realizadas por oficial de justiça" (art. 90.º, n.º 2 e 722.º do CPC). O mesmo acontecerá na execução da decisão final do procedimento cautelar da **suspensão de despedimento** *ex vi* do estatuído no n.º 3 do art. 39.º.

[209] Decreto-Lei n.º 295/2009, de 13 de outubro.

[210] Arts. 550.º, 551.º e 712.º e sgs.

4. Processos especiais

Havendo um processo declarativo comum, logicamente, terão de haver processos especiais. Estes, que se aplicam "nos casos expressamente previstos na lei", como se refere no art. 48.º, n.º 3 do CPT, são os de:

I – Impugnação judicial da regularidade e licitude do despedimento (arts. 98.º-B a 98.º-P);
II – Emergentes de acidente de trabalho e de doença profissional (arts. 99.º a 155.º do CPT);
III – Impugnação de despedimento coletivo (arts. 156.º a 161.º do CPT);
IV – Do contencioso das instituições de previdência, abono de família e associações sindicais, associações de empregadores ou comissões de trabalhadores, que agrupa os **processos especiais** seguintes:

A. Convocação de assembleias gerais (art. 163.º);
B. Impugnação dos estatutos, deliberações de assembleias gerais ou atos eleitorais (arts. 164.º a 169.º);
C. Impugnação judicial de decisão disciplinar (arts. 170.º a 172.º);
D. Liquidação e partilha dos bens de instituições de previdência, de associações sindicais, de associações de empregadores ou de comissão de trabalhadores (arts. 173.º a 182.º); e de
E. Anulação e interpretação de cláusulas de convenções coletivas de trabalho (arts. 183.º a 186.º).

V – Impugnação da confidencialidade de informações ou da recusa da sua prestação ou da realização de consultas (arts. 186.º-A a 186.º-C);
VI – Tutela da personalidade do trabalhador (arts. 186.º-D a 186.º-F);
VII – Igualdade e não discriminação em função do sexo (arts. 186.º-G a 186.º-I); e, por último, de
VIII – Reconhecimento da existência de contrato de trabalho (arts. 186.º-K a 186.º-R)[211].

[211] Introduzido pela Lei n.º 63/2013, de 27 de agosto e com alterações da Lei n.º 55/2017, de 17 de julho.

Para além de especiais, acresce a característica de alguns serem legalmente classificados como urgentes, conforme já se salientou (em VI-4.3).

5. Custas processuais

Como resulta do CPC[212] todos os processos judiciais, estão sujeitos a **custas** da responsabilidade das partes ou de outros intervenientes. Nos termos daquele Código e do RCP[213], tais custas processuais abrangem a *taxa de justiça, os encargos e as custas de parte* (CPC, art. 529.º e RCP, art. 3.º). Além das custas pode haver lugar, no âmbito do processo, ao pagamento de multas e outras penalidades.

A **taxa de justiça** corresponde ao montante devido pelo impulso processual do interessado. Isto significa, como escreve Joel Timóteo Ramos Pereira, que por cada ação, incidente ou recurso é obrigatória a prévia liquidação de taxa de justiça, em princípio, sem acréscimos posteriores[214]. É fixada em função do valor e complexidade da causa, em princípio, de harmonia com os valores constantes da tabela I-A (art. 6.º) [215]. Os **encargos** que podem integrar as custas de cada processo derivam do custo das despesas efetuadas pelo tribunal, que podem ir desde a concessão do apoio judiciário até à intervenção de peritos ou à necessidade de transportes. Por sua vez, através das **custas de parte** procura-se obter o reembolso à parte vencedora das suas despesas com o processo.

A taxa de justiça é expressa através da *unidade de conta processual* (UC), que pode ser, anual e automaticamente, atualizada de acordo com o indexante dos apoios sociais (IAS)[216] do ano anterior, correspondente a

[212] Arts. 527.º a 545.º, onde se contêm os princípios gerais, as regras especiais sobre custas e ainda as regras sobre multas e indemnizações.

[213] O Regulamento das Custas Processuais foi aprovado pelo Decreto-Lei n.º 34/2008, de 26 de fevereiro, tendo sofrido diversas alterações, as últimas das quais pelo DL n.º 126/2013, de 30 de agosto e Leis n.º 72/2014, de 2 de setembro e de aprovação dos orçamentos do Estado.

[214] Regulamento das Custas Processuais e Legislação Complementar, 2.ª ed. *Quid Juris*, Lisboa 2013, pág. 47.

[215] No CPT, apenas em dois processos especiais (regularidade e licitude do despedimento (art. 98.º) e de acidente de trabalho (art. 120.º) se estabelecem regras especiais sobre a atribuição do valor da causa. Em consequência, em todos os restantes processos aplicar-se-á o normativo do CPC e do RCP, nomeadamente o art. 306.º, daquele CPC, que confere ao juiz o poder de fixar o valor e nos momentos em que o deve fazer.

[216] O IAS (indexante dos apoios sociais) foi criado pela Lei n.º 53-B/2006, de 29 de dezembro. Desde 2009, que o valor da unidade de conta era de € 102,00. Como o IAS foi atualizado

¼ arredondado. A taxa de justiça, em regra, tem como base tributável o *valor da causa* (art. 11.º)[217].

Existem, porém, diversas entidades que se encontram isentas do pagamento de custas (**isenção subjetiva**), nos termos do art. 4.º do RCP. Entre outras, por terem mais interesse nos domínios do processo laboral, destacam-se as seguintes:

- *O MP (alínea a);*
  As pessoas coletivas privadas sem fins lucrativos, quando atuem exclusivamente no âmbito das suas especiais atribuições ou para defenderem os interesses que lhes estão especialmente conferidos pelo respetivo estatuto ou nos termos da legislação que lhes seja aplicável (f);
- *Os trabalhadores ou familiares, em matéria de direito do trabalho, quando sejam representados pelo Ministério Público ou pelos serviços jurídicos do sindicato, quando sejam gratuitos para o trabalhador, desde que o respetivo rendimento ilíquido à data da proposição da ação ou incidente ou, quando seja aplicável, à data do despedimento, não seja superior a 200 UC (h)*[218]*;*
- *O Fundo de Garantia Salarial, nas acções em que tenha de intervir (p);*
- *As sociedades civis ou comerciais, as cooperativas e os estabelecimentos individuais de responsabilidade limitada que estejam em situação de insolvência ou em processo de recuperação de empresa, nos termos da lei, salvo no que respeita às ações que tenham por objeto litígios relativos ao direito do trabalho (u).*

Ainda e já no que tange às **isenções objetivas**, isto é, resultantes da matéria em apreciação pelo tribunal, nos termos do n.º 2 do mesmo artigo, ficam também isentos do pagamento de custas:

- *As remições obrigatórias de pensões (a);*
- *Os processos relativos... à intimação para a proteção de direitos, liberdades e garantias (b);*

pela P. 2/2017, de 3 de janeiro, para € 421,32, origina que a UC passe em 2018 para € 105,00.

[217] Salvador da Costa, As Custas Processuais, Análise e Comentário, Almedina, Coimbra, 2017, 6.ª ed., pág. 30.

[218] Nos termos do Ac. do STA n.º 5/2013, publicado em 17-05-2013, Cons. António P. F. Henriques, "de acordo com as disposições articuladas das alíneas f) e h) do artigo 4.º do Regulamento das Custas Processuais e do artigo ....os sindicatos, quando litigam em defesa coletiva dos direitos individuais dos seus associados, só estão isentos de custas se prestarem serviço jurídico gratuito ao trabalhador e se o rendimento ilíquido deste não for superior a 200 UC".

– *Os processos de liquidação e partilha de bens de instituições de previdência social e associações sindicais e de classe (d).*

Como anota Edgar Valles[219], em caso de isenção de custas, a parte deve referir expressamente que está isenta, indicando a norma que concede tal benefício, embora não haja regra expressa que a tal obrigue. Parece, porém, a única forma de a sua alegação de isenção poder ser validada pelos demais intervenientes, nomeadamente, o tribunal.

No que se refere à taxa de justiça em **processo contraordenacional**, de harmonia com os n.os 7 e 8 do art. 8.º do mesmo RCP será *devida taxa de justiça pela impugnação das decisões de autoridades administrativas, no âmbito de processos contraordenacionais, quando a coima não tenha sido previamente liquidada, no montante de 1 UC, podendo ser corrigida, a final, pelo juiz... Tal taxa é autoliquidada nos 10 dias subsequentes à notificação ao arguido da data da marcação da audiência. Nos restantes casos, a taxa de justiça é paga a final, sendo fixada pelo juiz tendo em vista a complexidade da causa, dentro dos limites fixados pela tabela III.*

A **taxa de justiça** é, em princípio, paga por uma única vez, podendo sê-lo em duas prestações e, neste caso, até lograr a dispensa do pagamento da segunda[220]. O pagamento desta segunda dependerá da marcação da audiência final o que acontecerá logo na audiência de partes, mas poderá não ter lugar nos processos emergentes de acidente de trabalho ou doença profissional (art. 14.º-A, i)). Ainda poderá ser agravada para "litigantes em massa" nos casos das tabelas I-A e C, o que não se verificará em processo laborais.

Anota-se que haverá redução na taxa de justiça nos "processos de contencioso das instituições de segurança social ou de previdência social e dos organismos sindicais, nos processos para convocação de assembleia geral ou de órgão equivalente, nos processos para declaração de invalidade das respetivas deliberações e nas reclamações de decisões similares" (RCP, art. 12.º, n.º 1 c)).

[219] Custas Judiciais, Almedina, Coimbra, 2009, pág. 72.

[220] Cfr art. 530.º do CPC e arts. 13.º a 14.º-B do RCP, na redação conferida pela Lei n.º 7/2012, de 13 de fevereiro. V. Joel Timóteo Ramos Pereira, ob. cit., pág. 63.

As **custas de parte** são pagas nos termos dos arts. 25.º e 26.º[221], devendo a parte que a elas tenha direito, "até cinco dias após o trânsito em julgado ou após a notificação de que foi obtida a totalidade do pagamento ou do produto da penhora, consoante os casos, remeter para o tribunal, para a parte vencida e para ... o agente de execução", a respetiva nota discriminativa e justificativa.

De conformidade com o n.º 2 do mesmo artigo, devem constar da nota justificativa, para além da necessária identificação da parte e do processo, as quantias pagas a título de taxa de justiça, encargos ou despesas e honorários do mandatário judicial (até 50% do somatório das taxas pagas) concluindo pelo valor a receber. Tal nota justificativa pode ser objeto de reclamação [222].

A **conta de custas** será elaborada de modo contínuo (art. 29.º) pela secretaria do tribunal e será notificada aos interessados (partes e MP), que dela poderão apresentar *reclamação* (por erro de contagem), no prazo de 10 dias, ou requerer a sua *reforma* (por não se encontrar de harmonia com a lei ou com a decisão judicial), até à data de pagamento. As normas sobre o seu *pagamento* integram o art. 32.º e sgs. e as da eventual *execução* (pelo MP ou pela parte vencedora) o art. 35.º e sgs. A *prescrição* do crédito por custas ocorre ao fim de 5 anos (art. 37.º ainda do Regulamento).

Nos **recursos** a taxa de justiça é a da tabela I-B sendo paga apenas pelo recorrente se o recorrido não contra-alegar.

Nos **incidentes e procedimentos cautelares** aplica-se a tabela II.

Nos casos processados através da plataforma CITIUS tal taxa passava a 90% do valor indicado naquela tabela[223]. Atualmente, porém, em face das disposições da P. 280/2013, de 26 de agosto, conjugadas com o art. 144.º do CPC, resulta que já não há lugar a tal desconto; apenas se mantendo nos casos em que haja peças que não sendo obrigatoriamente enviadas através daquela plataforma, a parte opte por fazê-lo, o que será raro.

[221] do RCP, na redação dada pelo DL 52/2011, de 13 de abril, pela Lei n.º 7/2013, de 13 de fevereiro e DL n.º 12/2013, de 30 de agosto.

[222] Nos termos do art. 33.º da Portaria n.º 419-A/2009, de 17 de abril, com alterações, a última das quais é da P. 284/2013, que regula o modo de elaboração, contabilização, liquidação, pagamento, processamento e destino das custas processuais, multas e outras penalidades e Ac. do TC n.º 280/2017, de 30 de junho, que declarou a inconstitucionalidade, com força obrigatória geral, da norma do n.º 2 daquele artigo.

[223] Cfr n.º 3 do art. 6.º do RCP, na redação conferida pelo DL 52/2011, de 13 de abril.

IX
Processo Declarativo

1. Forma comum

Este será o processo adequado para dirimir a generalidade das questões emergentes da relação de trabalho subordinado resultantes do contrato (individual) do trabalho, desde as mais simples até às mais complexas e independentemente do valor atribuído à causa. Naturalmente, aplica-se quando a situação em concreto não se enquadre no âmbito de algum dos processos especiais, como resulta do preceituado no art. 48.º, n.º 3[224]. Em geral, quanto à finalidade, este processo comporta ações de condenação[225].

Na sua forma, como já referido, assume uma **única forma** ou moldura de tramitação. Daqui, provém a sua designação de **processo comum** (e não ordinário, sumário ou sumaríssimo, como no passado).

Contudo, ao contrário do que seria lógico e como já foi aludido, esta forma comum do processo laboral passou a ser tributária ou correspondente do processo civil comum. Deixou, portanto, de o ser do processo civil sumário, como ainda, literalmente, se menciona sob o art. 49.º, n.º 2, do CPT. É, pois, aquela a única forma de processo que inspira o pro-

[224] Na lógica do preceituado no n.º 2 do art. 546.º do CPC.

[225] Mas também poderão ser de simples apreciação ou constitutivas, de conformidade com o disposto no art. 10.º, n.ºs 2 e 3 do CPC, como na ação a impugnar os pareceres da CITE (CT, arts 57.º e 63.º) a na ação de reconhecimento da existência de contrato de trabalho – Lei n.º 63/2013, de 27 de agosto – mas que corre em processo especial.

cesso comum. Em consequência, perante a omissão normativa no regime do processo comum laboral, que é frequente, aplicar-se-ão, subsidiariamente e em primeira mão, as normas do processo comum civil (arts. 552.º a 702.º do CPC e 1.º, n.ºs 2 a), c) e e) e n.º 3 do CPT)[226].

Em consequência, também ao processo laboral são aplicadas as novas tecnologias, nomeadamente, a tramitação eletrónica, como se prevê no art. 132.º do CPC[227].

Também, como começou a acontecer no processo civil (isto é regulado no CPC), em princípio[228], o **valor da causa** não tem relevância para a caracterização da forma do processo laboral a seguir, nem interessa o valor das **alçadas** dos tribunais da 1.ª instância ou da relação[229]. Todavia, as alçadas já interessam para:

- dedução de reconvenção (art. 30.º);
- possibilidade de resposta à contestação (art. 60.º);
- intervenção do tribunal coletivo (art. 68.º, n.º 3), e
- admissibilidade de recurso em certas situações (art. 79.º *a contrario*).

2. Tentativa de conciliação

A tentativa de conciliação continua a ser, quer na lei, quer na prática, umas das distinções mais marcantes em relação ao processo civil puro. Tem, **obrigatoriamente,** lugar:

- na audiência de partes (a realizar antes da apresentação da contestação) – art. 55.º, n.º 2;
- no início da audiência de discussão e julgamento – art. 70.º n.º 1;
- em diversos processos especiais – arts. 98.º, n.º 1; 108.º e 160.º.

[226] Na prática e como já mencionado, as regras do processo sumário já haviam deixado de ter aplicação em detrimento da generalidade das regras do processo ordinário (art. 467.º e sgs. do antigo CPC) que acabam por ser paradigmáticas para as diferentes formas de processos.

[227] Rui Maurício, Citius – Processo Civil Eletrónico, Petrony, Lisboa, 2010 e Novas Tecnologias e Prática Processual, artigo de J.M. Nogueira da Costa *in* RMP, n.º 127, jul.-set. 2011, pág. 221.

[228] Há a exceção prevista no art. 597.º (ações de valor não superior a metade da alçada da Relação).

[229] Desde 2010, as alçadas são de € 5.000,00 para os tribunais de 1.ª instância e de € 30.000,00 para os tribunais da relação (LOSJ, art. 44.º).

Facultativamente, por aplicação subsidiária do art. 594.º n.º 1 do CPC, em qualquer estado do processo, desde que:

- as partes conjuntamente a requeiram, ou
- o juiz a considere oportuna.

Naturalmente, caso haja lugar a **audiência preliminar,** esta começará por uma tentativa de conciliação (arts. 62.º do CPT e 591.º do CPC).

Ainda as partes poderão apresentar, desde que fiquem prevenidos os direitos indisponíveis, e em qualquer altura do processo (arts. 283.º, 289.º do CPC e 70.º, n.º 2 do CPT):

- desistência do pedido
- a sua confissão, ou
- transação.

No que tange à **forma** a consubstanciar a tentativa de conciliação, deve ser lavrado um auto com os termos do que nela ocorrer, quer haja ou não acordo, ou este seja pleno ou parcial. Em caso da sua frustração, no todo ou em parte, devem constar do mesmo auto "os fundamentos que, no entendimento das partes, justificam a persistência do litígio" (art. 53.º, n.º 3). Havendo acordo, este deve ser pormenorizado, nomeadamente no que respeita "a prestações, respetivos prazos e lugares de cumprimento".

Quanto ao **valor** da conciliação efetuada em audiência, portanto, perante o juiz, diferentemente do que acontece no processo civil, o auto não carece de homologação (não assumindo, pois, o nível de sentença) para produzir efeitos de caso julgado e de título executivo, mas devendo o magistrado verificar a capacidade das partes outorgantes, a legalidade do acordado e a disponibilidade dos direitos consignados (arts. 51.º, n.º 2; 52.º; 53.º, n.ºs 1 e 2 e 88.º, b) do CPT)[230]. Ainda a desistência do pedido, a sua confissão ou a transação sobre ele, quando efetuadas em audiência de julgamento deverão ser concretizadas por termo no processo (art. 52.º, n.º 1 e 70.º, n.º 2, do CPT e 290.º do CPC).

[230] José Eusébio de Almeida, (Des)necessidade da Assinatura do Auto de Conciliação, estudo inserido no Prontuário de Direito do Trabalho, CEJ, n.º 64, maio-agosto, 2003, Coimbra Editora, pág. 141.

Questão que se coloca é saber se faz sentido ser o juiz a dirigir a tentativa de conciliação, dado que, seguidamente, vai julgar a causa, nomeadamente, quando se frustra a diligência e na qual as partes já aduziram argumentos que o podem impressionar.

Também será curioso saber se o juiz deverá ou não, considerando os factos em causa, alvitrar as possíveis soluções jurídicas, de molde a esclarecer as partes e procurar que elas ponham termo à demanda.

Ainda é discutível se a audiência de partes, cuja função central é a tentativa de conciliação, deva ter lugar após a petição e não depois da contestação, quando ambas as partes, igualmente, já tenham esgrimido os seus argumentos e já terão consciência do valor dos seus meios de prova disponíveis.

3. Articulados. A petição inicial

Os articulados "são as peças em que as partes expõem os fundamentos da ação e da defesa e formulam os pedidos correspondentes", devendo, em geral, serem deduzidos (obviamente) por artigos, conforme se dispõe no art. 147.º do CPC. Devem obedecer, na sua formulação e apresentação, às normas do art. 130.º e segt.s do CPC (e da P n.º 280/2013, de 26 de agosto). Em regra, serão a petição inicial[231], a contestação e a resposta à contestação, podendo, excecionalmente, haver articulados supervenientes.

Com os dois primeiros (e, eventualmente no terceiro, se houver alteração do valor) é devido o pagamento de **taxa de justiça** e a junção do respetivo documento comprovativo, a não ser que se verifique isenção ou dispensa[232]. Mas, como já se julgou na Secção Social do T.R.L. "não tendo a secretaria recusado a petição inicial desacompanhada do comprovativo do pagamento da taxa de justiça ou de concessão do apoio judiciário, não deve ser ordenado o desentranhamento da petição inicial e ser julgada extinta a instância mas antes notificada a parte para, em determinado prazo, juntar os elementos em falta, sendo suspensa a instância se o não fizer"[233]. Não deixa de ser problemática esta solução à luz do que se dispõe no n.º 5 do art. 552.º do CPC para o caso em que a entrada da petição

[231] Os requisitos da petição constam do art. 552.º do CPC.

[232] CPC, arts. 145.º e 530.º e Regulamento das Custas Processuais, arts. 4.º e sgs.

[233] Ac. de 29-11-2010, [Des. Seara Paixão] *in* C.J., Ano XXXV, Tomo IV/2010, pág. 151. Com o novo CPC, devem ser compulsados os arts. 552.º, n.ºs 3 a 6; 558.º, f) e 145.º.

é, por razões de urgência, apenas acompanhada do pedido de apoio judiciário, que vem a ser indeferido. De qualquer modo, a falta do pagamento integral da taxa de justiça devida pelo autor poderá dar lugar à recusa do recebimento da petição pela secretaria ou decisão de indeferimento liminar impedindo a citação do réu, ou, não acontecendo qualquer destas eventualidades, à absolvição de instância. Em tal caso, para que se verifiquem os efeitos interruptivos do decurso do prazo prescricional haverá que ter em conta o dispositivo dos arts. 323.º a 327.º do CC.

Na sua essencialidade, **a petição inicial** deverá conter, no seu primórdio, para lá da identificação do tribunal e das partes, a forma de processo (endereço e cabeçalho ou introito). Segue-se a descrição dos elementos fáticos que sejam suficientes para caracterizar a existência de um contrato de trabalho entre o autor e o réu (normalmente ré, por, em regra, ser uma pessoa coletiva a empregadora) e, de imediato "os **factos essenciais** que constituem a causa de pedir e as razões de direito que servem de fundamento à ação" (narração), concluindo-se pela formulação do pedido ou pedidos (conclusão) – art. 552.º do CPC[234]– e rematando-se com a indicação do valor da causa, dos meios de prova e a assinatura do mandatário (ou da própria parte se esta o poder fazer (*jus postulandi*)), que também deve identificar o seu domicílio profissional.

Relativamente à **descrição dos factos na petição**, através do novo CPC, foi introduzida uma alteração deveras importante, por força da qual se pretende alcançar a verdade material em detrimento da chamada factualidade processual alegada, classicamente, a arrumar em factos provados (antiga especificação) e a provar (antigos questionário ou base instrutória). Para tanto, no novo CPC, começa por se mudar a forma de redigir ou de articular os factos e, consequentemente, a matéria a submeter a julgamento e, depois, a constar na sentença.

Basicamente, tal mudança foi introduzida através da alínea d) do art. 552.º do CPC, por meio da frase: " deve o autor...expor os factos essenciais que constituem a causa de pedir". Tais **factos essenciais** devem entender-se à luz do disposto no art. 5.º do mesmo CPC, que não deixa de

[234] Face à inteira omissão do CPT quanto ao teor da petição inicial, que apenas se lhe refere no início do art. 54.º, parece indiscutível a plena aplicação do normativo deste art. 552.º do CPC. Neste dispositivo ainda se prevê a designação de agente de execução ou do mandatário para efeitos de citação (CPC, arts. 231.º e 237.º).

admitir os **factos instrumentais, complementares** ou concretizadores, mas rezando que "às partes cabe alegar os factos essenciais que constituem a causa de pedir".

O que consta para a petição (art. 552.º d)), vem a ser corroborado para a dedução de exceções (na contestação), na alínea c) do art. 572.º, onde se impõe ao R. para "expor os factos essenciais em que se baseiam as exceções deduzidas...".

De tais factos essenciais (e não dos restantes) haverá de resultar "a delimitação dos termos do litígio" a definir na audiência preliminar, se ela tiver lugar, como se prevê nos arts. 62.º do CPT e 591.º, n.º 1, c) do CPC (onde se lhe chama audiência prévia) ou na audiência de julgamento. Como escrevem João Correia e outros[235] "o confronto do n.º 1 do art. 5.º com a alínea a) do n.º 2 mostra que não há qualquer ónus de alegação quanto a *factos instrumentais* (isto é, factos que permitem a prova indiciária dos factos essenciais), menos ainda qualquer preclusão, devendo o juiz deles conhecer quando *"resultem da instrução da causa"*.

Daquelas duas frases frugais (dos arts. 5.º e 552.º) resulta, pois, que o autor tem o ónus de alegar os factos essenciais que constituem a causa de pedir. Para além destes, pode alegar factos instrumentais se estes forem necessários à dedução da causa de pedir. Mas só a falta daqueles é que pode levar à improcedência do pedido. Neste sentido já escreveu o Prof. Miguel Teixeira de Sousa, em 1997[236], relativamente aos factos relevantes, "incumbe às partes alegar os factos essenciais que integram a causa de pedir ou que fundamentam a exceção (art. 264.º, n.º 1 do antigo CPC). O tribunal pode considerar os factos complementares que resultam da instrução e discussão da causa, desde que a parte interessada manifeste vontade de deles se aproveitar e à parte contrária tenha sido facultado quanto a eles o contraditório; o tribunal pode considerar mesmo oficiosamente, os factos instrumentais que resultem da instrução e julgamento"[237]. Aconteceu que, na prática processual, tal sistema nunca singrou, continuando a dar-se relevo a todos os factos, donde resultavam

[235] Introdução ao Estudo e à Aplicação do Código de Processo Civil de 2013, Almedina, Coimbra, 2013, pág. 19.

[236] Estudo sobre o Novo Processo Civil, Lex, Lisboa, 1997, pág. 70 e seguintes.

[237] Dada a semelhança, é de todo verosímil que tenha sido este texto a influenciar a redação do art. 5.º do novo CPC .

extensos articulados, às vezes, maiores do que romances. E isto ficou a dever-se à imposição de continuar a proceder-se à destrinça e enumeração de factos assentes e factos a provar, através da base instrutória (art. 511.º do antigo CPC), modelo este que agora desaparece no novo CPC e que já era, praticamente, facultativo no processo laboral, embora nele a sua previsão ainda se mantenha.

Em síntese: a narração exaustiva dos factos passou a ser despicienda, devendo da petição constar apenas os factos essenciais e os instrumentais ou complementares que forem necessários para a compreensão daqueles. Aliás, a prolixidade nos articulados e alegações pode ser objeto de uma taxa de justiça especial, a fixar no fim do processo, cfr. art. 530.º, n.º 7 do CPC. Relativamente aqueles factos essenciais, instrumentais e complementares, sirvam de exemplo os seguintes:

> *O A. foi despedido pela R. no dia x* (facto essencial).
> *Através de carta registada datada de Y* (facto instrumental).
> *Recebida pela filha* (facto complementar).

De qualquer modo, caso a peça tenha pecado por insuficiência narrativa, o juiz tem a obrigação de convidar a parte a carrear novos factos (arts. 590.º, n.º 4 do CPC e 27.º, n.º 2 do CPT). Não há, pois, preclusão, podendo assim virem a ser relatados mais factos para escudar os factos essenciais[238]. Quanto a juros de mora, haverá que ter em consideração a jurisprudência uniformizada no sentido de que "se o autor não formula na petição inicial, nem em ulterior ampliação, pedido de juros de mora, o tribunal não pode condenar o réu no pagamento desses juros, excepto no processo para efetivação de direitos resultantes de acidentes de trabalho, *ex vi* da parte final do art. 135.º.

Como já aflorado, no processo laboral, como também, agora, no processo civil, todos os **meios de prova** têm de ser deduzidos nos articulados (arts. 35.º e 63.º, n.º 1) com as limitações, quanto ao número de testemunhas previsto no artigo seguinte. Cumpre assinalar que a indicação de

[238] Para maior desenvolvimento: João Correia e outros, cit. Introdução ao Estudo e à Aplicação do Código de Processo Civil de 2013, págs. 19 e 68; Paulo Ramos de Faria e outra, Primeiras Notas ao Novo Código do Processo Civil, Almedina, Coimbra 2013, pág. 433; Jorge Augusto Pais de Amaral, Direito Processual Civil, Almedina, 2013, 11.ª ed., pág. 186.

alguns meios de prova carece de ser complementada, como acontece: no depoimento de parte, em que "devem indicar-se logo, de forma discriminada, os factos sobre que há de recair" (art. 452.º, n.º 2); no requerimento de perícia, em que, sob pena de rejeição, a parte indica "o respetivo objeto, enunciando as questões de facto que pretende ver esclarecidas..." (art. 475.º, n.º 1) e no rol de testemunhas, onde se deve informar, para além do mais, da sua apresentação em tribunal, audição por teleconferência ou necessidade de notificação para comparecer no tribunal (art. 500.º e sgs.).

Distintamente do que acontece, atualmente, em processo civil, em todos os processos laborais (incluindo os procedimentos cautelares), em que o recurso final seja possível, "pode qualquer das partes requerer a **gravação da audiência**" até a audiência preliminar se esta tiver lugar, ou até 20 dias antes da data fixada para audiência de julgamento", como decorre nas normas dos n.ºs 2 e 4 do art. 68.º. Mas pode ainda – e é o que na prática acontece – o tribunal determinar tal gravação oficiosamente. Neste caso, cremos, que em sede de eventual recurso, qualquer das partes, apesar da sua inércia, poderá pôr em causa a decisão sobre a matéria de facto. É o que decorre do princípio da verdade material.

Embora o momento próprio da apresentação dos meios de prova seja com os articulados, em virtude dos temas de prova que vierem a ser selecionados pode o conteúdo de tal requerimento ser alterado, como resulta da norma do art. 598.º do CPC e isto sem prejuízo do que se dispõe no n.º 2 do art. 63.º do CPT e (598.º, n.º 2, do CPC), que permite a alteração ou aumento do rol de testemunhas até 20 dias antes da audiência final, sendo que tais testemunhas terão de ser apresentadas pela parte.

O prazo (classificado como de prescrição) para a interposição da **ação declarativa em processo comum,** por reflexo do disposto no art. 337.º do CT é de um ano "a partir do dia seguinte àquele em que cessou o contrato de trabalho". Mas, na esteira da versão do Código de 2009, no novo processo especial, a oposição ao despedimento deverá ser apresentada através de requerimento em formulário próprio no prazo de 60 dias[239]. Como se verá, este novo processo configura-se como um inovador sistema, a utilizar em caso de despedimento, em que, dispensando-se a peti-

[239] CT, art. 387.º (apreciação judicial do despedimento).

ção, o trabalhador apenas terá que invocar perante o tribunal a oposição ao seu despedimento[240]-[241].

De qualquer modo, para evitar a prescrição de créditos, caso faltem menos de cinco dias para se completar o correspondente prazo, deve ser requerida pelo autor a **citação urgente**, a qual precederá a distribuição, de conformidade com o que se estipula nos arts. 561.º e 552.º, n.º 5 do CPC e 323.º do Código Civil.

O autor, em regra, o trabalhador, pode constituir **mandatário** ou solicitar a intervenção do MP, nos termos dos arts. 7.º e 8.º do CPT, como já se evidenciou, para além de poder requerer o apoio judiciário[242]. Em regra será imperiosa a constituição de advogado (ou daquele magistrado) dada a amplitude da possibilidade de recurso (art. 79.º do CPT) e como resulta do disposto no art. 40.º do CPC.

Diversamente do que acontece no processo civil geral, a petição, não sendo recusada pela secretaria nos casos indicados no art. 558.º do CPC, depois de autuada como ação de processo comum (art. 21.º a)) é distribuída por um dos juízes do juízo[243], é dela feita conclusão ao magistrado para este lavrar **despacho liminar,** depois de proceder à sua análise. Através deste despacho, para além do indeferimento liminar, "se na mesma se formular um pedido manifestamente improcedente ou se existirem evidentes exceções dilatórias insupríveis e de que se deva conhecer oficiosamente"[244], o juiz pode convidar o autor a completar ou esclarecer algum ponto da petição (art. 54.º, n.º 1, do CPT).

Se só se verificarem deficiências ou obscuridades que, de algum modo, possam comprometer o êxito da ação, deve o juiz mandar completá-las ou esclarecê-las, mediante despacho de aperfeiçoamento e, se tal não for

[240] Reforma das Relações Laborais, MTSS, Lisboa, 22 de abril de 2008 e art. 387 do CT.

[241] Para desenvolvimento v. estudo de Albino Mendes Baptista, O "Livro Branco das Relações Laborais" e a Acção de Impugnação do Despedimento *in* Minerva, Série II, n.º 1, 2008, pág. 13.

[242] Lei de acesso ao direito e aos tribunais – Lei n.º 34/2004, com alterações; regulamento: Portaria n.º 10/2008, de 3 de janeiro; critérios de prova e apreciação: Portaria n.º 1085-I/2004, de 31 de agosto. O apoio judiciário desdobra-se em diversas modalidades.

[243] Em princípio a distribuição é feita por meios eletrónicos, como previsto no art. 204.º e sgs. do CPC.

[244] Ac. da Rel. de Lisboa, de 25/5/2005, Col. Jur., 2005, III, pág. 146.

cumprido, deve, então, indeferi-la"[245] ou designar a audiência de partes (art. 54.º n.º 2 do CPT)[246].

Serão **exceções dilatórias** insupríveis de conhecimento oficioso, que levarão ao indeferimento liminar, a incompetência absoluta do tribunal (art. 96.º e sgs. do CPT); a ineptidão da petição inicial (art. 186.º do CPC); a infração às regras da competência em razão da matéria, da hierarquia e da competência internacional; a preterição de tribunal arbitral (art. 96.º e sgs. do CPC); a ilegitimidade das partes, a litispendência e o caso julgado (art. 578.º).

Não sendo verificadas quaisquer deficiências ou obscuridades ou tendo sido corrigidas e não se observando algumas das exceções mencionadas, "o juiz designa uma **audiência de partes**, a realizar no prazo de 15 dias". Naturalmente que este prazo tem sido meramente indicativo.

Na sequência de tal despacho, terá de seguir-se a **citação** do réu, não para contestar, mas, outrossim, para comparecer à audiência de partes, embora possa e deva ser advertido de que, em caso de falta, passará a decorrer o prazo para contestar. Em tal ato de citação deve o réu receber cópia da petição e dos documentos (art. 54.º, n.º 5). Como decorre do n.º 1 do art. 25.º, em princípio, a citação deverá ser efetivada por via postal[247].

4. A audiência de partes

Não obstante a epígrafe do art. 55.º, a verdade é que a **audiência de partes** começa a ser regulada logo nos n.os 2 a 5 do artigo anterior. Desde logo, impõe-se a **comparência pessoal das partes**, como emanação do princípio da imediação. Donde resulta que as pessoas coletivas, à partida, devem fazer-se representar pelos seus diretores, gerentes ou administradores com poderes suficientes para tal ato, de harmonia com os seus estatutos. Ainda terão de provar tal qualidade por documento idóneo, como por exemplo e a mais das vezes, a certidão do registo comercial.

[245] Idem.

[246] Citação simultânea para audiência de partes e para contestar – Ac. do STJ, de 13/9/2008, C.J.S, 2006, II, pág. 260.

[247] E também do que se dispõe na alínea b) do art. 225.º e 228.º, ambos do CPC. Para além da citação pessoal por outros modos, ainda poderá ter lugar a citação edital, como previsto no n.º 6 daquele art. 225.º.

Hoje em dia, naquele n.º 3 do art. 54.º, já se admite, expressamente, que o autor e o réu, como pessoa singular ou o(s) representante(s) da pessoa coletiva "em caso de justificada impossibilidade de comparência" se possa fazer "representar por mandatário judicial com poderes especiais para confessar, desistir e transigir"[248]. Questão que se suscita é a de saber se tal justificação deve ser logo apresentada pelo mandatário ou durante o prazo geral que começará a decorrer após essa data. Nomeadamente, se o facto que motivou a falta tiver ocorrido nesse dia, a justificação só poderá posteriormente ser apresentada. Deste modo, a condenação como litigante de má-fé[249], através da competente multa, terá que ficar condicionada, já não até ao fim do prazo geral dos dez dias, mas, outrossim, de cinco dias imediatos, como resulta do estipulado no n.º 3 do art. 603.º do CPC, a propósito da justificação da falta à audiência final de "qualquer pessoa".

A audiência de partes é uma emanação do *jus postulandi* e do princípio da conciliação típico do tradicional processo laboral. Efetivamente, a audiência das partes tem por finalidade básica obter a conciliação das partes, atuando o juiz como simples mediador e no pressuposto que o litígio está declarado, mas não aberto. Caso resulte, lavra-se o respetivo termo, como acima se resumiu.

Estabelece-se (no n.º 1 do art. 55.º), que tal audiência se inicia por uma exposição sucinta dos fundamentos fáticos e jurídicos a apresentar pelo autor, que, assim, deverá fazer uma síntese da sua petição, considerando-se que a resposta, se o réu a quiser apresentar "não pode deixar de ser sucinta"[250]. Segue-se a tentativa de conciliação, nem sempre fácil face aos valores que estão em causa e aos ódios e malquerenças acumulados. De conformidade com o princípio da conciliação que continua a fazer-se sentir no processo laboral, e que, nos tempos que correm, volta a fazer todo o sentido, o juiz deve usar o seu prestígio para tentar o acordo entre

[248] Para tanto, os mandatários terão de estar munidos "de procuração que os autorize expressamente a praticar qualquer desses actos", como se estabelece no n.º 2 do art. 37.º do CPC.

[249] CPC, art. 542.º – responsabilidade no caso de má fé. Como no n.º 5 do art. 54.º se referem as sanções, parece que além da multa, poderá a parte contrário requerer a condenação do faltoso em indemnização por prejuízos causados.

[250] Albino Mendes Baptista, Temas de Direito do Trabalho e de Direito Processual do Trabalho, Livraria Petrony, Lisboa, 2008, pág. 321.

as partes, demonstrando a relatividade dos direitos e deveres laborais e o risco do processo.

Vislumbrando-se alguma possibilidade séria de ser alcançado o acordo, poderá ser suspensa a instância, a requerimento de ambas as partes, de conformidade com o estatuído no art. 272.º, n.º 4 do CPC (até três meses e "desde que dela não resulte o adiamento da audiência final").

Resultando a conciliação das partes, lavra-se o auto, onde devem constar os elementos indicados no art. 53.º do CPT, ou seja:

- termos pormenorizados do acordo (prestações, prazos e lugares de cumprimento); e,
- indicação dos pedidos abrangidos no acordo (quando não se tenha alcançado o acordo sobre todo o pedido).

Não se tendo alcançado um acordo sobre todos os pedidos, deverá no auto (ainda) ficar a constar os "fundamentos que, no entendimento das partes, justificam a persistência do litígio", isto é, as divergências que se mantêm entre elas. Esta exigência legal, na prática, normalmente, desprezada, ganha maior acutilância na lógica do novo CPC, pois, servirá para delimitar o litígio, como se prevê para a audiência prévia (art. 591.º, n.º 1 c)), nomeadamente quando esta diligência não tiver lugar, como adiante se aludirá. Ainda, no âmbito dos preceitos do n.º 2 deste art. 56.º e na esteira do art. 27.º, ainda se poderá decidir sobre a prática de algum ato que melhor se ajuste ao fim do processo, para além de eventuais adaptações – **gestão do processo** em concreto. As decisões inerentes, carecem de audição prévia das partes mas, em regra, serão irrecorríveis (art. 630.º, n.º 2).

Neste último caso (em que falta o acordo total), o réu fica notificado para apresentar a sua **contestação** no prazo legal de 10 dias, sem qualquer dilação, mas passível de alargamento até outro tanto tempo, conforme se prevê no art. 58.º.

Também se impõe, mediante o acordo dos mandatários judiciais (presentes) a **marcação da data (e hora) da audiência final**, que poderá ser alterada havendo audiência preliminar, conforme se prevê no n.º 3 do art. 62.º.

Naturalmente, as pessoas coletivas, para além do advogado, podem-se fazer representar por procuradores com os necessários poderes, inclusive algum dos seus quadros, como, por exemplo, o responsável pela gestão das pessoas na empresa. Questão que se põe é saber se, para legitimar tal pessoa, basta uma simples credencial em papel timbrado da empresa com a assinatura dos legais representantes sob carimbo ou terá de se apresentar munida de uma procuração emitida em respeito das regras do notariado. Segundo cremos, ao abrigo da regra da simplicidade dos atos, constante do art. 131.º, n.º 1 do CPC, a modesta credencial será suficiente, desde que o advogado esteja munido de procuração forense com poderes especiais, pois só assim poderá vir a ser formalizada a conciliação se a ela se chegar.

5. Os efeitos da revelia

Como decorre do art. 57.º a revelia (do réu) pode ser ou não operante[251], dado que apenas implicará a confissão dos factos articulados pelo autor. Pode, portanto, não ter efeito cominatório pleno, devendo-se conhecer do mérito da causa. Como escreve Lebre de Freitas, fica apenas "*precludido* o direito de contestar com o decurso do respetivo prazo"[252]. O mesmo acontece se o réu apenas juntar aos autos procuração a mandatário judicial (para acompanhar o processo e nele intervir, por exemplo, recorrendo).

Os factos assim confessados originarão a sentença que poderá não ser condenatória, pois deve "julgar conforme for de direito" conduzindo ou não à procedência da ação como previsto no n.º 2. O efeito da revelia é, pois, cominatório semipleno, como acontece no processo ordinário civil (art. 567.º).

Na situação de revelia, a sentença poderá, naturalmente, ser mais simples, podendo a enumeração dos factos ser substituída pela remissão para o petitório e a fundamentação jurídica ser sumária, não obstante se deverem observar os demais requisitos da sentença enumerados no art. 607.º do CPC.

6. A contestação

A contestação deve ser apresentada no prazo de apenas dez dias a contar da audiência de partes, sendo certo que tal prazo pode ser prorrogado até

[251] Sobre os efeitos da revelia operante e não operante em processo civil, v. Jorge Augusto Pais do Amaral, Direito Processual Civl, 11.ª ed., Almedina, Coimbra, 2013, pág. 250.

[252] A Cominação Semiplena na Impugnação de Despedimento Coletivo, *in* ROA, Ano 73, jan/mar 2013, pág. 186.

ao dobro, como já se salientou. Serve para "o réu individualizar a ação" e "expor as razões de facto e de direito por que se opõe à pretensão do autor, especificando separadamente as exceções que deduz", conforme se preceitua no art. 572.º do CPC. Formalmente, acaba por dever conter as três partes como na petição, ou seja: introito, narração e conclusão.

Tal defesa tanto pode ser por **impugnação** como por **exceção**, ou por ambas as formas, como, muitas vezes, acontece. Na impugnação deve ser tomada posição definida perante os factos articulados na petição, nomeadamente os essenciais. A falta de impugnação especificada de alguns desses factos poderá originar a sua admissão por acordo tácito. A mesma regra se aplicará aos factos documentados e aos restantes meios de prova, devendo o réu tomar posição sobre todos os elementos da petição e respetivos documentos e meios de prova requeridos. Todavia, *a admissão de factos instrumentais pode ser afastada por prova posterior* (CPC, art. 574.º, n.º 2, parte final).

As exceções, a especificar separadamente (alínea c) daquele art. 572.º) podem ser dilatórias e perentórias, sendo algumas de conhecimento oficioso, carecendo a generalidade delas de ser invocadas e até à contestação, a não ser que venham a emergir da reconvenção (CPC, art. 571.º, n.º 2 e 576.º e sgs.).

No caso de processo de impugnação de despedimento em que o autor não tenha optado pela indemnização, mantendo, assim, o seu potencial direito a ser reintegrado, é na contestação que o réu terá de deduzir os factos justificativos para a sua **oposição à reintegração do trabalhador despedido**, conforme o estatuído no art. 60.º-A do CPT e 391.º do CT. Naturalmente tais factos poderão merecer a contestação do autor, como previsto no n.º 2 do mesmo artigo.

Em princípio, também, é devido com a contestação o pagamento da taxa de justiça, mas no caso da sua falta com regime diferente do que é previsto para a petição (art. 570.º do CPC) como já frisado (no antecedente n.º 3).

Como acontece no processo civil, também a contestação é notificada ao autor pela secretaria (CPC, arts. 575.º e 220.º, n.º 3 e CPT, art. 59.º). Só posteriormente passa a incumbir aos mandatários das partes providenciarem pela notificação entre eles das peças que originarem (art. 221.º do CPC). De resto, ainda nos termos deste artigo, o mandatário que assuma posteriormente o patrocínio de uma das partes deve comunicar o seu domicílio e endereço de correio eletrónico ao representante da contraparte.

7. A reconvenção

Ainda na contestação, mas separadamente, pode ser deduzido algum **pedido reconvencional**, nos termos dos arts. 583.º, 552.º, d) e e) e 266.º do CPC e 30.º do CPT. Salienta-se, contudo, que deste último preceito resulta uma limitação notória em relação ao processo civil, dado que a reconvenção laboral (em regra do empregador) só poderá assentar em facto jurídico que serve de fundamento à ação e nunca à defesa. Nesta direção o S.T.J. já decidiu que *o sentido da expressão «facto jurídico que serve de fundamento à ação» empregue na primeira parte do n.º 1 do artigo 30.º do CPT, pelo seu exato teor literal e pela sua inserção sistemática, só pode ser entendido como referindo-se à causa de pedir «ao facto jurídico concreto e específico invocado pelo autor como fundamento da sua pretensão»*[253]. Igualmente o Supremo julgou que *quando o pedido reconvencional tem por objeto a compensação de créditos, o réu, além de invocar o contracrédito, tem que formular na contestação a declaração de compensação (arts. 847.º e 848.º, n.º 1 do CC)*[254] ou, como a lei processual agora admite, *para obter o pagamento*. Também a mesma reconvenção só é viável quando o valor da causa (indicado pelo autor) exceder a alçada do tribunal, o que afasta o uso da figura em ações de pequeno valor[255]. Também, não é possível formular reconvenção se a sua matéria implicar o uso de processo diferente, nomeadamente algum processo especial.

Por causa do novo **processo especial de impugnação judicial da regularidade e licitude do despedimento**, em que a reconvenção será formulada pelo trabalhador, logo no início do citado art. 30.º, se excecionam as restrições nele estabelecidas.

Assim, a formulação do pedido reconvencional no processo do trabalho tem um regime próprio, mas havendo a considerar as regras para:

[253] Ac. STJ, de 03-05-2006 (Cons. Pinto Hespanhol) doc. SJ200605030002514.

[254] Ac. STJ, de 22-11-2006 (Cons. Maria Laura Leonardo) doc. SJ200611220018224.

[255] Restaria saber se, iniciada outra ação em que o empregador seja o autor e o trabalhador o réu, poderia ser pedida a apensação, uma vez que a norma do art. 31.º do CPT remete para o antigo art. 275.º, querendo agora referir-se ao art. 267.º do CPC.

- O processo comum laboral; e para
- O processo especial de impugnação judicial da regularidade e ilicitude do despedimento (que, adiante, em XII, n.º 6), se falará).

Naquele regime, que poderemos chamar de laboral, a reconvenção apenas é admissível, quando:

- o valor da causa (inicialmente estabelecido e não depois da reconvenção) exceder a alçada do tribunal;
- o pedido (reconvencional) do réu emergir do facto jurídico que serve de fundamento à ação;
- o pedido (reconvencional) do réu corresponder à mesma espécie de processo[256].

Em resumo a lei processual do trabalho só admite a reconvenção nos processos com alguma relevância e não em processos que se discutam prestações com valores abaixo dos da alçada de 1.ª instância. Também não a admite quando ao pedido reconvencional couber processo diferente. É, pois mais uma manifestação do "favor laboratoris" que, normalmente, assume a posição de autor e, portanto, de reconvindo e não de reconvinte.

No que tange ao modo de fazer operar processualmente a **compensação**, verifica-se que no novo CPC (art. 266.º, n.º 2 c)) a reconvenção passou a ser admissível quando o réu pretenda o reconhecimento de um crédito, quer para obter a sua compensação com débito ao autor, quer para obter a condenação no pagamento de parte que exceder o seu débito. Mas por força do art. 30.º, em processo laboral, para além dos requisitos básicos, a compensação só é possível nos casos da alínea o) do n.º 1 do art. 126.º da LOSJ, que acaba por dar competência aos juízos do trabalho para julgarem a tal compensação de créditos com débitos, prevista no art. 847.º e sgts do Código Civil. Nesta perspetiva e conjugando os três dispositivos (CPT, CPC e LOSJ), desde que reunidos os requisitos básicos (emergência do mesmo facto, valor da causa e forma de processo), o

[256] Como mencionado em V – 6, 0), os juízos do trabalho têm também competência para conhecer das questões reconvencionais que com a ação tenham as relações de conexão referidas na alínea o) do art. 126.º da LOSJ.

pedido reconvencional poderá destinar-se a obter a compensação e ainda o pagamento de crédito maior [257].

Assim, atualmente, a compensação de créditos, processualmente, apenas é viável mediante a dedução de reconvenção, não podendo ser suscitada como mera exceção.

8. A resposta à contestação e o articulado superveniente

Face à celeridade que devia presidir ao processo laboral, no art. 60.º[258], apenas se admite **resposta à exceção** deduzida "se o valor da causa exceder a alçada do tribunal", no prazo geral de 10 dias. É, pois, um articulado eventual. Naturalmente, tal resposta apenas poderá versar sobre a matéria da exceção, sob pena de nulidade do que a mais for dito. Não sendo admissível resposta por escrito, haverá para isso oportunidade no início da audiência preliminar ou na de julgamento.

Havendo **reconvenção** já a resposta é sempre possível (no prazo de 15 dias) sendo certo que até poderá ser para defender a sua inadmissibilidade, por exemplo, em virtude de o valor do processo não a permitir. Havendo alteração do valor da causa, como geralmente acontece, poderá haver que fazer acertos da taxa de justiça pelas partes.

Tendo o réu apresentado **documentos**, terá o autor direito ao exercício do contraditório bem como a pronunciar-se sobre outros meios de prova requeridos pelo autor, desde logo, no uso do princípio da audiência contraditória, como previsto no art. 415.º do CPC.

Ainda em processo em que o autor seja o empregador que tenha impugnado a **resolução do contrato de trabalho** (apresentada pelo

[257] Em sentido diferente, Ac. do TRL de 25-01-2017 (Rel. Sérgio Almeida) [dgsi] e Ac. do TRC, de 26-01-2017 [CJ T.1/2017].

[258] Através da reforma de 2009, operada pelo DL n.º 295/2009, de 13 de outubro, foram alterados os n.os 2 e 3 e acrescentado um n.º 4 a este art. 60.º do CPT. Aconteceu, porém, que na republicação do Código, feita em anexo, foi olvidado o n.º 1, que havia sido mantido, ficando o artigo com três números apenas. Entretanto, ao contrário do que aconteceu com outras, tal discrepância não foi objeto de retificação, cfr. Declaração n.º 86/2009. Assim ficou criada a fundada dúvida no sentido de saber qual o texto legal que deveria prevalecer: se o que resulta do Decreto-Lei se o que se contém na republicação a ele anexa.
Crendo-se que a republicação enfermava de lapso grosseiro, tem prevalecido a ideia que o texto do art. 60.º (com quatro números) é o que deriva do Decreto-Lei e não o que foi inserido na republicação. Aliás, em rigor, só aquele fez sentido, já que a primeira frase "independentemente do valor da causa..." subentende que exista o n.º 1, referindo "se o valor da causa...".

trabalhador)[259], como este poderá corrigir, na sua contestação, a irregularidade no procedimento, nos termos do n.º 4 do art. 398.º do Código do Trabalho, se o fizer, poderá o autor, no exercício do contraditório, responder ao réu sobre tal matéria (no prazo de 10 dias).

Como já antes foi referido, tendo havido **oposição à reintegração do trabalhador** no caso do seu despedimento, poderá o mesmo trabalhador, que é o autor, responder, conforme se previne no n.º 2 do art. 60.º– A, no prazo geral de 10 dias.

Os **articulados supervenientes** são admitidos nos termos do processo civil (arts. 588.º e 589.º) por iniciativa de qualquer uma das partes.

Aliás, o seu âmbito fica alargado em consonância com o estipulado no art. 28.º do CPT, porquanto nele se admite, mas apenas ao autor (que é normalmente o trabalhador), o aditamento de novos pedidos e causas de pedir. Tal **aditamento à petição inicial** é viável "desde que a todos os pedidos corresponda a mesma forma de processo", pois, como se referiu, por razões de economia processual, nele se permite a dedução de novos factos até à data da audiência de julgamento, até porque a relação laboral poderá continuar a decorrer. Aliás, também podem ser invocados mesmo factos anteriores à petição (portanto, não supervenientes) desde que haja uma justificação, que pode assentar no desconhecimento do trabalhador.

Naturalmente, em caso de serem trazidos ao processo novos factos (posteriores ou anteriores à petição) pelo autor, "o réu é notificado para contestar tanto a matéria do aditamento como a sua admissibilidade" como se preceitua no n.º 4 daquele art. 28.º.

9. Saneamento do processo e audiência preliminar

Finda a fase dos articulados, o juiz pode emitir despacho nos termos e para os efeitos do art. 590.º, n.º 2, do CPC – o **despacho pré-saneador**. Através deste despacho pode decidir no sentido de **suprir** eventuais exceções[260] dilatórias, nulidades visiveis ou alegadas e até convidar as partes ao aperfeiçoamento dos articulados. Também tem a possibilidade de exercer os poderes concedidos pelos arts. 27.º e 61.º, n.º 1 do CPT, **julgando** alguma exceção dilatória referente ao tribunal (competência) ou às partes (personalidade e capacidade judiciárias, legitimidade) ou

[259] Código do Trabalho, art. 394.º e sgs..

[260] CPC, arts. 493.º e sgs..

nulidade que lhe cumpra conhecer. Inclusive, poderá até decidir mesmo sobre o mérito de causa, caso se verifiquem os condicionalismos previstos no n.º 2 do art. 61.º do CPT, isto é, "se o processo contiver os elementos necessários e a simplicidade da causa o permitir", e depois de fixar a matéria de facto que, fundadamente, julgue provada. Neste caso estaremos perante um despacho saneador sentença, que deve ser precedido da audição das partes.

Quando o magistrado entender que "a complexidade da causa o justifique, poderá marcar uma **audiência preliminar,** na configuração dada pelo art. 591.º (antigo 508.º-A) do CPC à **audiência prévia**, definindo o seu objeto e finalidade. Sendo decidida tal audiência preliminar, fica sem efeito a marcação da audiência de julgamento, que deveria ter sido estabelecida na audiência de partes. A falta da indicação do objeto e finalidade de tal audiência preliminar não produz nulidade "por ser insuscetível de influir no exame ou na discussão da causa"[261].

Tal audiência preliminar comporta a realização de nova **tentativa de conciliação** e frustrando-se esta poderá ser proferido **despacho saneador,** podendo não ser fixada a base instrutória (por enquanto ainda prevista no CPT, embora seja muito pouco utilizada[262]) "sempre que a seleção da matéria de facto controvertida se revestir de simplicidade", no dizer do n.º 3 do art. 49.º. Face a esta regra e àquelas normas (trabalhistas e civilísticas) que dão vastos poderes ao juiz para proceder à adequação formal, poderá ser ou não lavrada a base instrutória ou, em sua substituição, poder-se-á "discutir as posições das partes, com vista à delimitação dos termos do litígio, e suprir as insuficiências ou imprecisões na exposição da matéria de facto que ainda subsistam ou se tornem patentes na sequência do debate". Neste caso poder-se-á dar continuidade ao que ficou consignado no auto da audiência de partes para justificar a persistência do litígio, como acima se referiu.

Em síntese, a **gestão** inicial (ou melhor, intermédia) do processo comum laboral, pode ser feita pelo julgador, por um dos seguintes modos

[261] Ac. do STJ, de 07-02-2007 (Cons. Maria Laura Leonardo) doc. SJ200702070032144.

[262] Da falta da elaboração da base instrutória, como é normal acontecer, por razões óbvias, acaba por o julgamento se travar à volta dos factos essenciais ou dos "temas da prova" devido à usual extensão dos articulados.

e consoante se trate de causa sem ou com complexidade, conforme a perspetiva daquele.

Assim:

A – nas causas sem complexidade

- Elabora *despacho pré-saneador* (decidindo sobre exceções dilatórias, aperfeiçoamento dos articulados e determinando a junção de documentos para a sua decisão sobre aquelas exceções ou sobre o mérito), mantendo, em princípio, a data marcada (na audiência de partes) para a audiência de discussão e julgamento – arts. 61.º, n.º 1 e 62.º , n.º 3 (*a contrario)* do CPT e 590.º, n.º 1 do CPC; e/ou,
- Emite *despacho saneador*, respeitando o contraditório, contendo decisão sobre eventuais exceções dilatórias ou nulidades processuais que possa conhecer ou até mesmo sobre o mérito da causa – arts. 61.º, n.º 2 do CPT e 595.º do CPC; e neste caso, porque foi...
- "proferido despacho saneador, quando a ação houver de prosseguir, o juiz profere despacho destinado a identificar o objeto do litígio"[263] (questõs jurídicas) e a enunciar os temas da prova (questões fáticas), o qual é passível de reclamação (art. 596.º do CPC); e ainda,
- Pronuncia-se sobre os meios de prova requeridos, incluindo a gravação (arts. 63.º e sgs. do CPT); e,
- fixa o valor da causa (art. 306.º, n.º 2 do CPC).

B – "quando a complexidade da causa o justifique"

- *Em vez daquele despacho pré-saneador ou na sequência dele*, marca *audiência preliminar* para:
  - realizar tentativa de conciliação;
  - apenas lavrar *base instrutória*[264] ou os temas da prova e, concomitantemente dar como assente alguma matéria fática – arts. 62.º, n.º 1, 2 e 49.º, n.º 3 do CPT; ou,

[263] que poderá dispensar, nomeadamente nas ações com um valor até metade da alçada da Relação (€ 15.000,00), de conformidade com o diposto no art. 597.º do CPC.

[264] Isto é, "seleciona a matéria de facto relevante para a decisão da causa, segundo as várias soluções plausíveis da questão de direito, que deva considerar-se controvertida", conforme se preceituava no n.º 1 do art. 511.º do antigo CPC.

- em sua substituição "discutir as posições das partes, com vista à *delimitação dos termos do litígio*" (art. 591.º, n.º 1 c do CPC); e ainda,
- para discutir algum ou alguns dos restantes fins previstos nas alíneas deste art. 591.º, n.º 1.

Parece que deste modo fica compaginado o normativo do CPT, que deve prevalecer, com o dispositivo da nova "gestão inicial do processo e da audiência prévia", constante dos arts. 5.º, 6.º e 590.º, n.º 2 do novo CPC, cujas normas se devem aplicar subsidiariamente quando não "forem incompatíveis com a índole do processo regulado..." naquele CPT. Cremos, pois, que a norma do antigo CPC (art. 511.º), que previa a **base instrutória**, está revogada, mas o respetivo conceito (como o do antigo questionário) se mantém, dando conteúdo às regras dos arts. 62.º, n.º 2 e 49.º, n.º 3 do CPT, enquanto se mantiverem em vigor, pois em futura revisão serão, provavelmente, eliminadas.

Curiosamente, e como já se salientou, mesmo nos processos sem complexidade de maior, e, portanto, sem matéria de facto selecionada, forçosamente e por razões técnicas, a prova, na audiência de discussão e julgamento, haverá de se fazer, não artigo a artigo, mas por "temas", como se impõe no moderno direito processual. E, em consequência, os próprios advogados terão necessidade de dar prevalência aos factos essenciais e, depois, aos instrumentais ou complementares, quer na sua prova, quer na sua contraprova. Deverá, pois, vir a ser ultrapassada a morosa prática da audição das testemunhas ponto por ponto dos articulados.

10. Instrução

No novo CPC a fase da instrução fica dissipada por se entender que os meios de prova vão sendo carreados para os autos desde a petição até à audiência final, não ficando, assim, centrados, pelo menos cronologicamente, em etapa específica a merecer um grupo de normas próprio.

Materialmente, as coisas também se passam do mesmo modo no processo laboral. Porém, como antes acontecia no processo civil, mantêm-se, formalmente, tal fase da instrução, em secção própria. E à instrução referem-se apenas os arts. 63.º a 67.º do CPT, nos quais se contempla apenas a prova testemunhal, para além da norma a impor a formulação nos articulados do requerimento sobre "quaisquer outras provas" (art. 63.º, n.º 1, *in fine*). Logo, haverá que observar as regras do CPC inseridas no novo Título V do Livro II – direito probatório formal (e até do Código Civil – arts. 341.º a 396.º – direito probatório material) sobre os meios de prova.

Deste modo, também passaram a ter aplicação no processo laboral os dois novos meios de prova:

– por declarações de parte (art. 466.º do CPC); e
– as verificações não judiciais qualificadas (art. 494.º).

Como já se aludiu, a junção dos documentos, a apresentação do rol de testemunhas e o requerimento sobre outros **meios de prova** deverão ter tido lugar nos próprios articulados. Porém, como já referido, o rol de testemunhas pode ser alterado (ou aditado) até 20 dias antes da audiência de julgamento e na audiência prévia/preliminar pode ser alterado o requerimento probatório (art. 598.º do CPC).

Este prazo também define o limite de tempo para serem requeridas a *gravação da audiência* ou a intervenção do *tribunal coletivo*, ainda que não simultaneamente (art. 68.º, n.º 4)[265]. Anota-se que a omissão de uma diligência probatória requerida poderá ser objeto de recurso, nos termos do art. 644.º, n.º 2, do CPC, aplicável *ex vi* do art. 79.º-A, n.º 2, alínea i) do CPT.

O *número de testemunhas*, no seu total, está limitado a dez por cada parte, ou mais dez em caso de reconvenção (art. 64.º n.º 1 e 2 do CPT). Mas para cada facto não podem ser apresentadas a depor mais de três (art. 65.º do CPT), limitação esta que deixou de vigorar no processo civil (antigo art. 633.º). Só serão notificadas para comparecer no tribunal as testemunhas que residam na respetiva área de jurisdição, nomeadamente se a causa de pedir for o assédio,[266] não relevando a comarca. Fora daquela área, as testemunhas poderão ser ouvidas por teleconferência, exceto se residirem na área metropolitana de Lisboa ou do Porto[267]. Relativamente às

[265] Esta é agora uma velharia do direito processual do trabalho, uma vez que todos os atos no processo civil são tendencialmente gravados e não sendo necessário requerê-lo e atendendo a que os julgamentos são feitos perante juiz singular (art. 599.º).

[266] Cfr Lei n.º 73/2017, de 16 de agosto, art. 5.º, que aditou um n.º 2 ao art. 66.º do CPT.

[267] Para maior desenvolvimento Álvaro Lopes-Cardoso, A Comunicação dos Actos Processuais em Processo Civil, do Trabalho e Penal, Livraria Petrony, Lisboa, 2006, pág. 47.

diligências em tribunal alheio haverá que respeitar as regras do art. 25.º, que dão primazia ao tribunal de trabalho.

11. Audiência de discussão e julgamento

A audiência de julgamento deve ser marcada na audiência de partes, ou na audiência preliminar, ou posteriormente, em casos especiais. As partes são notificadas para nela comparecerem pessoalmente (art. 71.º, n.º 1).

Esta audiência é, em regra, presidida pelo juiz, constituindo um **tribunal singular**, o que também acontece na instrução e na audiência de partes (art. 68.º, n.º 1). Efetivamente, a constituição do **tribunal coletivo**[268] apenas se verificará se for requerida por ambas as partes, não tiver sido requerida a gravação da audiência e o valor do processo superar o da alçada do tribunal da Relação. Aliás, no novo processo civil, perante a gravação da audiência, fica preterido o tribunal coletivo, pois "decorre perante juiz singular", conforme se dispõe no art. 599.º do CPC. De qualquer modo, tal gravação deverá obedecer aos requisitos estabelecidos no art. 155.º do CPC.

Ainda que esta "audiência de discussão e julgamento" não seja a moderna "audiência final", será presidida pelo juiz que detém os largos poderes traçados no art. 602.º do CPC, pois, nesta matéria, o CPT é omisso.

No início da audiência é, de novo, tentada a **conciliação das partes**, devendo o seu resultado ficar a constar da ata (art. 70.º, n.ºs 1 e 3).

O regime do eventual **adiamento da audiência** é, agora, mais lato do que no processo civil, pois poder-se-á verificar por uma vez "se houver acordo das partes e fundamento legal" (art. 70.º n.º 4 do CPT)[269] enquanto no CPC apenas se permite tal acordo se não interferir com a realização da audiência.

[268] O tribunal coletivo devia ser constituído por três juízes e por dois juízes sociais (LOSJ, art. 127.º). Porém, o processo de indigitação dos juízes sociais encontra-se suspenso Lei n.º 7/79, de 9 de fevereiro. Apenas interviriam na discussão e votação da matéria de facto (art. 72.º, n.º 5 do CPT). O regime de recrutamento e funções dos juízes sociais contém-se no DL n.º 156/78, de 30 de junho.

[269] Para além das situações de direito ao adiamento dos advogados em caso de maternidade, paternidade e luto conferido pelo DL 131/2009, de 1 de junho. V. ac. do TC n.º 486/2010 (Rel. José Borges Soeiro), publicado no DR, 2.ª série, de 27/01/2011.

Por outro lado, como corolário dos princípios da imediação, da conciliação e da celeridade, continua a lei processual laboral a impor que "o autor e o réu devem comparecer pessoalmente no dia marcado para o julgamento "(art. 71.º, n.º1), como, aliás, acontece na audiência de partes (art. 54.º, n.º 3). Mas, observando-se que a gestão empresarial dos tempos atuais é bem diferente da época em que tais regras foram concebidas, com base no preceituado nos n.ºs 2 a 4 do art. 71.º, passou a dispensar-se a comparência pessoal das partes, isto desde que se apresentassem os seus advogados munidos com procuração com poderes especiais para desistir, confessar e transacionar quanto ao pedido. De resto, a audiência é obrigatoriamente antecedida de uma tentativa de conciliação, ainda que o seu resultado deva ficar a constar na ata da audiência de julgamento. Naturalmente sendo requerido o depoimento ou declarações da parte já a situação é diferente.

Afora os casos de justo impedimento enquadráveis no disposto no art. 140.º do CPC, a falta do advogado (ou dos advogados) apenas provocará o adiamento da audiência, se houver acordo das partes e fundamento legal, que poderá resultar da eventual marcação da audiência sem acordo prévio dos mandatários, conforme se prevê no n.º 1 do art. 603.º do CPC.

Da interpretação do preceituado nos n.ºs 2 a 4 do art. 71.º, conclui-se que se faltarem as partes e se apresentarem apenas os seus mandatários forenses, mesmo sem procuração com poderes especiais, a tentativa de conciliação poderá ficar frustrada, mas a audiência de julgamento decorrerá "com a produção da prova que haja sido requerida e se revele possível". E mesmo sem os referidos poderes especiais, o mandatário poderá confessar, desistir e transigir, sendo a nulidade daí resultante sanável através da ratificação tácita prevista no n.º 3 do art. 291.º do CPC.

Caso alguma das partes se não apresente no tribunal injustificadamente e não tenha constituído mandatário ou, tendo constituído, este também não compareça para a audiência de julgamento, "consideram-se provados os factos alegados pela outra parte que forem pessoais do faltoso". Donde resulta que a produção de prova na audiência de julgamento conter-se-á nos restantes factos alegados que interessem para a boa decisão da causa.

Mas se tais faltas foram dadas por ambas as partes já a consequência tem lógica diferente, uma vez que "consideram-se provados os factos alegados pelo autor que sejam pessoais do réu" e não vice-versa.

Tais faltas, quer do autor, quer do réu, têm de ser injustificadas, isto quando, estando devidamente notificados pelo tribunal, não apresentarem qualquer razão para a sua falta de comparência, ou, apresentarem, mas não ter sido julgada aceitável. Até quando têm de apresentar tal justificação? Pela natureza da situação, terá de ser até ao início da audiência, pois, em caso contrário, a passividade poderia beneficiar o infrator. E, como se disse, até poderá haver justo impedimento.

No julgamento da matéria de facto, como escreve Pais do Amaral[270]"são as regras do **ónus da prova** que definem o critério que o juiz deve adotar para proferir a decisão", as quais se inserem no preceituado pelo art. 342.º do Código Civil.

Nas **ações de apreciação judicial do despedimento**, "o empregador apenas pode invocar factos e fundamentos constantes de decisão de despedimento comunicada ao trabalhador" e "sem prejuízo da apreciação de vícios formais, o tribunal deve sempre pronunciar-se sobre a verificação e procedência dos fundamentos invocados para o despedimento"[271].

No que diz respeito à interpretação e à integração das **normas laborais,** quer de origem legal, quer convencional, poderá haver lugar à observância do princípio do *favor laboratoris* ou do tratamento mais favorável ao trabalhador[272], mas não quanto à decisão sobre a matéria de facto[273].

De maneira que já se evidenciou, existe a possibilidade da **ampliação da matéria de facto** (art. 72.º, n.º 1, 2 e 4 do CPT), através de aditamento à base instrutória "ou, não a havendo, tomá-los (os novos factos) em consideração na decisão da matéria de facto". Tal ampliação pode implicar alteração nos meios de prova. Como já se aludiu, "a todo o momento, ao longo da vida do processo, o juiz pode carrear para os autos factos que o habilitem a decidir"[274]. Ainda o poderá fazer findos os debates ou alegações finais "desde que tenha sido articulada, resulte da discussão e seja

[270] Cit. Direito Processual Civil, pág. 301.

[271] Código do Trabalho, art. 387.º, n.ºs 3 e 4.

[272] Para desenvolvimento, por ex. Bernardo da Gama Lobo Xavier, Direito do Trabalho, Verbo, Lisboa, 2011, pág. 282.

[273] Cfr acórdãos da RC de 24-05-1998 e da RE de 3/10/1989.

[274] Manuela Bento Fialho, O Juiz e o Processo Laboral Comum – Poderes e Limites, estudo inserido no Prontuário de Direito do Trabalho, CEJ, n.º 64, maio-agosto, 2003, Coimbra Editora, pág. 119.

relevante para a boa decisão da causa"[275]. Discute-se se este poder do juiz de ampliar a matéria de facto também poderá constituir um dever. Dada a excecionalidade de tal procedimento, cremos que é um direito que assiste ao julgador, podendo a parte interessada apenas sugerir a sua utilização. Nesta perspetiva, a sua rejeição não gera qualquer irregularidade ou nulidade, que, aliás, teria de ser logo arguida, sob pena da sanação [276].

As **alegações finais dos advogados** são sempre orais e tanto respeitam à matéria de facto, como à de direito, como, por "furto", também, agora, passou a ser no processo civil (art. 604.º, n.º 3 e)).

Mas ao invés do que, atualmente, acontece no processo civil (art. 607.º), deve a **decisão sobre a matéria de facto** ser tomada "imediatamente" após a audiência de julgamento, como se preceitua no art. 68.º, n.º 5. Pelo menos nos casos complexos poderá haver interrupção da audiência, embora também se possa optar pelo seu encerramento, postergando tal decisão para momento posterior, seguida ou não de sentença, face ao princípio da adequação formal.

Tendo havido **gravação da audiência**, esta deve ficar disponibilizada na secretaria, decorridos dois dias, para que as partes a possam reproduzir, verificar e dela possam reclamar, no prazo de dez dias. Não será, pois, objeto de qualquer notificação, conforme o estatuído nos n.ºs 3 e 4 do art. 155.º do CPC.

12. Sentença

Se o tribunal for constituído coletivamente, será em primeiro lugar decidida a matéria de facto, naturalmente, por acórdão (art. 152.º, n.º 3, do CPC). Neste caso a sentença será emitida pelo juiz presidente. De qualquer modo, a sentença poderá ser exarada no fim do julgamento ou posteriormente (art. 73.º do CPT).

Conforme se dispõe no art. 74.º do CPT, a condenação poderá ser em quantia superior ao pedido ou em objeto diverso dele mas apenas *quando isso resulte da aplicação da matéria provada* ou de factos notórios *de preceitos inderrogáveis de leis ou instrumentos de regulamentação coletiva de trabalho*. É,

[275] Aplica-se também a norma do art. 607.º do CPC que permite ao juiz reabrir a audiência se considerar que precisa de mais esclarecimentos.

[276] Para desenvolvimento, v. estudo de Hermínia Oliveira e Suzana Silveira apresentado no VI Colóquio de Direito do Trabalho do STJ.

pois, defensável que tal poder apenas poderá ser exercido no âmbitos dos direitos indisponíveis, como já se julgou no S.T.J., ao estabelecer-se que *a oficiosidade da* ***condenação extra vel ultra petitum*** *prevista no art. 74.º do CPT só ocorre se estiverem em causa preceitos inderrogáveis da lei ou instrumentos de regulamentação colectiva de trabalho e quando os factos em que se funda tal condenação sejam os factos provados no processo, ou de que o juiz se possa servir nos termos do art. 412.º do CPC*[277]. A mesma conclusão se deve tirar em relação aos direitos que se tornaram disponíveis após a cessação do contrato, como acontece com o direito à retribuição[278]. Naturalmente, tal decisão pressupõe o respeito pelo contraditório. A sua eventual inconstitucionalidade já foi denegada[279]. O exercício indevido de tal poder pelo juiz "configura-se como uma nulidade decisória que deve ser arguida no requerimento de interposição do recurso"[280]. Em regra, como reconhece o Supremo, o juiz não pode conhecer senão "das questões suscitadas pelas partes (e) a decisão que proferir sobre essas questões não pode ultrapassar, nem em qualidade nem em quantidade os limites constantes do pedido formulado pelas partes individualizado em função da respetiva causa de pedir"[281]. Anota-se que, em processo civil, a condenação "em quantidade superior ou em objeto diverso do pedido" acarreta a nulidade da sentença, como se prevê no art. 615.º, n.º 1, e).

Nos termos do n.º 4 do art. 387.º do CT, "em caso de apreciação judicial de **despedimento por facto imputável ao trabalhador**, sem prejuízo da apreciação de vícios formais, o tribunal deve sempre pronunciar-se sobre a verificação e procedência dos fundamentos invocados para o despedimento".

Havendo condenação na **reintegração do trabalhador**, tal "reintegração deve ser comprovada no processo mediante a junção aos autos do documento que demonstre o reinício do pagamento da retribuição", cfr n.º 1 do art. 74.º-A.

[277] Ac. do STJ, de 31-10-2007 (Cons. Bravo Serra) doc. n.º SJ200710310020914.

[278] Ac. do STJ, de 12-12-2011, Proc.OLS2271.

[279] Ac. n.º 605/95 do Tribunal Constitucional (Rel. Sousa Brito).

[280] Ac. do STJ, de 12-09-2007 (Cons. Sousa Grandão) doc. n.º SJ200709120012614.

[281] Ac. do STJ, de 19-05-2010 (Rel. Vasques Dinis) *in* C.J.S., Ano XVIII, Tomo II/2010, pág. 241.

Parece, pois, que a reintegração se poderá quedar pelo pagamento da retribuição. Contudo, nos termos do n.º 2 do mesmo artigo, depois do trânsito em julgado da sentença, pode o trabalhador requerer a fixação de sanção compulsória ao empregador "para a execução da prestação de facto", ou seja, para o ingresso no trabalho.

Para evitar a necessidade de **liquidação**, a sentença condenatória em valores monetários deve, tanto quanto possível, condenar em quantia certa. Caso não seja possível ao juiz fixar a condenação em quantia certa, então restará ao autor ou reconvinte requerer o incidente de liquidação, pois este "pode ser deduzido depois de proferida sentença de condenação genérica... e, caso seja admitido, a instância considera-se renovada" conforme se prevê no art. 358.º, n.º 2 do CPC. Só assim não acontecerá quando a liquidação apenas depender de simples cálculo aritmético.

Acontecendo haver lugar à dedução do **subsídio de desemprego**, no âmbito de aplicação do previsto no art. 390.º, n.º 2, b) do Código do Trabalho, a sentença deve ser comunicada ao Instituto da Segurança Social (art. 75.º).

A **notificação da sentença** será feita, quer aos advogados, quer às próprias partes, tendo deixado de ser com aviso expresso do seu cumprimento no prazo de 10 dias após a data de trânsito em julgado, para logo poderem ser indicados bens à penhora... (CPT, arts. 24.º e 90.º). Apenas poderá haver execução oficiosa em caso de direitos irrenunciáveis.

As eventuais **nulidades** que possam afetar a sentença deverão ser arguidas no requerimento de interposição de recurso ou, não havendo recurso, em requerimento dirigido ao juiz, nos termos do art. 77.º. Caso assim não aconteça, nem o tribunal *a quo* pode reparar o vício, nem este será apreciado pelo tribunal *ad quem*, como é jurisprudência constante[282], mas isto sem prejuízo da possibilidade da reforma da sentença prevista no art. 614.º do CPC. Para além das causas de nulidade já referidas, o seu elenco e regime encontram-se traçados no art. 615.º do CPC, devendo o preceito da alínea e) ser aplicável apenas fora das situações do foro laboral, onde é permitida a *condemnatio extra vel ultra petitum*.

Por último, ainda diferentemente do regime do CPC, há a considerar o alargamento do efeito do caso julgado a alguns trabalhadores, que se

[282] Ac.s do STJ, de 05-06-2002 (Cons. Mário Torres) Proc. 02S1563 e de 25-11-2010 (Cons. Sousa Peixoto) Proc. 1264/08.7TTPRT.P1.S..

possam integrar em **litisconsórcio** ou que sejam representados por associação sindical (arts. 3.º e 78.º).

Questões que se podem suscitar ligam-se com a condenação *extra vel ultra petium*, pois pode perguntar-se se continuará a ter justificação esta exceção ao princípio do dispositivo de molde a concretizar-se a justiça material, dado que, em geral, hoje em dia, o nível cultural dos trabalhadores é superior. Será viável em relação a quaisquer direitos ou tão somente no âmbito dos direitos indisponíveis, como tendencialmente se tem julgado?

Ainda na impugnação de sanção disciplinar que não o despedimento, questiona-se se poderá a sentença diminuir a sanção disciplinar quando julgar a sanção inadequada aos factos provados, pois a jurisprudência tende para o regime da cassação, ou seja, para a impossibilidade de tal adequação, anulando a sanção quando a julga desajustada aos factos provados, sem a substituir por outra que julgue apropriada. A decisão em tal sentido produz forte abalo na estrutura empresarial privada, quer perante a sua administração, quer perante a generalidade dos trabalhadores.

X
Recursos

1. Recursos, reclamações e arguição de nulidades

Como concretização do princípio da celeridade processual, o CPT foi pioneiro na necessidade de fundamentar os recursos logo com o requerimento da sua interposição, o que continua a acontecer conforme se dispõe no art. 81.º, e isto para além de ter influenciado as sucessivas reformas do processo civil[283].

Com exceção do recurso dirigido ao tribunal de trabalho em matéria contraordenacional social, previsto nos arts. 12.º e 186.º-J do CPT, o recurso para o tribunal da Relação é apenas[284] o de apelação e a revista da Relação para o S.T.J.[285] (monismo recursório).

Porque o recurso de revista é tão somente disciplinado quanto aos prazos de interposição e parecer do MP, estabelecidos nos arts. 80.º, n.º 1 e 87.º, n.º 3 do CPT, aos seus trâmites aplicar-se-á o regime do CPC, como, aliás, se estabelece no n.º 5 do art. 81.º do CPT. Portanto, apenas

283 Cfr. António Santos Abrantes Geraldes, Recursos no Processo do Trabalho – Novo Regime, 2010, Almedina, Coimbra, pág. 10 e 11.

284 A. Ribeiro Mendes, Do Dualismo ao Monismo – A Eliminação dos Recursos de Agravo na Reforma de 2007, estudo *in* As Recentes Reformas na Acção Executiva e nos Recursos, Coimbra Editora, 2010, pág. 273.

285 Obviamente que estamos a considerar apenas os recursos ordinários e não os extraordinários, cujos regimes se aplicarão ao processo laboral nos termos estabelecidos nos arts. 688.º a 702.º do CPC, *ex vi* do art. 1.º, n.º 2, a) do CPT. Como se sabe, os recursos extraordinários são o recurso para uniformização de jurisprudência e o de revisão.

o recurso de apelação tem algumas normas disciplinadoras no CPT, para além daquele referido prazo de interposição do recurso de revista.

A possibilidade de interposição do recurso de apelação, em matéria de facto[286] e/ou de direito, em princípio, deriva do **valor da causa** que terá de ser superior à alçada do tribunal[287] de que se recorre *(a quo)* e bem assim da **sucumbência** em valor superior a metade dessa alçada, desde que determinada. Diz-se em princípio, porque o recurso é sempre possível em certas questões[288]. Assim, o valor da causa para efeitos de recurso pode-se perspetivar pelo valor da sucumbência (arts. 79.º do CPT e 629.º do CPC). Havendo coligação ativa, para efeitos de recurso, o valor a considerar será o peticionado por cada um dos autores e não a soma deles. Também não interessará o valor dos créditos vincendos[289].

Como se referiu, há, porém, exceções em que independentemente do valor, o recurso para o tribunal da Relação é sempre possível (art. 79.º do CPT). É o caso das decisões tomadas no âmbito dos temas ou processos seguintes:

- categoria profissional, despedimento, reintegração e validade do contrato de trabalho;
- processos emergentes de acidente de trabalho ou de doença profissional;
- processos de contencioso das instituições de previdência, abono de família e associações sindicais; e ainda,
- ação de reconhecimento de contrato de trabalho (art. 186.º-P).

[286] Sobre a reapreciação dos factos pela Relação, v. desenvolvida apreciação no Ac. do STJ de 03-10-2013, Proc. 220/10.0TBPNI. L1 , Rel. Cons. Gabriel Catarino, disponível em www.dgsi.pt.

[287] As alçadas estão definidas no art. 44.º da LOSJ, onde se estabelece que "a admissibilidade dos recursos por efeitos das alçadas é regulado pela lei em vigor ao tempo em que foi instaurada a ação".

[288] Ainda o recurso pode depender da legitimidade do recorrente e até do seu interesse processual (art. 631.º do CPC) e até da gravação da prova produzida em julgamento (art. 68.º, n.º 2). Pode verificar-se a renúncia ao direito de recurso (art. 632.º). As decisões de mero expediente não são passíveis de recurso.

[289] Estas duas proposições resultam do Ac. do STJ, de 10-12-2008 (Cons. Sousa Peixoto) doc. SJ200812100034384.

Na ação de anulação e interpretação de cláusulas de convenções coletivas de trabalho o recurso também é sempre possível, e até poderá ser de revista (*per saltum*) e não de apelação (art. 185.º, n.º 2).

Ainda da decisão final no *procedimento cautelar de suspensão de despedimento* "cabe sempre recurso de apelação para a Relação", nos termos do art. 40.º do CPT. E como neste caso, outros existem em que o recurso se queda na apelação (para a Relação), cfr. arts. 172, n.º 3; 186-C, n.º 3 e 186.º-P.

Para além destas situações jus laborais propriamente ditas[290], ainda o recurso será possível nos casos previstos no art. 629.º do CPC, no n.º 2, até ao Supremo (por ex. em matérias de violação das regras da competência internacional, do caso julgado formal, do valor da causa e da jurisprudência uniformizada) e no n.º 3, apenas para a Relação (valor da causa nos procedimentos cautelares e indeferimento liminar). O mesmo acontece em casos de condenação da parte como litigante de má fé (art. 542.º do CPC).

Tendo deixado de prever-se o recurso de agravo, "para além da decisão do tribunal de 1.ª instância que ponha termo ao processo", será também de apelação o recurso das decisões interlocutórias relativas ao impedimento do juiz, à competência do tribunal, à decisão que ordena a suspensão da instância e a outras situações previstas no n.º 2 do art. 79.º-A do CPT e do art. 644.º do CPC (e não do antigo 691.º, não obstante haver diferenças no teor de algumas alíneas). Apesar do alcance lato do preceituado nestes n.os 2 e no seguinte, deve concluir-se que a irrecorribilidade das decisões interlocutórias, como mecanismo de celeridade processual e de duração razoável do processo laboral, praticamene, deixou de existir.

Efetivamente, como as decisões imediatamente recorríveis passam a estar expressamente enunciadas, ainda as decisões não elencadas "podem ser impugnadas no recurso que venha a ser interposto da decisão final" (n.º 3 daquele art. 79.º-A do CPT e n.º 3 do art. 644.º do CPC). E em tais recursos, o juiz do tribunal "a quo" pode reparar o que for objeto de recurso. Mas só poderão ter provimento se tiverem influência na decisão final ou quando possam ter algum outro interesse para o respetivo recorrente.

[290] Sem considerar algumas previsões dos processo especiais regulados no CPT.

Caso não venha a haver recurso (de apelação) da decisão final, as decisões interlocutórias podem ser impugnadas num recurso único nos termos do n.º 5 do mesmo art. 79.º-A e 80.º a interpor após o trânsito em julgado e em 10 dias.

Há, porém, um caso de **irrecorribilidade** atendendo ao fim humanitário em causa, estabelecido no art. 124.º, n.º 1, onde se expressa que "da decisão que fixar a pensão provisória não há recurso", apenas podendo haver reclamação, o que implica a reapreciação do despacho. Mas, em princípio, também "não é admissível recurso das decisões de simplificação ou de agilização processual", como se estatui no n.º 2 do art. 630.º do CPC.

Convirá não esquecer que para além dos recursos, as decisões judiciais, em especial as interlocutórias, podem ser postas em causa também por via das **reclamações** (que, em regra, são apresentadas ao próprio juiz) e em situações legalmente previstas, como por exemplo, nas referidas decisões que fixarem pensão ou indemnização provisórias (arts. 122.º e 124.º) ou dos atos dos funcionários da secretaria judicial (art. 157.º, n.º 5 do CPC), da recusa da confiança do processo (art. 165.º, n.º 4 do CPC), da recusa do recebimento da petição (art. 559.º, n.º 1), do despacho "destinado a identificar o objeto do litígio e a enunciar os temas da prova" (art. 596.º, n.ºs 1 e 2) da decisão que não admita o recurso (arts. 81.º, n.º 2 a 4 do CPT e 641.º, n.º 6 e 643.º do CPC) e do despacho do relator (art. 652.º n.º 3 e 469.º ainda do CPC). Contudo, as decisões que vierem a ser preferidas em alguns destes casos poderão ser passíveis de recurso, agora, sempre de apelação, devendo atender-se às restrições em geral e às do art. 630.º do mesmo CPC, não obstante o preceituado no art. 79.º-A, n.º 3[291].).

Independentemente dos recursos e das reclamações, poderá haver lugar à arguição de "**nulidades processuais** propriamente ditas, de conformidade com o disposto no art. 195.º e sgs. do CPC e 61.º, n.º 2 do CPT. Ainda podem ser suscitadas **nulidades da sentença** como previsto nos arts. 77.º do CPT e 615.º do CPC. Por último, ainda pode ser requerida não só a **reforma da sentença** quanto a custas e multa e por lapso do juiz, como ainda a **retificação de erros materiais** (arts. 616.º e 614.º do CPC). Dos despachos que recaíram sobre tais arguições poderá haver

[291] Neste sentido António Santos Abrantes Geraldes, Recursos no Novo Código de Processo Civil, Almedina, Coimbra, 2013, pág. 18.

recurso se se reunirem os respetivos pressupostos. Mas relativamente ao recurso das decisões sobre nulidades processuais invocadas, há ainda que ter em conta as fortes restrições estabelecidas no n.º 2 do art. 630.º do CPC, onde apenas se admite o recurso se os despachos "contenderem com os princípios da igualdade ou do contraditório, com a aquisição processual de factos e com a admissibilidade de meios probatórios".

2. Prazos e modos de interposição

Em regra, o prazo[292], quer para a apelação, quer para a revista, é de 20 dias, a contar da notificação ao mandatário (art. 24.º, n.º 1). Porém este prazo pode diminuir para 10 dias nos recursos das decisões interlocutórias previstas nos n.os 2 e 4 do art. 79-A e nos processos urgentes, como se estipula no art. 638.º do CPC. Mas tais prazos também podem aumentar mais dez dias se o recurso tiver por objeto a reapreciação da prova gravada[293]. As restantes decisões poderão ser objeto do recurso com o da decisão final, ficando sujeitas a um prazo especial (art. 79.º-A, n.º 3).

Como já ficou aludido, o requerimento de interposição de recurso deve conter a respetiva alegação. A parte contrária dispõe de igual prazo para contra-alegar, bem como para pôr em causa os pressupostos inerentes ao recurso (art. 81.º), depois de ter sido notificada pelo Tribunal, ainda que o também possa ser pelo advogado do recorrente.

Naturalmente, pode haver recurso subordinado, a apresentar em idêntico prazo para a alegação do recorrido (art. 81.º, n.º 4)[294].

Com os recursos, há que ter em conta as regras sobre as taxas de justiça ou sua isenção ou não pagamento.

No que tange à **invocação de nulidades** da sentença deve esta constar do próprio requerimento do recurso, como é jurisprudência firme e resulta, claramente, do art. 77.º. Assim, havendo recurso será no respetivo requerimento (e não nas alegações) que se deverão invocar e fundamen-

[292] A contagem dos prazos processuais deverá fazer-se de conformidade com o estatuído no art. 138.º e sgs. do C.P.C.

[293] A gravação da prova é feita nos termos dos arts. 68.º, n.º 2 do CPT e 155.º e 422.º do CPC, chamando-se a atenção para o especial regime da invocação da nulidade da prova (art. 155.º, n.os 3 e 4 do CPC). Da decisão da Relação sobre a matéria da facto não haverá recurso (art. 662.º, n.º 4 do CPC).

[294] A remissão genérica para o regime dos recursos no CPC parece permitir concluir que pode também o recorrido ampliar o objeto do recurso, nos termos do art. 636.º do CPC.

tar as eventuais nulidades, o que se compreende, pois tal requerimento é primacialmente dirigido ao tribunal *a quo,* enquanto a alegação é para ser apreciada pelo tribunal *ad quem.* Dos despachos que recaíram sobre tais arguições poderá haver recurso se se reunirem os respetivos pressupostos. Em processo civil, este tema é tratado de modo diferente no art. 617.º do respetivo Código.

Mas já é idêntico o tratamento entre os dois ramos processuais no que tange à impugnação da **matéria de facto** (CPC, art. 640.º), porquanto devem ser indicados os concretos pontos da matéria de facto a rever e, bem assim, os respetivos meios de prova e ainda a nova versão que deles resultará. Naturalmente, que nas conclusões do recurso também, ainda que de forma sumária, devem ser plasmados estes três requisitos.

3. Efeitos

Em consonância com os princípios da celeridade, a **apelação** laboral tem, em regra, efeito meramente devolutivo e sem necessidade de declaração em tal sentido, como se dispõe no art. 83.º, n.º 1. Apenas tem efeitos suspensivos nos casos residuais previstos nas alíneas b) a e) do n.º 3 do art. 647.º do CPC.

Porém o recorrente poderá requerer o efeito suspensivo, mediante a prestação de uma caução "da importância em que foi condenado, por meio de depósito efetivo na C.G.D (agora por DUC) ou por meio de fiança bancária ou seguro-caução", no prazo fixado pelo juiz até 10 dias. Como já adiante se acentua, a atribuição do efeito suspensivo no recurso que decrete a **providência cautelar de suspensão de despedimento** só é possível por depósito de quantia correspondente a seis meses de retribuições (art. 40.º).

Relativamente ao valor da **caução**, ainda que lavrado em 2006 e reportando-se ao Código anterior, pelo S.T.J. foi uniformizada a jurisprudência nos seguintes termos: "o montante da caução que a parte vencida tem a faculdade de prestar, nos termos do artigo 79.º, n.º 1, do Código de Processo do Trabalho de 1981, para obter o efeito suspensivo do recurso de apelação, deve corresponder ao quantitativo provável do crédito, abrangendo quer a parte líquida quer a parte ilíquida da condenação"[295].

[295] Publicado no Diário da República, 1.ª série, de 24 de outubro de 2006 (Rel Cons. Sousa Grandão).

Este incidente da prestação de caução é processado nos próprios autos e não em apenso[296], como é estipulado no n.º 5 do mesmo art. 83.º e, assim, divergindo da tramitação do incidente para prestação de caução no regime cível e na suspensão do despedimento.

4. Subida e julgamento

Em princípio, sobem ao tribunal superior nos próprios autos as apelações da decisão final, que, normalmente, constam de sentença, mas também podem resultar de simples despacho. As restantes sobem em separado, isto é, em novos autos organizados para o efeito. É o que resulta dos arts. 83.º-A do CPT e 645.º do CPC.

Como o recurso é apresentado no tribunal "a quo", ou seja o que proferiu a decisão sob recurso, deverá o respetivo juiz verificar a sua admissibilidade, a tempestividade, conferir a legitimidade do recorrente, a recorribilidade da decisão, o pagamento de taxa de justiça ou sua isenção e, bem assim, as alegações com conclusões, nomeadamente a indicação (e registo) dos factos que se consideram indevidamente apurados, os respetivos meios probatórios e a proposta de decisão defendida como sendo a correta (arts. 82.º, n.º 1 do CPT e 641.º do CPC).

Também o despacho a negar (ou a permitir indevidamente) a subida de algum recurso ao tribunal superior é passível de reclamação. O indeferimento de tal reclamação implica a sua subida ao tribunal superior "para que o relator decida a questão no prazo de cinco dias" (art. 82.º, n.º 4). Não há, pois, suscetibilidade de recurso em tal matéria, mas resultando efeito semelhante da reclamação.

Não obstante o vocábulo que consta da epígrafe do art. 82.º, deixou de haver a possibilidade do recurso ficar em **retenção**, como salienta Abrantes Geraldes (ob. cit., pág. 60).

No **julgamento** do recurso de apelação é observado o dispositivo do CPC, mas, como se preceitua no art. 87.º, n.º 3, o **parecer do M. P.** é notificado às partes que poderão responder, exercendo o contraditório.

Também "as decisões interlocutórias impugnadas com a sentença final... não podem ser objeto de revista a não ser "nos casos em que o

[296] A prestação de caução é regulada, como processo especial, no art. 906.º e sgs. da CPC. Como incidente de uma causa seria processada por apenso, nos termos do art. 915.º e poderia ter natureza urgente.

recurso é sempre possível" e em caso de contradição de julgados (671.º, n.º 2).

5. Recurso nos procedimentos cautelares

Nos procedimentos cautelares em geral há que ter em conta as regras do art. 370.º do CPC, que restringem o recurso em matéria de inversão do contencioso e ainda quanto ao recurso de revista, que, em regra, é vedado.

Porém, como acima se referiu, no **procedimento cautelar especial de suspensão de despedimento** a decisão final que decrete ou não a providência é passível de recurso para a Relação, portanto independentemente do valor dado à causa, conforme se dispõe no n.º 1 do art. 40.º. Porque se trata de uma decisão que põe termo a um processo classificado como urgente, o prazo de interposição é de 10 dias, de conformidade com o estatuído no n.º 1 dos art.s 79.º-A e 80.º n.º 2, acabando aquele para remeter para o art. 638.º, n.º 1 do CPC. Por sua vez, este prazo pode ser acrescido de 10 dias se o recurso tiver por objeto a prova gravada. Em consequência aquela decisão só poderá transitar em julgado vinte dias após a data da notificação aos mandatários (arts. 24.º, n.º 4 e 80.º, n.º 3), o que se encontra na esteira dos arts 370.º e 363.º do CPC aplicáveis *ex vi* do art. 32.º, n.º 1.

Tal recurso de apelação tem, como é regra, efeito meramente devolutivo. Mas se a decisão recorrida tiver decretado a requerida suspensão do despedimento, o efeito suspensivo só é viável se o recorrente "depositar no tribunal a quantia correspondente a seis meses de retribuição do recorrido, acrescida das correspondentes contribuições para a segurança social". E, subsistindo a situação de desemprego, o recorrido pode requerer o pagamento ao tribunal "a quo" da sua retribuição "por força do depósito", portanto, até ao seu montante.

Segundo Abílio Neto, o referido depósito "deve ter lugar em simultâneo com o ato de interposição do próprio recurso, através da dedução do incidente regulado no (atual) art. 915.º do CPC, sendo ineficaz quando tenha lugar em data posterior"[297].

[297] Código de Processo do Trabalho Anotado, 5.ª ed., Ediforum, Lisboa, 2011, pág. 123.

6. Recurso de revista e *per saltum*

São poucas as especialidades previstas na lei processual laboral no que respeita a este recurso de revista (para o S.T.J.), convindo, no entanto, sintetizá-las.

Desde logo, conforme se estabelece no n.º 1 do art. 80.º do CPT, o **prazo de interposição** deste recurso de revista é de 20 dias, naturalmente a contar da notificação do acórdão da relação proferido no recurso de apelação. E será de 15 dias na revista apresentada no âmbito dos n.os 2 e 4 do art. 671.º do CPC (certos acórdãos proferidos na pendência do processo na Relação).

Igualmente "se aplica ao foro laboral o regime restritivo previsto no art. 671.º, n.º 3, que estabelece a ***dupla conforme***"[298]. Em consequência, o recurso de revista, em princípio, não será viável quando o tribunal da Relação confirmar, sem voto de vencido e sem fundamentação essencialmente diferente, a decisão de primeira instância.

Por outro lado, há a ter em conta a **revista excecional** prevista e regulada no art. 672.º do CPC (que até ultrapassa a regra da dupla conforme) que pode ser deduzida numa das seguintes situações:

- questão de relevância jurídica;
- estejam em causa interesses de particular relevância social;
- contradição entre acórdãos dos tribunais superiores (na vigência da mesma lei e sobre a mesma questão fundamental de direito).

Estando em causa um despedimento individual, recentemente, o Supremo julgou que "não há dados que suportem o entendimento de que estão em causa interesses de particular relevância social, pelo que não se preenche o fundamento da revista excecional"[299].

Também se integra no direito processual laboral, o **recurso "per saltum"** previsto no art. 678.º do CPC, o qual é interposto de uma sentença ou do saneador-sentença, diretamente para o Supremo, acontecendo o mesmo com o **julgamento ampliado da revista** para uniformização da jurisprudência (art. 686.º). Para tanto é necessário fazer uma interpretação extensiva das "secções cíveis" de molde a ser englobada a sec-

[298] António Santos Abrantes Geraldes, cit. Recursos no Processo de Trabalho, pág. 158.

[299] Ac. do STJ, de 17-12-2009 [Rel. Cons. Mário Pereira] in C.J.S, Ano XVIII, Tomo III/2009, pág. 264.

ção social do S.T.J.. Estes acórdãos serão publicados na 1.ª série do Diário da República com numeração anual própria, como resulta da Lei Formulária.

A propósito, convém realçar que no processo laboral especial de "ação de **anulação e interpretação de cláusulas de convenções coletivas de trabalho**", disciplinado nos arts. 183.º a 186.º do CPT, o acórdão do S.T.J. "tem o valor ampliado da revista em processo civil e é publicado na 1.ª série do jornal oficial (Diário da República, portanto) e no *Boletim do Trabalho e Emprego*".

XI
Processo de Execução

1. Execução laboral

De harmonia com a LOSJ (art. 126.º, n.º 1, m)), os juízos do trabalho, mesmo nas circunscrições abrangidas por juízos de execução, têm **competência para a execução** não só das suas decisões[300], como de outros títulos executivos que respeitem a matéria da sua competência, incluindo as coimas em matéria de direito do trabalho e da segurança social, quer tenham sido aplicadas pelas entidades administrativas, quer pelo próprio tribunal[301-302].

Em consequência, as decisões dos tribunais ou juízos do trabalho são executadas no seu âmbito, mesmo que na comarca existam juízos de execução. Haverá ainda que ter presente as **disposições especiais sobre execuções**, nomeadamente as de competência para a execução fundada em sentença (art. 90.º do CPC e as seguintes aplicáveis às novas comarcas).

[300] Incluindo de cheque consubstanciando uma prestação retributiva originada no cumprimento de contrato de trabalho (Ac. do TRP, de 30-04-98). Mas não a sentença brasileira devidamente revista e confirmada em Portugal por nao constituir título executivo bastante contra empresa portuguesa porque esta não foi demandada, nem condenada na ação declarativa em que aquela sentença foi proferida (Ac. do STJ, de 13-01-2010 [Rel. Cons. Sousa Peixoto] in C.J.S., Ano XVIII, Tomo 1/2010, pág. 235).

[301] Conforme Abílio Neto, cit. Código de Processo do Trabalho Anotado, 5.ª ed., pág. 273.

[302] A relação entre as ex-secções de execução e de trabalho já está esboçada por Rui Pinto, *in* Manual da Execução e Despejo, Coimbra Editora, 2013, pág. 66.

Para encetar tais execuções (ou quaisquer outras), é necessário que o direito (do credor) já se encontre definido através do denominado **título executivo**. Nos domínios de direito processual de trabalho podem ainda ser títulos executivos (para além dos que se prevêem no art. 703.º do CPC), os autos assinados no âmbito do SML, no serviço de mediação dos julgados de paz, os autos de conciliação (art. 88.º do CPT) e as decisões finais sobre os procedimentos cautelares de suspensão de despedimento para as retribuições em dívida[303] (art. 39.º n.os 2 e 3 e 43.º do CPT). Conforme se salientou (no capítulo V, n.º 3), os **acordos extrajudiciais promovidos pelo magistrado do MP**, no processo prévio ao declarativo, consubstanciados em documento por ele autenticado, não podem deixar de constituir título executivo, quer por interpretação extensiva do art. 88.º-B, quer pelo poder de autenticação conferido a outras entidades pelo DL 76-A/2006, de 29 de março.

Também, conforme art. 53.º do CPC, será imprescindível a **legitimidade** quer do exequente, quer do executado, os quais devem estar identificados no título executivo.

Diferentemente do que se passava até 2009[304], o **processo de execução laboral** passou a ficar uniformizado com o correspondente processo civil, regulado no art. 724.º e sgs. do CPC, como, pleonasticamente, se evidencia no art. 98.º-A do CPT. Assim, haverá a execução laboral de iniciar-se com o **requerimento executivo**[305], a designação do **agente de execução**, que inicia as diligências prévias com vista à penhora de direitos sobre bens ou outros, podendo em certos casos, submeter o processo a despacho liminar, passando à penhora ou citação do executado. Ainda o agente de execução pode ser substituído por oficial de justiça (CPC, art. 722.º). Também a sua função pode ser desempenhada por advogado com o curso de agente de execução.

O requerimento executivo, é apresentado em **formulário próprio**, dirigido ao tribunal do trabalho competente, através da sua inserção no

[303] Desde que "o empregador, até ao último dia de cada mês subsequente à decisão"... não "juntar documento comprovativo dos seus pagamentos", conforme se dispõe na parte final do n.º 2 do art. 39.º.

[304] E na sequência da reforma estabelecida pelo DL n.º 226/2008, de 20 de novembro.

[305] Regulado no extenso art. 810.º do CPC.

sistema informático[306]. A sua apreciação é feita pelo agente de execução, que poderá submetê-lo a despacho liminar do juiz, quando verifique existir algum fundamento ou nos casos previstos no art. 726.º do CPC.

Nas execuções, o **juiz**, para além da supervisão do processo, nele intervém nas questões revestidas de natureza jurisdicional ou na sequência de intervenção provocada por parte do agente de execução, do exequente, do executado ou de terceiro com interesse para tanto.

Atualmente, de conformidade com o disposto no art. 626.º do CPC, o autor ou reconvinte poderá requerer (por meio eletrónico) e ainda em sede de ação declarativa, a denominada **execução imediata da sentença**, isto é, que a sentença que vier a ser proferida seja imediatamente executada, podendo logo indicar o agente de execução e os bens a penhorar. Em tal situação, logo após o trânsito em julgado, a secretaria envia ao agente cópia da sentença para imediata penhora dos bens do executado. Tal execução só será suspensa se a sentença for cumprida no prazo de 20 dias.

O trânsito em julgado da sentença nem sempre constitui **requisito da sua exequibilidade**, pois pode ser instaurada execução de sentença que tenha sido objeto de recurso com efeito meramente devolutivo. Todavia, em tal situação, "não pode o exequente ou qualquer credor ser pago sem prestar caução" (CPC, arts. 702.º e 704.º).

A obrigação constante de título executivo deve ser **certa, líquida e exigível**[307]. Quando o não for, o exequente tem de providenciar, a título de questão prévia, para que assim passe a ser ao instaurar a execução (CPC, arts. 704.º, n.º 6; 712.º e 716.º). Segundo Joel Timóteo Ramos Pereira,[308] "tratando-se de liquidação fundada em sentença (**liquidação em execução de sentença**), os preceitos introduzidos pela reforma do processo executivo são omissos quanto à sua tramitação ...por conseguinte, não havendo agora tramitação específica, deverá ser seguida a tramitação prevista no incidente dos arts. 358.º e sgs. do CPC", ou seja, o **incidente de liquidação**.

[306] Mas, na sequência da reforma de 2013, o processo apenas é distribuído após o pagamento de uma provisão inicial destinada ao agente de execução.

[307] Para além de liberta de alguma condição ou outra dependência, cfr. art. 715.º e sgs. do CPC.

[308] Ob. cit. volume IV, Processo Executivo, Tomo I, 5.ª ed. (2011), pág. 54.

Hoje em dia, na generalidade dos casos, a penhora deve ser efetuada (pelo agente de execução) sem **citação prévia do executado**, conforme se encontra previsto no art. 727.º do CPC. Mesmo nos restantes casos, o exequente poderá requerer a dispensa da citação prévia do executado (art. 727.º n.º 3).

O executado pode defender-se por **oposição** à execução, através da apresentação de embargos[309], para além da oposição à penhora (arts. 784.º e sgs.).

A execução, inclusive no âmbito das relações laborais subordinadas, pode ser específica e por sucedâneo em valor equivalente. Pode assumir uma das três formas:

- Para **pagamento de quantia certa**, como seja: pensão, retribuição ou indemnização (art. 724.º e sgs.).
- Para **entrega de coisa certa**, nomeadamente objeto retido pelo empregador ou pelo trabalhador (art. 859.º do CPC).
- Para **prestação de facto** fungível ou não fungível, como por exemplo, a reintegração do trabalhador ou concessão de cuidado médico e para prestação de facto negativo, como seja a proibição de ameaças ou certas práticas de assédio e ainda com ou sem execução de sanção pecuniária (art. 868.º do CPC).

Poderão, no entanto, no processo executivo laboral verificar-se algumas **especificidades**, aliás de pouco relevo, que se passam a analisar.

2. Especificidades eventuais

A primeira destas especificidades diz respeito à execução de **direitos irrenunciáveis ou indisponíveis**, prevista no art. 90.º do CPT.

Efetivamente, ao titular de tais direitos irrenunciáveis é concedido um prazo de 30 dias a contar do trânsito em julgado da sentença para apresentar o seu requerimento executivo[310]. Mas se não tiver tal iniciativa e se não for comprovada a "extinção de dívida no prazo" indicado, "o tribunal,

[309] Os embargos de terceiro poderão ser utilizados quando a penhora ou outro ato judicial de apreensão ou entrega de bens ofenda direitos de terceiro (art. 342.º do CPC).

[310] A abertura do procedimento extra-judicial pré-executivo (PEPEX), aprovado pela Lei n,º 32/2014, de 30 de maio e regulamentado pela P. 233/2014, de 14 de novembro, deverá servir para demonstrar o início da cobrança.

oficiosamente, ordena o início do processo executivo, cujas diligências de execução são realizadas pelo oficial de justiça" e não pelo agente de execução. Pode, nesta situação, haver **execução oficiosa**, também aplicável na execução "com trato sucessivo" da decisão final no procedimento cautelar de suspensão de despedimento, conforme se dispõe no n.º 3 do art. 39.º.

Na esteira do expressado por Abílio Neto[311], devem considerar-se como **irrenunciáveis** os créditos emergentes de acidente de trabalho e de doença profissional e os derivados da tutela dos direitos de personalidade e proteção da parentalidade. Cremos que também se devam considerar irrenunciáveis, os créditos salariais correspondentes à retribuição mínima mensal, a férias...

Outra especificidade é relativa à **exclusão de reclamação de créditos** em certas execuções. Mais concretamente, nas execuções para pagamento de quantia certa baseadas em qualquer título, não é admitida a reclamação de créditos[312] desde que:

- o seu valor não exceda a alçada do tribunal de primeira instância (€ 5.000,00); e,
- recaia sobre bens móveis ou direitos que não tenham sido dados de penhor, com exceção de estabelecimento comercial.

Mas ainda dentro deste quadro, em termos diferentes dos que são estabelecidos no art. 788.º do CPC, há exceções no sentido de ser possível e lícita a **reclamação de créditos** por outros credores que gozem do direito de retenção ou de garantia real, com registo anterior ao da penhora ou até posteriormente mesmo sem serem citados para a reclamação.

3. Garantias dos créditos laborais

Aos créditos dos trabalhadores em relação ao seu empregador que se encontrem em incumprimento ou mora, para além da garantia geral[313], assiste-lhes uma garantia especial, mais concretamente os **privilégios**

[311] Ob. cit., pág. 215.

[312] A reclamação de créditos está regulada no art. 788.º e sgs. do CPC, sendo concedida "ao credor que goze de garantia real sobre bens penhorados...".

[313] Código Civil, art. 601.º: *Pelo cumprimento da obrigação respondem todos os bens do devedor suscetíveis de penhora...* A relação destes bens penhoráveis resulta do art. 735.º e sgs. do CPC.

creditórios, mobiliário geral e imobiliário especial sobre os imóveis (pertencentes ao património imobilizado da empresa) onde o trabalhador presta a sua atividade, como é enunciado no n.º 1 do art. 333.º do CT, e não os que são construídos para revenda [314]. A concessão de tais direitos por esta disposição legal, numa perspetiva mais ampla do que na lei anterior[315], tem em atenção a natureza e "a origem de tais créditos"[316], conforme resulta da sua noção legal traçada no art. 733.º do CC.

Em consequência, aqueles créditos gozam do privilégio, isto é, têm *preferência*[317] no pagamento em relação a outros credores, sobre o produto da venda dos bens móveis e certos imóveis do devedor. E serão mesmo graduados acima de outros credores privilegiados, nomeadamente do Estado como credor de diversos impostos e da segurança social. *Significa isto*, como escreve Joana Vasconcelos, *que tais créditos prevalecem, não apenas sobre os demais créditos com privilégio mobiliário geral, como, ainda, sobre os créditos com privilégio mobiliário especial enunciados naquele preceito, cedendo unicamente perante os privilégios por despesas de justiça, previsto no art. 746.º do Código Civil*[318].

Este regime veio colocar os créditos laborais numa ótima posição para serem ressarcidos na sequência da execução dos bens da entidade empregadora. Anota-se ainda que "o privilégio creditório (mobiliário ou imobiliário) abrange os **juros** relativos aos últimos dois anos, se forem devidos" (art. 734.º do CC) como é o caso dos créditos laborais culposamente em mora (art. 323.º, n.ºs 1 e 2, do CT).

4. Graduação dos créditos laborais

Como referido, os privilégios creditórios laborais permitem a graduação dos créditos laborais, e, portanto, a sua satisfação, em princípio, antes de outros créditos também com privilégios, como sejam as contribuições em

[314] Ac. do STJ de 13-01-2015, Rel. Fernandes do Vale [dgsi].

[315] Lei dos Salários em Atraso – Lei n.º 17/86, de 14 de junho, com alterações, nomeadamente pela Lei n.º 96/2001, de 20 de agosto, sobre privilégios creditórios.

[316] Antunes Varela, Das Obrigações em Geral, vol. II, 7.ª ed., Almedina, Coimbra, 1997, pág. 571.

[317] Salvador da Costa, O Concurso de Credores, Almedina, Coimbra, 1998, pág. 170.

[318] Sobre a Garantia dos Créditos Laborais no Código do Trabalho, artigo *in* Estudos de Direito do Trabalho em Homenagem ao Professor Manuel Alonso Olea, Almedina, Coimbra, 2004, pág. 325.

dívida à segurança social, os créditos fiscais e das autarquias. Por outras palavras, os créditos dos trabalhadores reivindicados judicialmente, em caso de venda judicial do património do devedor, quer em processo de execução (civil, laboral ou fiscal), quer no processo de insolvência, gozam de preferência no pagamento (pelo produto dos indicados bens). Preferência esta que ultrapassará a de todos os restantes créditos, nomeadamente os estatais e com garantia real (hipoteca, penhor)[319] e apenas decai em relação aos créditos que gozem de privilégio mobiliário mais forte, resultantes de despesas do funeral, doença e sustento do devedor (os quais, obviamente, não se verificam quanto a pessoas coletivas) e os créditos da justiça. Porque não estão sujeitos a registo "constituem uma garantia oculta"[320].

Face aos interesses em causa, tem-se discutido se tais privilégios devem ou não preferir às **garantias reais**, nomeadamente às hipotecas. Apreciando a questão, o Tribunal Constitucional julgou, com força obrigatória geral, a favor da prevalência da hipoteca em relação aos privilégios creditórios do Estado e da segurança social. Todavia, ainda que em relação à lei laboral anterior, julgou, já em 22 de outubro de 2003, que "o privilégio imobiliário geral... conferido aos créditos emergentes do contrato individual de trabalho prefere à hipoteca"[321].

Acontece, porém, que o Código da Insolvência e da Recuperação de Empresas (CIRE),[322] que entrou em vigor em 15 de setembro de 2004, parece não estar em consonância com o aduzido sistema do Código do Trabalho. Na realidade, "a contrario" do estipulado no art. 97.º daquele CIRE, os privilégios que assistem aos créditos dos trabalhadores, ao invés de outros a favor do Estado, autarquias e segurança social (todos com mais de 12 meses), não se extinguem com a declaração da insolvência. Porém, depois de se regular os pagamentos das dívidas da massa insolvente (no

[319] António Carvalho Martins, Concurso de Credores Reclamação ... 2.ª ed. Coimbra Editora, 2001, pág. 110.

[320] L. Miguel Pestana de Vasconcelos, Direito das Garantias, 2.ª ed., Almedina, Coimbra, 2013, pág. 400.

[321] Acórdão n.º 498/2003, publicado no Diário da República, 2.ª série, de 3/1/2004 (www.tribunalconstitucional.pt).

[322] Aprovado pelo DL. n.º 53/2004, de 18 de março, após autorização legislativa conferida pela Lei n.º 39/2003, de 22 de agosto e alterado e republicado pelo DL n.º 200/2004, de 18 de agosto, na última versão dada pelo DL n.º 79/2017, de 30 de junho.

art. 172.º) impõe-se que "liquidados os bens onerados com *garantia real e abatidas as correspondentes despesas, é imediatamente feito o pagamento aos credores garantidos* em respeito com a prioridade que lhes caiba". No mesmo sentido, sob a epígrafe **pagamento aos credores privilegiados,** dispõe-se no n.º 1 do art. 175.º, que "o pagamento dos créditos privilegiados é *feito à custa dos bens não afetos a garantias reais prevalecentes*, com respeito da prioridade que lhes caiba, e na proporção dos seus montantes, quanto aos que sejam igualmente privilegiados"[323].

Assim, parece que em processo de insolvência do produto da venda dos bens, em primeiro lugar serão pagas as dívidas da massa insolvente, a seguir serão pagas as dívidas com garantia real pelo produto dos bens sobre os quais recaiam, depois serão pagos os créditos privilegiados dos trabalhadores, seguindo-se o pagamento aos credores comuns e subordinados[324]. Como escreve o Conselheiro Salvador da Costa *os créditos laborais envolvidos de privilégio mobiliário geral ou imobiliário geral não preferem no processo de insolvência aos direitos de créditos garantidos por penhor ou hipoteca, respectivamente.* E adianta, *assim, no processo de insolvência, os direitos de crédito garantidos por hipoteca sobre imóveis apreendidos para a massa prevalecem sobre os direitos de crédito da titularidade dos trabalhadores garantidos por privilégios imobiliários gerais relativos àqueles bens*[325]. Mas em sentido diferente julgou o S.T.J., já em 2010[326]. Anota-se ainda que no âmbito do processo especial de revitalização (PER), os créditos laborais não gozam de tratamento especial (Lei n.º 16/2012, de 20 de abril).

Deixando o processo de insolvência e considerando o **processo de execução** verifica-se que a graduação dos créditos terá lugar de harmonia com o estatuído no art. 791.º do CPC, que é complementado pelas disposições do capítulo do CC relativas às garantias das obrigações (art. 601.º e sgs.), onde se insere o regime dos privilégios creditórios. É neste

[323] O itálico usado nas duas frases é nosso. Para o CIRE os créditos sobre a insolvência são classificados como garantidos (por garantias reais), privilegiados, comuns e subordinados (art. 47.º, n.º 4 a)).

[324] Neste sentido A. Raposo Subtil, Matos Esteves, Maria João Esteves e Luís M. Martins, Código da Insolvência e da Recuperação de Empresas, Vida Económica, Porto, 2004, pág. 254. No mesmo sentido, Ana Prata e outros, Código da Insolvência e da Recuperação de Empresas Anotado, Almedina, Coimbra, 2013, pág.486.

[325] O Concurso de Credores, 3.ª ed., Almedina, Coimbra, 2005, pág. 364.

[326] Ac. de 08-06-2010, Rel. Cons. Maria dos Prazeres Pizarro Beleza, Proc. 3147/04 [dgsi].

regime, que avulta o art. 751.º[327] contendo o seguinte dispositivo: "os privilégios imobiliários especiais... preferem à consignação de rendimentos, à hipoteca ou ao direito de retenção, ainda que estas garantias sejam anteriores".

Deste modo, ao contrário do que acontecerá no processo de insolvência, no processo de execução, propriamente dito, a graduação dos créditos laborais far-se-á conforme o preceituado no n.º 2 do art. 333.º do CT. Salienta-se ainda que aos trabalhadores assiste um direito de reclamação dos seus créditos mais favorável, como resulta no n.º 6 do art. 788.º do CPC. Neste sentido, opina o Conselheiro Salvador da Costa ao escrever que o privilégio imobiliário, *deixou de abranger todos os imóveis do empregador ao tempo da penhora ou acto equivalente, e passou a abranger apenas aqueles em que os trabalhadores exercem ou exerceram a sua actividade profissional, mas assumiu a virtualidade de ser oponível a terceiros que adquiram o prédio ou algum direito real sobre ele e de preferir à consignação de rendimentos, à hipoteca e ao direito de retenção ainda que estas últimas garantias sejam de constituição anterior*[328].

Nas **execuções fiscais**, no seu sentido mais amplo e que se inserem no âmbito do Código de Procedimento e de Processo Tributário[329], atento o disposto nos seus arts. 2.º e) e 148.º e sgs. deverão observar-se as mesmas regras da execução civil que se acabam de aludir. Efetivamente, tal Código não contém normas específicas sobre a graduação de créditos, e nele apenas se prevê a reclamação de créditos pelos credores que gozem de garantia real (art. 240.º), sendo certo que, nos termos do artigo anterior, os credores preferentes serão citados por anúncio e éditos de 20 dias.

5. O título executivo europeu

Conforme deriva da lei da organização judicial é reconhecida competência aos tribunais de trabalho para as execuções fundadas nas suas decisões ou noutros títulos executivos ressalvada a competência atribuída a outros tribunais.

[327] Na redação conferida pelo DL n.º 38/2003, de 8 de março, entrada em vigor em 15/9/2003 (reforma da ação executiva).

[328] Ob. cit., pág. 318.

[329] Lei n.º 15/2001, de 6/5, já com diversas alterações.

Assim, desde que inserido nas matérias da competência dos juízos do trabalho, também se podem desenvolver processos baseados em **título executivo europeu**. Este é um certificado com validade em quase toda a União[330] permitindo que as decisões e as transações judiciais e até outros instrumentos que provem haver créditos não contestados possam servir de instrumento executivo noutro Estado. Situa-se no campo de direito privado, nomeadamente em matéria civil e comercial, mas também na área laboral, que não é excluída[331].

[330] Regulamento (CE) n.º 805/2004, do Parlamento e do Conselho, de 21/4/2004, alterado pelo Regulamento n.º 1869/2005, de 24/11/2005.
[331] Para desenvolvimento v. Paula Costa e Silva, O Título Executivo Europeu, Coimbra Editora, 2005.

PROCESSOS ESPECIAIS

XII
Ação de Impugnação Judicial da Regularidade e Licitude do Despedimento

1. Âmbito do processo

De conformidade com a norma, de cariz protetor, do n.º 1 do art. 387.º do CT "a regularidade e licitude do despedimento só pode ser apreciada pelo tribunal judicial"[332]-[333]. Naturalmente, o **tribunal judicial competente** é o juízo do trabalho do tribunal da comarca. É, portanto, afastada de tal competência o tribunal arbitral ou outro meio alternativo. Na sua vertente territorial, tal competência é delimitada pelas regras dos arts. 10.º e 14.º do CPT.

Por outro lado, em consonância com o disposto no n.º 2 do mesmo artigo do CT, a impugnação judicial do despedimento (nem todas as suas formas, como se verá) passou a exercer-se mediante um **processo judicial especial**, que tem por objetivo, proclamado oficialmente, a celeridade no julgamento, o que logo se verifica pelo encurtamento do prazo para propor a ação em tribunal. No essencial inverte-se a lógica processual, transferindo quase todas as "despesas" do processo para o ex-empregador, que

[332] Os fundamentos constam do Livro Branco das Relações Laborais, MTSS, 2007, pág. 110. Ainda o Livro Verde das Relações Laborais, MTSS, 2006. Resulta do acordo de concertação social, de 25 de junho de 2008 (www.ces.pt).

[333] Inspirado no art. 103.º e sgs. da antiga Ley de Procedimento Laboral espanhola, aprovada pelo Real Decreto Legislativo 2/1995, de 7 de abril.

pôs em causa a "segurança no emprego", proclamada no art. 53.º da CRP, passando a ser, simultaneamente, requerido e "autor" no processo judicial e, isto, depois de ter sido obrigado a instruir um complexo processo ou procedimento para a declaração do despedimento.

Enumera o legislador a **"regularidade" e a "licitude"** do despedimento". Parece, "primo conspectu" que os termos de tal distinção se reportariam à regularidade processual e à licitude substancial do despedimento. Mas tal entendimento deixa algumas dúvidas porque a ilicitude do despedimento, conforme expresso nos arts. 381.º a 385.º, também pode resultar de aspetos meramente formais ou processuais. Não se vislumbra, portanto, qual é o interesse da distinção entre a "regularidade" e a "licitude" do despedimento, que não pode deixar de ser aquela, que se fundamenta na parte inicial do texto do n.º 2 do art. 389.º do CT, onde se declara que "no caso de mera irregularidade fundada em deficiência de procedimento por omissão de diligências probatórias", que se contrapõe ao "despedimento declarado ilícito" previsto no n.º 1.

Em desfavor do trabalhador despedido é o novo **prazo de caducidade**[334] para iniciar este processo, que passou a ser de 60 dias "contados a partir da receção da comunicação de despedimento ou da data da cessação do contrato, se posterior"[335], subentenda-se, relativamente àquela comunicação. Acontece que, incongruentemente, o prazo geral de prescrição dos créditos do trabalhador sobre o empregador mantém-se em "um ano a partir do dia seguinte àquele em que cessou o contrato de trabalho", nos precisos termos do n.º 1 do art. 337.º do mesmo Código do Trabalho. E tais créditos não são apenas os emergentes de contrato de trabalho e da sua violação, mas também os créditos resultantes de cessação de contrato, mas que não se enquadram no âmbito desta nova ação com processo especial, como sejam direitos que se vençam com o finamento do contrato, como por exemplo, as prestações de um seguro, de um fundo de pensões ou de ressarcimento por formação profissional não ministrada.

Mas, dada a configuração do art. 387.º, n.os 1 e 2, e do artigo seguinte do CT e da primeira parte do art. 98.º-C do CPT torna-se evidente que neste

[334] *Ex vi* do disposto no n.º 2 do art. 298.º do CC.

[335] Exceto no caso do despedimento coletivo, em que se manteve tal prazo em seis meses (art. 388.º do CT).

processo especial apenas cabe a **"regularidade e licitude" de qualquer despedimento**, desde que seja:

- individual,
- comunicado por escrito,
- e o contrato de trabalho seja incontroverso.

Portanto, só podem ser apreciados através deste **processo especial** que, assim, apenas se aplicará à impugnação judicial do **despedimento individual**, a cessação do contrato de trabalho:

- por facto imputável ao trabalhador (art. 351.º e sgs. do CT);
- por extinção de posto de trabalho (art. 367.º e sgs. do CT); e,
- por inadaptação (art. 373.º e sgs. do CT).

Em consequência, se o despedimento individual for verbal ou tacitamente concretizado, se se basear na caducidade do contrato ou for discutível a natureza do contrato, já o processo a utilizar será o comum, cujo prazo para a sua dedução é ainda de um ano (e de prescrição), conforme se dispõe no art. 337.º do CT, mesmo quando tenha havido "uma alegada verificação de um despedimento legal, em momento ulterior confirmado por decisão escrita"[336]. O mesmo acontecerá em caso da cessação do contrato resultar da revogação por acordo ou se a questão dimanar de qualquer outro direito ou dever resultantes do contrato de trabalho[337].

Aquele requisito de que este novel processo apenas se aplicará ao despedimento ***comunicado por escrito*** não resulta do texto do art. 387.º do CT, tendo sido introduzido pela lei de autorização legislativa[338] e, assim, ficado a constar do n.º 1 do art. 98.º-C do CPT.

[336] Ac. do STJ, de 05-06-2013, Proc. 247/11.4TTGMR.P1.S1, Rel. Cons. Isabel São Marcos [dgsi].

[337] Cfr. Messias de Carvalho, Acção de Impugnação Judicial de Regularidade e Licitude do Despedimento, Estudos n.º 5, IFPA, Porto, 2010, pág. 8.

[338] Lei n.º 76/2009, de 13 de agosto, art. 2.º, alínea n), em que se prevê a aplicação "aos casos em que seja comunicada por escrito ao trabalhador a decisão de despedimento individual, seja por facto imputável ao trabalhador, seja por extinção do posto de trabalho, seja ainda por inadaptação".

O regime deste novo processo (como as restantes inovações e alterações ao CPT) passou a vigorar em 1 de Janeiro de 2010[339], "aplicando-se às ações que se iniciem após a sua entrada em vigor", nos termos do art. 6.º do DL n.º 295/2009. No entanto, logo se pôs a questão de saber se se aplicaria aos despedimentos individuais operados, por escrito, nos 60 dias anteriores.

Em consonância com o princípio da aplicação imediata da lei processual, ínsito na parte final do n.º 2 do art. 12.º do Código Civil, deveria a nova lei já se aplicar à impugnação de tais despedimentos, que ainda não se tivesse verificado[340]. No entanto, não foi esta a lógica que prevaleceu, considerando-se que o novo regime "só é aplicável aos despedimentos individuais cujo procedimento se inicia após a entrada em vigor da legislação que reviu o CPT, ou seja, a partir de 01/01/2010"[341]-[342].

2. Requerimento inicial

Na perspetiva de que a impugnação do despedimento deve ser simples e rápida, para além do indicado prazo de 60 dias[343], deve o processo iniciar-se pela "*apresentação de requerimento em formulário próprio*"[344] conforme é determinado no novo art. 98.º-D do CPT. Naturalmente, sendo dois ou mais empregadores terá que se fazer um enxerto ao formulário.

Como resulta da parte final do antecedente art. 98.º-C, o requerimento tanto pode ser entregue em "formulário eletrónico ou em suporte de papel". O sistema "CITIUS" já dispõe de tal funcionalidade, mas só poderá ser usado por advogados. O MTSS, no seu sítio da internet, ainda não o disponibiliza e assim não ficando ao dispor de todos os trabalhadores despedidos. O suporte de papel inclui o que é remetido por fax ou

[339] DL n.º 295/2009, de 13 de outubro, altamente retificado pela Declaração n.º 86/2009, publicada em 23 de novembro, art. 9.º, n.º 1.

[340] Neste sentido, Messias Carvalho, ob. cit., págs. 8 a 14.

[341] Cfr. Ac. do T.R.L., de 19-05-2010, Rel. José Feteira, publicado in TSS, agosto/setembro de 2010, pág. 21.

[342] No mesmo sentido Ac. do T.R.L. de 05-05- 2010, [Rel. Des. Isabel Tapadinhas] in C.J. Ano XXXV, Tomo III/2010, pág. 147.

[343] Embora o trabalhador despedido tenha todo o interesse em apresentar tal requerimento dentro dos 30 dias após o despedimento, para evitar o desconto na compensação que lhe será atribuída em caso da ilicitude do despedimento, cfr. art. 390.º, n.º 2 b), do CT.

[344] Aprovado pela Portaria n.º 1460-C/2009, de 31 de dezembro.

telecópia, desde que seja observado o formulário referido, a que a lei (no art. 98.º-E) também designa de modelo[345].

Ainda quanto ao **requerimento conforme o formulário**, admite-se (no art. 98.º-E) que a secretaria, ou melhor o funcionário responsável pela secretaria, recuse o seu recebimento, mediante decisão tomada por escrito, com alguns dos fundamentos óbvios (falta de utilização do modelo próprio ou da identificação das partes ou da assinatura). Além disto nada impede que antes da recusa do recebimento possa haver um conselho no sentido do aperfeiçoamento e superação de tal falha.

Mas há ainda outro fundamento para a recusa e que já não nos parece curial. Trata-se de falta de junção da "decisão de despedimento". Pois, para além de falta de rigor de tal frase, que se tem de entender como referindo a falta do documento (escrito) onde consta a declaração de despedimento, verifica-se que está em conformidade com a lei processual (início do n.º 1 do art. 98.º-C do CPT) mas não com a lei substantiva (art. 387.º do CT) como já sublinhámos.

A autonomia da secretaria do tribunal, sendo de louvar, não poderá vincular o tribunal, pelo que nos parece poder haver reclamação para o juiz de tal recusa, de conformidade com a regra geral traçada no n.º 5 do art. 157.º do CPC (e até 559.º, n.º 1).

Relativamente à **taxa de justiça** inicial, a sua isenção de pagamento não está expressamente prevista para tal requerimento, sendo, à partida devida nos termos do Regulamento das Custas Processuais (RCP)[346], mas como não assume o escopo de uma petição, nem tal pagamento se prevê na minuta oficial, conclui-se que não é devida. A desnecessidade expressa de constituição de advogado, estabelecida logo no art. 98.º-B, não implica, por si só, a isenção no pagamento da taxa de justiça, que apenas se verificará se o trabalhador despedido for representado pelo MP ou pelos serviços jurídicos (gratuitos) do seu sindicato e não tenha rendimento superior a 200 UC, conforme o disposto na alínea h) do art. 4.º do RCP, ou ainda se lhe tiver sido concedido apoio judiciário (ou o tiver requerido)[347].

[345] Sobre a forma dos atos v. art. 131.º e sgs. do CPC e, sobre a sua comunicação, o art. 172.º.

[346] Cfr. art. 530.º, n.º 1 do CPC.

[347] Nos termos dos arts. 15.º b) do RCP e 552.º, n.º 4 do CPC.

Porém, há que considerar o especial regime do art. 98.º-P do CPT, quanto ao **valor da causa**, o qual será determinado, a final, pelo juiz "tendo em conta a utilidade económica do pedido, designadamente o valor de indemnização, créditos e salários *(sic)* que tenham sido reconhecidos". Mas para efeito de recurso em primeiro grau, o valor pode não interessar, dado que é sempre possível o recurso para a Relação, de conformidade com o preceituado na alínea a) do art. 79.º.

3. Ação e procedimento cautelar

Previne-se ainda (no n.º 2 do mesmo art. 98.º-C do CPT) a hipótese do trabalhador despedido haver requerido (nos 5 dias úteis após o despedimento[348]) a **providência cautelar da suspensão de tal despedimento**[349]. Como em tal caso, o trabalhador tem de requerer a impugnação judicial de regularidade e licitude do despedimento na própria petição do procedimento, *ex vi* do preceituado no n.º 4 do art. 34.º, fica, logicamente, dispensado de utilizar um novo requerimento com observância do dito formulário.

Aquele dispositivo do n.º 2 do art. 98.º-C não está em inteira consonância com o do n.º 4 do art. 34.º do CPT, onde, apenas implicitamente, se prevê que antes de intentado o procedimento cautelar, possa já ter sido deduzido, através do formulário, o pedido para a ação especial de impugnação judicial de regularidade e licitude do despedimento. Caso assim tenha acontecido, embora pouco provável, também tal facto terá de ser evidenciado no requerimento inicial do procedimento cautelar, sob pena deste ficar extinto. Na verdade, a existência dos dois processos urgentes (que, dada a sua natureza têm de ser apensados) terá de ser compatibilizada com a exigência legal e lógica no sentido de haver uma única tentativa de conciliação, para evitar que uma delas tenha lugar na audiência prévia da ação e a outra no início da audiência final do procedimento cautelar, com as inerentes delongas.

Assim sendo, terá de concluir-se que no requerimento inicial do procedimento cautelar (contra alguma das referidas formas de despedi-

[348] De conformidade com o preceituado nos arts. 386.º do CT e 34.º do CPT.

[349] Neste artigo voltou a chamar-se providência, quando, quer no CPC (art. 362.º e sgs.), quer no próprio CPT (art. 32.º e sgs.), muito corretamente, se passou a distinguir o procedimento da providência (que dele poderá resultar).

mento) terá de se alegar e demonstrar que já foi apresentada em tribunal a ação com processo especial ou, então, deduzi-la nesse mesmo requerimento[350]. Sendo assim terá de questionar-se se tal ação não poderá ser apresentada num dos cinquenta e tal dias posteriores ao da apresentação do requerimento inicial do procedimento cautelar. Face à imperatividade da norma do n.º 4 do art. 34.º do CPT, parece que a resposta terá de ser negativa. A falta da interposição da ação antes ou no próprio requerimento inicial do procedimento implicará a extinção do procedimento cautelar, ou melhor dizendo, a extinção da respetiva instância por impossibilidade ou inutilidade superveniente da lide (art. 277.º, e) do CPC). Em tal situação poderá ser proposta a ação com processo especial mediante o referido requerimento desde que ainda não tenha transcorrido o aludido prazo de 60 dias, que, como já referido, é de caducidade e apenas se interrompe nos casos previstos no art. 332.º do Código Civil.

No que tange à **relação entre o procedimento cautelar e a ação principal**, quer do ponto de vista material, quer meramente formal ou procedimental, terá que se observar o relacionamento estatuído no art. 364.º do CPC.

Decorrendo os dois processos (procedimento cautelar e ação) haverá que observar a norma coordenadora contida no n.º 3 do art. 98.º-F do CPT, que impõe que a audiência de partes da ação "antecede a audiência final do procedimento cautelar". A sua lógica é evidente, porquanto se na ação houver acordo, este repercutir-se-á no procedimento. O mesmo acontecerá se a audiência de partes ficar suspensa para se tentar chegar a acordo. De resto, sendo os dois processos urgentes, tendencialmente, as diligências seguirão a par e passo nesta primeira fase.

Faltando no requerimento inicial do procedimento, o referido pedido de impugnação judicial da regularidade e licitude do despedimento ou a informação do que já foi apresentado o formulário respetivo, pergunta-se se o juiz deverá logo no seu despacho inicial julgar extinto o procedimento. Face à regra básica do n.º 2 do art. 27.º, a resposta é negativa, devendo o julgador convidar o requerente a formular tal requerimento ou dar tal informação.

[350] Na prática, melhor será fazê-lo em requerimento a apresentar em anexo ao requerimento inicial do procedimento que, naturalmente, o mencionará. Assim, será facilitada a abertura dos autos do processo principal.

De qualquer modo, perante tal requerimento de impugnação do despedimento, haverá o juiz de aceitá-lo e mandar notificar o requerido para apresentar o seu "articulado para motivar o despedimento". E como resultará do sistema estabelecido no art. 98.º-I, o correspondente despacho apenas será lavrado após a frustração da tentativa de conciliação que se realizará obrigatoriamente no início da audiência final (do procedimento) estabelecida no n.º 2 do art. 36.º.

Não havendo acordo em tal tentativa de conciliação e vindo a ser apresentado o aludido articulado do (ex) empregador, como será normal, passam a existir dois processos, devendo o do procedimento cautelar ser apensado ao de impugnação do despedimento, que é o principal, como se estabelece no n.º 2 do art. 364.º do CPC.

Mas como o referido articulado do empregador, porque responde ao despacho emitido no âmbito do procedimento, terá que ser apresentado ainda no âmbito do respetivo processo. Assim, deverá ser a secretaria a providenciar pela distribuição, de conformidade com as regras dos arts. 206.º do CPC e 21.º, 2.º do CPT.

4. Audiência de partes

Recebido pela secretaria o requerimento no respeito pelo referido formulário e com o tal documento em anexo, irá o mesmo incorporar-se na segunda espécie de documentos sujeitos a **distribuição** (por uma das unidades de processos do juízo do trabalho[351]) e seria obrigatoriamente apresentado ao magistrado do MP, tudo de conformidade com o disposto nos arts. 21.º e 22.º do CPT se neste artigo não se contivesse um lapso notório[352].

É de assinalar que esta ação de impugnação da regularidade e licitude do despedimento tem **natureza urgente**[353], correndo, processualmente falando, em férias judiciais e iniciando-se a respetiva instância com o

[351] A distribuição está prevista e disciplinada no art. 203.º e sgs. do CPC. As unidades de processos estão previstas e reguladas nos arts. 138.º e 143.º da LOSJ e no n.º 3 do art. 41.º do seu Regulamento.

[352] Crê-se que esta apresentação ao MP se deve a falha na redação (não retificada) do art. 22.º, pois em vez da espécie 2.ª, deveria referir a espécie 4.ª – processos emergentes de doenças profissionais, ou seja neste art. 22.º, deviam referir-se as espécies 3.ª e 4.ª e não a 2.ª e 3.ª.

[353] O decurso dos prazos processuais não se suspende durante o período de férias judiciais. As de verão, decorrem de 15 de julho a 31 de agosto (art. 28.º da LOSJ).

recebimento do requerimento, tudo como se estipula no art. 26.º do CPT, o que será determinante para o cumprimento do aludido prazo de apresentação no tribunal.

Na sequência da distribuição, é o requerimento apresentado ao juiz que deve marcar uma **audiência de partes**, a realizar no prazo de 15 dias, mas que na realidade será quando o juiz dispuser de tempo para o efeito.

Caso se esteja no âmbito do **procedimento cautelar de suspensão de despedimento,** como já se assinalou, aquela audiência de partes antecede a audiência final do procedimento (art. 98.º-F, n.º 3).

Marcada a audiência de partes, haverá notificação do trabalhador requerente e citação do empregador, para nela comparecerem ambos pessoalmente, como também está previsto no processo comum (art. 71.º, n.º 1). Porém, parece que o empregador (leia-se como sendo o gerente, administrador ou diretor, um ou mais, com poderes para o ato[354]) só poderá faltar com justificação (logo apresentada, ou, pelo menos, comunicada) mas podendo-se fazer representar por mandatário judicial com poderes especiais para confessar, transigir ou desistir[355]. Naturalmente, também o mesmo pode acontecer com o requerente. Assim, a mediação entre as partes, que era uma característica do processo laboral, está a esbater-se, dado que pode ser substituída pela negociação entre os mandatários com poderes especiais para confessar, transigir e desistir.

Regula-se também a eventual **falta de uma ou de ambas as partes** e representantes. Em princípio, a falta do trabalhador implica a marcação de nova data para a audiência. Mas a sua falta integral, isto é, sem justificação (nos 10 dias posteriores) e sem mandatário constituído, acarreta a "absolvição do pedido", ficando, implicitamente, julgada a regularidade e a licitude do despedimento. Todavia, não havendo no requerimento inicial um pedido, mas uma declaração, como anota Adalberto Costa[356], "faltando aqui a substância, a matéria, os factos que motivam o pedido, este não pode existir enquanto tal, e, se este não existe, não pode haver absolvição dele". Ficará aberta a possibilidade da mera absolvição da ins-

[354] De conformidade com o contrato de sociedade comercial ou estatutos das restantes pessoas coletivas.

[355] Arts. 45 e 287.º e sgs. do CPC.

[356] Código de Processo do Trabalho Anotado e Comentado, Vida Económica, Porto, 2012, pág. 220.

tância, com a inerente possibilidade da sua renovação, nos termos do art. 279.º do CPC.

Diferentemente e por razões óbvias, a falta plena do empregador requerido, implica a sua notificação para apresentar "articulado para motivar o despedimento, juntar o procedimento disciplinar ou os documentos comprovativos do cumprimento das formalidades exigidas, apresentar rol de testemunhas e requerer quaisquer outras provas", para além da marcação da data para a audiência final ou de julgamento. E se não o fizer, será condenado de preceito nos termos estabelecidos no CT (art. 98.º-J do CPT).

Encontrando-se as partes presentes (ou ausentes, mas com justificação aceite) ou devidamente representadas, a **audiência de partes** inicia-se pela exposição sucinta dos fundamentos de facto que motivaram o despedimento. Não estabelece a lei, mas não poderá deixar de haver, de imediato, réplica por parte do trabalhador ou do seu representante.

Segue-se a tentativa de conciliação "nos termos e para os efeitos dos artigos 52.º e 53.º" do CPT. Naturalmente, pode verificar-se alguma suspensão ou adiamento da diligência para se permitir alcançar o acordo entre as partes.

Não haverá dúvidas de que a conciliação entre as partes pode extravasar a matéria em causa que se cinge ao despedimento. Pode, portanto, incidir sobre eventuais créditos de qualquer uma das partes sobre a outra, para além de poder ficar estabelecida cláusula abdicatória[357].

Recordando o disposto no n.º 3 do art. 53.º do CPT, salienta-se que "frustrando-se, total ou parcialmente, a conciliação, ficam consignados no respetivo auto os fundamentos que, no entendimento das partes, justificam a persistência do litígio".

Não havendo conciliação mas verificando o juiz (por ele ou por requerimento de alguma das partes) que, afinal, **não houve despedimento** mas há outras reclamações do requerente "absolve da instância o empregador, e informa o trabalhador do prazo que dispõe para intentar ação em processo comum" (art. 98.º – I, n.º 3), mesmo que ele esteja representado por advogado.

Não se verificando tal inadequação da pretensão e não havendo acordo, é ordenada a notificação do empregador para apresentar o já citado arti-

[357] Cfr. Messias Carvalho, ob. cit., pág. 28.

culado, mas, agora, no indicado prazo de 15 dias[358], para além da fixação da data para a audiência final, como acontece na audiência de partes no processo comum.

5. Articulado do empregador

O designado "articulado do empregador... para motivar o despedimento", sendo configurado como a petição não pode deixar de ser uma verdadeira contestação ao requerimento apresentado pelo requerente, que é o trabalhador despedido. A falta da sua apresentação no aludido prazo de 15 dias, que é um prazo perentório, extingue o direito de praticar o ato, atento o preceituado no art. 139.º, n.º 3 do CPC[359]. Em consequência "a sua inobservância, quer quanto à apresentação do articulado do empregador, quer quanto à falta dos documentos, produz o efeito cominatório pleno, ou seja, a declaração da ilicitude do despedimento, com todas as suas consequências"[360]. O mesmo acontecerá se tal articulado for apresentado com deficiências que levem ao seu indeferimento liminar.

O empregador não só terá de alegar os factos que determinaram o despedimento e que constam da sua comunicação, apurados através do processo disciplinar instaurado, como ainda os meios para, de novo e agora no tribunal, fazer a sua **prova,** já que, ao fim e ao cabo, o processo disciplinar de nada serve em sentido de tal prova, mas apenas em contrário, como será o caso das irregularidades previstas no art. 382.º do CT.

Para além da impugnação dos factos, ainda o empregador se poderá defender por **exceção**, nomeadamente, quanto à caducidade do direito à ação do trabalhador despedido ou da sua inadequação, ou até da incompetência do tribunal. Eventualmente, poderá deduzir em "reconvenção" algum pedido contra o trabalhador que derive do despedimento impugnado e esteja de conformidade com o estatuído nos arts. 30.º e 60.º do CPT. A tal propósito, Abílio Neto acrescenta que "contanto o juiz autorize a cumulação ... o que se justifica por razões de economia processual"[361]. Assim, a reconvenção neste processo terá um campo muito restrito dada

[358] Diferente do prazo para contestar no processo comum que é de 10 dias (art. 56.º b)).

[359] Passível das exceções previstas nos n.ºs 4 e sgs. do mesmo art. 139.º.

[360] Cfr. ac. do TRP, de 12-11-2012, Proc. n.º 1758/11.7TTPRT.P1, Rel. Manuel Joaquim Ferreira da Costa, [dgsi].

[361] Código de Processo do Trabalho Anotado, 5.ª ed., Ediforum, Lisboa, 2011, pág. 287.

a sua natureza e fim. Mas justificar-se-á, por exemplo, para obter a condenação na devolução de bens da empresa (computador portátil, aparelhos ou suportes móveis, catálogos) [362].

Ainda no seu "articulado" deve o empregador defender, antecipadamente, a **não reintegração do trabalhador**, para o caso deste vir a fazer vencimento na causa e não optar pela indemnização "até ao termo da discussão em audiência final de julgamento"[363]. Para tanto terá de invocar "os factos e circunstâncias que fundamentam a sua pretensão e apresentar os meios de prova para o efeito" (n.º 2 do art. 98.º-J e 60.º-A).

Igualmente, dentro da mesma lógica, será neste articulado, que, por cautela e antecipação, o empregador terá de invocar e deduzir os meios de prova para as possíveis **deduções ao valor da compensação** em caso de despedimento ilícito, previstas nas três alíneas do art. 390.º do CT (importâncias recebidas por causa do despedimento, as retribuições vencidas até à propositura da ação se tal não ocorrer dentro dos 30 dias após o despedimento e o subsídio de desemprego recebido).

Este "articulado" terá que obedecer aos **requisitos** comuns da petição e da contestação no processo civil comum, estabelecidos nos arts. 552.º e 569.º e sgs., ambos do CPC, e que vão desde a designação do tribunal e identificação do processo, até à comprovação do pagamento da taxa de justiça, passando pela indicação do valor da causa, ainda que a sua fixação, a final, compita ao juiz. Por esta razão, a **taxa de justiça** inicial será apenas de 0,5 UC (linha 1 da tabela I-B), de conformidade com o definido no art. 12.º, n.º 1 c) do RCP e confirmado no art. 98.º-P, n.º 1.

Para além do articulado, o empregador tem de apresentar "o **procedimento (processo) disciplinar** ou os **documentos** comprovativos do cumprimento das formalidades exigidas", isto no caso de o despedimento ter resultado de extinção de posto de trabalho ou de inadaptação[364]. A falta de apresentação daquele procedimento ou destes documentos conjuntamente com o "articulado" (ou a não aceitação da justificação da sua falta à audiência de partes) acarretará a condenação de preceito, como se infere da leitura do n.º 3 do art. 98.º-J e já se evidenciou, passível

[362] Em sentido contrário, Ac. do TRL de 17-06-2015 (Rel. Jerónimo Freitas) [dgsi].

[363] De conformidade com o disposto no art. 391.º, n.º 1 do CT e com os condicionalismos previstos nos números seguintes e no artigo imediato.

[364] Previstos nos arts. 369.º e sgs. e 376.º e sgs., todos do CT.

de recurso a interpor no prazo de 10 dias (arts. 79.º-A, n.º 2, e) e 80.º, n.º 2).

Ainda em caso de **revelia do empregador**, como se aludiu, haverá sentença condenatória[365] na reintegração, ou na indemnização em sua substituição, e no pagamento das retribuições até ao trânsito em julgado da sentença. E em tal situação, ainda será sentenciado para que o trabalhador possa vir, no prazo de 15 dias, peticionar outros "**créditos emergentes do contrato de trabalho, da sua violação ou cessação**". Não refere a lei, mas deverá acontecer por mor do princípio do contraditório, voltar o ex-empregador ou empregador de novo, a ser notificado desta nova petição para se pronunciar, se o desejar, em novo prazo de 15 dias. Como o empregador, provavelmente, continuará em situação de revelia virá a ser automaticamente condenado.

6. Contestação do trabalhador e resposta

Apresentado o articulado pelo empresário, o trabalhador é notificado para aduzir a sua contestação, querendo, no prazo de 15 dias, nos termos do n.º 1 do art. 98.º-L.

Obviamente, **caso não conteste** ou apenas tenha juntado procuração forense, "consideram-se confessados os factos articulados pelo empregador (passe o pleonasmo) no seu articulado, sendo logo proferida sentença a julgar a causa conforme for de direito", desvalorizando-se, assim, o requerido através do formulário.

Contestando, como será normal, deverão em tal peça ser observados os elementos previstos no art. 572.º e sgs. do CPC, mas, evidentemente, não se "opõe à pretensão do autor", mas, outrossim, à justificaçao do despedimento deduzida pelo empregador no seu "articulado". Será ainda com ela comprovado o pagamento da taxa de justiça no valor indicado, a não ser que se justifique a isenção ou o apoio judiciário, como já mencionado, não obstante, agora já poder quantificar o valor do pedido.

Poderá ainda, para além da impugnação, defender-se por **exceção** e apresentar **reconvenção**, nomeadamente "para peticionar créditos emergentes do contrato de trabalho, independentemente do valor da ação", ultrapassando-se, deste modo, a limitação imposta no art. 60.º, n.º 1.

365 Ainda que se possa verificar alguma das exceções previstas no art. 568.º do CPC.

Neste caso de reconvenção, o empregador poderá responder, replicando, em 15 dias. Tal resposta também é admissível em caso da defesa por exceção, mas nesta eventualidade, a resposta será em 10 dias. Naturalmente havendo reconvenção e exceção, o prazo para ambas as respostas será o maior, como no processo comum acontecia, não se admitindo, agora, a resposta às exceções, como resulta do disposto no n.º 1 do art. 584.º do CPC.

Será também na sua contestação que o trabalhador despedido responderá ao eventual pedido da sua não reintegração e do doseamento das compensações devidas pela ilicitude do despedimento para a hipótese de assim vir a ser julgado.

Em qualquer dos casos, sendo o trabalhador uma das "partes deve(m) apresentar os meios ou requerer a produção de **prova** nos respetivos articulados (n.º 6 do art. 98.º-L).

Questão que por vezes se coloca é de saber se o pedido na condenação de indemnização por despedimento ilícito deve ser deduzido por via reconvencional, o que nos parece não ter consistência, na medida em que é uma natural decorrência da lei.

7. Tramitação posterior

Terminada a fase dos articulados, segue-se a tramitação posterior do processo comum e não só a "prevista no art. 61.º e seguintes", o que significa que se passará a proceder ao saneamento do processo e a audiência preliminar (que podem ser dispensados) previstos para aquele **processo comum**, bem como a observar a restante regulamentação deste procedimento. Porém, haverá ainda mais duas **especificidades** estabelecidas no art. 98.º-M e que são as seguintes:

- a prova a produzir em audiência de julgamento iniciar-se-á com a oferecida pelo empregador[366] ao contrário do que acontece no processo comum laboral e civil;
- a sentença deve pronunciar-se sobre eventuais vícios formais, mas sempre sobre a verificação e procedência dos fundamentos invocados para o despedimento.

[366] O que reforça o entendimento do que ele é o autor.

A lei substantiva mantém a regra de que na ação de apreciação judicial do despedimento, o empregador apenas pode invocar factos e fundamentos constantes da **decisão do despedimento** comunicada ao trabalhador (art. 387.º, n.º 2 do CT). Portanto, o princípio da verdade material, pelo menos nesta matéria, não se poderá observar quando da sua aplicação possam resultar benefícios para o empregador. Assim, se depois do despedimento, o empregador tiver conhecimento que, para além dos factos que o motivaram, o trabalhador ainda havia cometido um furto ou abuso de confiança, tais factos nenhuma repercussão poderão ter no processo laboral, ainda que possam originar uma outra condenação em processo criminal[367].

Por outro lado, e certamente como "moeda de troca", na sentença destes processos de impugnação de despedimento, o tribunal podendo ou não apreciar os vícios formais ocorridos na tramitação do processo disciplinar ou de inquérito, "deve sempre pronunciar-se sobre a verificação e procedência dos fundamentos invocados para o despedimento". Exige-se, pois, do juiz que ele faça a apreciação de todos os **fundamentos** invocados pelo empregador para o despedimento, o que, faltando na sentença, poderá implicar a sua nulidade, de harmonia com o previsto no art. 615.º do CPC.

Pior do que isto ainda são os condicionamentos que se impõem ao juiz quanto aos **efeitos da ilicitude** e que constam dos artigos seguintes do CT (389.º a 392.º), constituindo um quadro bastante rígido de consequências, que bem podem levar, e frequentemente levam, a decisões manifestamente injustas, ainda que legais, o que não pode deixar de ser chocante para um juiz, digno da sua nobre missão de fazer justiça.

8. Pagamento de retribuições intercalares pelo Estado

Para atenuar os enormes prejuízos decorrentes da excessiva demora na decisão dos processos judiciais, que ao longo de anos têm advindo para os empregadores em Portugal e, consequentemente, para a economia nacional e para os que pretendem ingressar no mercado do trabalho, acabou por ser instituída, através dos arts. 98.º-N e 98.º-O, esta nova figura do **"paga-**

[367] Sendo deferida a reintegração, pode questionar-se se poderá o forçado empregador a iniciar novo procedimento por causa desses factos, mesmo que a reintegração venha a ocorrer mais de um ano após o conhecimento.

mento de retribuições intercalares pelo Estado" inspirada na lei espanhola, onde tal instituto já vigora desde 1980[368]. Curiosamente ou não, na prática judicial, passou a ser um importante impulsionador da celeridade deste processo, em detrimento e por oposição ao processo comum.

Nesta nova figura, essencialmente, o legislador parte da ideia que este processo especial e urgente de impugnação do despedimento individual deverá estar julgado em primeira instância no prazo de um ano. E como uma das consequências da sentença que julgue ilícito o despedimento é o pagamento das retribuições desde a respetiva data, o Estado passa a assumir tal encargo, caso o tribunal não tome a decisão final naquele período de tempo (com alguns descontos, como abaixo se evidenciará). Naturalmente, havendo recurso da sentença que julgue ilícito o despedimento, o dever de pagamento das retribuições voltará a impender sobre o empregador. Porém, se a decisão final, que transitar, vier a julgar lícito o despedimento, nem o empregador, nem o Estado terão que pagar qualquer retribuição. Portanto, se já a tiverem pago, nomeadamente, porque o recurso não teve efeito suspensivo, haverá lugar à sua restituição pelo trabalhador que, a final, se concluiu ter sido legalmente despedido. Todavia, se tiver sido reintegrado no posto de trabalho, não poderá ser restituída a correspondente retribuição, *ex vi* do que se dispõe no n.º 1 do art. 122.º do CT (efeitos da invalidade de contrato de trabalho), que se aplica analogicamente.

Tal pagamento será determinado na sentença que julgue ilícito (ou irregular) o despedimento. Face aos termos do referido art. 98.º-N, tal sentenciamento não carece de ser requerido. E caso seja olvidado pelo juiz, originará uma nulidade da sentença, consubstanciada em omissão de pronúncia (arts. 615.º, n.º 1, d) do CPC e 77.º do CPT).

O pagamento intercalar engloba apenas as retribuições devidas ao trabalhador despedido no período a contar "após o decurso de 12 meses desde a apresentação do formulário...até a notificação da decisão de 1.ª instância". Tomando em consideração também o que se encontra estipulado na alínea b) do n.º 2 do art. 390.º do CT, devemos concluir, que o

[368] Estatuto de los Trabajadores, art. 57.º que, com a epígrafe *"Pagamento pelo Estado"* determina: *Quando a sentença que declare a improcedência do despedimento seja emitida depois de transcorridos mais de 60 dias úteis desde a data em que foi apresentada a demanda, o empresário poderá reclamar do Estado o abono das retribuições pagas aos trabalhadores desde o despedimento até à sentença.*

empregador será responsável pelo pagamento das retribuições, que vierem a ser devidas ao trabalhador despedido pelo julgamento da ilicitude do seu despedimento:

- **desde** a data da cessação do contrato (se o formulário for apresentado num dos 30 dias subsequentes);
- **ou** desde o dia da apresentação do formulário (se este for apresentado depois do período de 30 dias após o despedimento – e até ao 60.º dia);
- ***até*** ao fim do decurso dos 12 meses após a data da apresentação do formulário;

e ainda pelas retribuições que vierem a ser devidas:

- após a data da notificação da sentença que determine a reintegração e até à efetiva reintegração do trabalhador;
- a não ser que o despedimento venha a ser julgado lícito por via de recurso.

Em consequência deste regime, **o Estado** poderá ser chamado a pagar:

- as retribuições devidas após o decurso do referido período de 12 meses, cuja contagem se iniciará como acima se deixa indicado e que sofrerá as suspensões que abaixo se mencionarão,
- até ao dia da notificação da sentença que decrete a ilicitude do despedimento;
- podendo ficar desobrigado de tal pagamento se, por via de recurso, o despedimento vier a ser julgado lícito[369].

A data da notificação da sentença que interessa para o efeito será a do dia de notificação ao mandatário e não à parte, como resulta do disposto no art. 24.º, n.º 4 do CPT (e 247.º do CPC), "presumindo-se esta feita no 3.º dia posterior ao da elaboração (no Citius) ou no 1.º dia útil seguinte a esse, quando o não seja" (art. 248.º do CPC).

[369] Parece que o MP terá legitimidade para, em defesas dos interesses do povo ou do Estado, recorrer de sentença que, indevidamente, decrete a ilicitude do despedimento sem que haja recurso do empregador.

Na situação vertente, o serviço de tesouraria do Estado não se insere nas finanças públicas, sendo "a entidade competente da área da segurança social", ou seja, o Instituto da Segurança Social, IP – ISS[370] o qual, naturalmente, deve ser notificado (pelo tribunal) da decisão que o obrigue ao referido pagamento, bem como dos eventuais recursos e do seu desfecho, pois, como se salientou, também nada terá a pagar ao trabalhador se a decisão final confirmar a licitude e a regularidade do despedimento. A razão desta obrigação de pagamento impender sobre o ISS dever-se-á ao facto de ser este o instituto público responsável pelo cumprimento das prestações do subsídio de desemprego, cujo pagamento (se estiver a acontecer) ficará suspenso ao satisfazer as retribuições.

Relativamente ao aludido espaço de tempo inicial de **12 meses** (em que o pagamento das retribuições pode ser devido pela empresa), salienta-se, conforme se estatui no art. 98.º-O, que o mesmo não corre continuadamente, pois no seu decurso "não se incluem", ou seja, suspende-se, durante os seguintes períodos em que ocorra:

- a suspensão da instância, nos termos do atual art. 269.º do CPC;
- a mediação[371], tentativa de conciliação e aperfeiçoamento dos articulados (arts. 51.º e outros e 27.º, n.º 2);
- férias judiciais[372].

Daqui decorre, que o Estado apenas poderá vir a ser chamado a pagar as retribuições ao trabalhador ilicitamente despedido a partir de data posterior ao fim do referido período inicial dos 12 meses, contado nos termos indicados.

Ainda se suscita a **questão** de saber se nestes períodos de suspensão a favor do Estado, que bem se compreendem, deverá ser o empregador a pagar as retribuições se o despedimento vier a ser julgado ilícito, dado que tal hipótese ainda não se encontra prevista no art. 390.º do CT. Parece

[370] Embora se preveja (no n.º 4 do art. 98.º-N) uma dotação orçamental para suporte de tal encargo, o que tem acontecido em todos os orçamentos do Estado.

[371] A mediação pode fazer suspender o processo, de conformidade com o disposto nos arts. 27.º-A do CPT e 273.º do CPC. Porém, como já salientado, "a regularidade e licitude do despedimento só pode ser apreciada pelo tribunal judicial", nos termos do n.º 1 do art. 387.º do CT.

[372] O que contraria a urgência do processo, estabelecida no art. 26.º, n.º 1 a) do CPT.

que a resposta deverá ser negativa apenas quando a suspensão resultar de acordo das partes ou da iniciativa do trabalhador.

Outra questão coloca-se nos pagamentos intercalares pelo ISS, consistindo em saber como se deduzirá o período das **férias judiciais** se o processo é urgente (arts. 98.º-D c) e 26.º, n.º 1 a)). O facto, porém, é que a lei é expressa e clara, dispensando interpretações: os períodos de férias não contam para efeito do decurso dos referidos doze meses.

Para além da sua peculiar configuração, este processo laboral especial de impugnação judicial da regularidade e licitude do despedimento suscita uma outra **questão** ao reduzir o prazo de caducidade para o seu acionamento para 60 dias (CT, art. 387.º, n.º 2), quando o prazo para fazer valer os direitos após a cessação do contrato se mantém, como é tradicional, num ano e é classificado como de prescrição (CT, art. 337.º, n.º 1). Donde resulta que, após o decurso do prazo de caducidade de 60 dias já não pode ser questionado o despedimento, mas continua a ser possível a discussão de créditos laborais.

Ainda é questionável porque não há responsabilidade do Estado nos atrasos de julgamento dos despedimentos em **processo comum**. Aliás também deviam ser classificados como urgentes quando neles se debate o despedimento.

XIII
Processos Emergentes de Acidente de Trabalho e de Doença Profissional

1. Generalidades

Como processos especiais dos mais típicos do direito processual laboral, avultam os **processos emergentes de acidente de trabalho e de doença profissional**, cuja disciplina básica preenche o capítulo II do título VI do CPT (art. 99.º a 155.º).

Tais processos, segundo as quatro secções do citado capítulo, são tipificados pelo modo seguinte:

I – Processo para a *efetivação de direitos* resultantes de acidente de trabalho (arts. 99.º a 150.º);
II – Processo para *declaração de extinção de direitos* resultantes de acidente de trabalho (art. 151.º a 153.º);
III – Processo para *efetivação de direitos de terceiros* conexos com acidente de trabalho (art. 154.º); e
IV – Processo para *efetivação de direitos resultantes de doença profissional* (art. 155.º).

Face a estas designaçoes e tendo em conta a sucessão e até a extensão do regime jurídico de cada um, facilmente se conclui que o primeiro – o **processo para efetivação de direitos resultantes de acidente de trabalho** – é o processo, de longe, mais utilizado, para além de paradigmático, pois inspira e dá corpo normativo ao último, isto é, ao processo para efetivação de direitos resultantes de doença profissional.

Os dois processos das Secções II e III, respetivamente, para declaração de extinção de direitos e para a efetivação de direitos de terceiros conexos com acidente de trabalho, dependem quase sempre de um prévio processo para a efetivação de direitos resultantes de acidente de trabalho, correndo como seus apensos, de conformidade com o estatuído nos arts. 153.° e 154.° n.° 1[373] e ainda no art. 17.° do CPT.

Salienta-se, no entanto, que aqueles dois processos para a declaração de extinção e para a efetivação de direitos de terceiros seguem "os termos do processo comum" como consta do seu regime e não os termos do processo para efetivação de direitos, ainda que seja destes que, em regra, dependem.

Como é óbvio, os regimes processuais existem para declarar e executar os direitos e deveres previstos nas normas de natureza substantiva. Ora, nesta matéria, tais normas contêm-se, atualmente e a vigorar a partir de 1 de Janeiro de 2010, na Lei n.° 98/2009, de 4 de setembro – **Lei dos Acidentes de Trabalho e Doenças Profissionais, Incluindo a Reabilitação e Reintegração Profissionais** (LAT) – emitida na esteira dos arts. 283.° e 284.° do CT[374]. Porém, este novo regime legal apenas se aplica aos acidentes ocorridos e às doenças profissionais diagnosticadas a partir daquela data, ou seja, do ano de 2010.

Cabe realçar que nesta temática existe uma grande intimidade entre o direito substantivo e adjetivo. Crê-se, inclusive, que o *direito processual infortunístico* apenas se torna plenamente compreensível com o domínio da referida LAT e dos seus regulamentos. Perante este entendimento, afigura-se necessário aflorar, pelo menos, alguns dos seus institutos e conceitos.

Assim, e desde logo, convirá ter presente o conceito de **acidente de trabalho,** caracterizado, tecnicamente, como aquele "que se verifique no

[373] O processo para efetivação de direitos de terceiros conexos com acidente de trabalho pode não correr por apenso caso, eventualmente, não tenha havido processo principal porque, por exemplo, se ter verificado incapacidade temporária diminuta com responsabilidade transferida para seguradora, cfr. arts. 154.°, n.° 1 (parte final) do CPT e 90.°, n.° 3 da LAT.

[374] Que se conexiona com a Lei n.° 102/2009, de 10 de setembro – Promoção da segurança e saúde no trabalho. No âmbito da Administração Pública – acidentes em serviço - rege o DL n.° 503/99, de 20 de novembro, com alterações. Aos trabalhadores independentes aplica-se o DL 159/99, de 11 de junho. Aquela Lei, para além de revogar, veio substituir a Lei n.° 100/97, de 13 de setembro, que ainda se continua a aplicar a processos antigos.

local e no tempo de trabalho e produza direta ou indiretamente lesão corporal, perturbação funcional ou doença de que resulte redução na capacidade de trabalho ou de ganho ou a morte" (art. 8.º da LAT)[375]. Deve anotar-se que, no âmbito destes acidentes, os conceitos de local e de tempo de trabalho são mais alargados do que no regime do contrato de trabalho[376].

Como se sabe, a responsabilização por estes eventos assenta no mecanismo da **responsabilidade civil objetiva ou pelo risco**, que tem o seu regime básico nos arts. 483.º, n.º 2 e 499.º do Código Civil.

Haverá ainda a ter em conta, de harmonia com o estatuído no art. 78.º da LAT, que os créditos provenientes do direito à reparação estabelecida na presente lei são inalienáveis, impenhoráveis e irrenunciáveis e gozam das garantias consignadas no Código do Trabalho (privilégios creditórios e responsabilidade solidária das sociedades e sócios – arts. 333.º a 335.º).

Acontece com alguma frequência ser o acidente de trabalho também de viação. Para tanto poderá o trabalhador ser o condutor ou passageiro de viatura sinistrada ou simples peão ou ciclomotorista. Naturalmente tem o trabalhador de estar a exercer a sua atividade profissional no local e tempo de trabalho ou em deslocação dela ou para ela ou ainda noutras situações previstas no art. 8.º da LAT. Nesta situação haverá que considerar o disposto no regime do seguro obrigatório de responsabilidade civil automóvel (DL n.º 291/2007, de 21 de agosto) que no n.º 1 do seu art. 26.º dispõe "quando o acidente for simultaneamente de viação e de trabalho, aplicar-se-ão as disposições deste decreto-lei tendo em atenção as constantes de legislação especial de acidentes de trabalho".

Poderá, assim, para além do processo emergente do acidente de trabalho correr outro de responsabilidade civil. Mas "as indemnizações consequentes ao acidente de viação e ao sinistro laboral – assente em critérios distintos e cada uma delas com a sua funcionalidade própria – não são cumuláveis, mas antes complementares até ao ressarcimento total

[375] Esta é a noção legal básica, cujos contornos são traçados ainda no próprio art. 8.º e nos artigos seguintes, através de regras de delimitação, estendendo e excluindo o conceito em relação a diversas situações.

[376] Em 2012, verificaram-se em Portugal 193.436 acidentes de trabalho não mortais e 175 mortais (em 2011, 130 e em 2013, 141), implicando mais de 6 milhões de dias de trabalho perdidos *in* Boletim do GEP/2012 e Pordata.

do prejuízo causado, pelo que não haverá tal concurso de responsabilidade conduzindo a que o lesado/sinistrado possa acumular no seu património um duplo ressarcimento pelo mesmo dano concreto"[377]. Deste modo sendo o acidente de trabalho também de viação poderá haver um segundo processo civil e/ou criminal, para além do processo emergente do acidente de trabalho, mas as indemnizações não serão cumuláveis[378].

2. Processo para efetivação de direitos resultantes de acidente de trabalho. Seu início

Através deste processo judicial especial visa-se, essencialmente, o controlo sobre a existência e a caracterização dos acidentes de trabalho ocorridos ao serviço de entidades empregadoras de natureza privada, o apuramento das suas sequelas, a determinação das reparações correspondentes e dos seus responsáveis.

O processo para a efetivação de direitos resultantes de acidente de trabalho é um procedimento **especial**, tendo natureza **urgente** (art. 26.º n.ºs 1, e) e 3 do CPT) e de **acesso limitado** (arts. 164.º do CPC, 105.º, n.º 4 do CPT e 14.º e 15.º da LPDP), desenvolvendo-se **oficiosamente** e logo após o recebimento pelo MP da **participação** do acidente. É, portanto, nele secundarizado o princípio do dispositivo (das partes).

Tal processo é regido, essencialmente, no art. 99.º e sgs. do CPT e correrá pelo tribunal do trabalho territorialmente competente. Em consequência, a **participação do acidente de trabalho** deverá ser dirigida a tal tribunal de trabalho, como decorre do art. 15.º do CPT, que será, em princípio, o do lugar onde o acidente ocorreu. Excecionalmente, pode ainda ser competente o tribunal do trabalho do domicílio do sinistrado, quando o acidente tenha ocorrido no estrangeiro, se assim for requerido pelo mesmo sinistrado ou ainda se para tal tiver sido enviada (indevidamente) a participação[379].

[377] Ac. do STJ de 11-12-2012 (Rel. Lopes do Rego) [dgsi].

[378] Regime do seguro obrigatório de responsabilidade civil automóvel (DL n.º 291/2007, de 21 de agosto, art. 26.º, n.º 1). Ac.s de STJ de 11-12-2012 (Rel. Lopes do Rego), de 07-05-2014 (Rel. Granja da Fonseca), de 13-05-2014 (Rel. João Camilo) e de 06-07-2017 (Rel. António Piçarra [dgsi].

[379] Ainda pode ser competente o tribunal da área do maior número de beneficiários ou o da primeira localidade em que aporte o barco ou avião em que o acidente se tenha verificado, como consta dos n.ºs 5 e 6 do art. 15.º do CPT.

Aquela participação (e documentos anexos), porque importa "começo de causa"[380], é distribuído no tribunal como sendo da 3ª espécie (que origina os processos emergentes de acidentes de trabalho), conforme se dispõe no art. 21.º.

Em regra, o processo emergente de acidente de trabalho, corre contra o empregador e/ou a sua seguradora ou contra terceiro e, eventualmente, contra o Fundo de Acidentes de Trabalho – FAT[381].

Como processo laboral, é enformado pelo princípio da conciliação e, em consequência, tem um ritualismo curioso, pois compõe-se de uma primeira **fase conciliatória** e, gorando-se esta, total ou parcialmente, então, também de uma **fase contenciosa**.

3. A fase conciliatória

Como já referido, este processo inicia-se com a distribuição da **participação do acidente,** que origina a sua **fase conciliatória** dirigida pelo magistrado do MP (art. 26.º, n.º 3 e 99.º, n.º 1 do CPT), que, obviamente, atua como tal e não como representante do trabalhador.

De harmonia com o preceituado nos arts. 86.º a 92.º da LAT, são diversas as entidades sobre as quais recai o dever de dar participação do acidente de trabalho, que vão desde o trabalhador sinistrado e seus familiares até ao diretor de estabelecimento hospitalar, passando pelo empregador e a sua seguradora[382]. Em caso de **morte** do trabalhador o acidente de trabalho deve ser comunicado de imediato (pelas seguradoras) ou até 48 horas. Em regra, o empregador comunica o acidente à sua seguradora e esta, em caso de **incapacidade permanente**, participa ao tribunal, até ao prazo de 8 dias a contar da alta clínica e em todos os casos em que se verifique haver **incapacidade temporária** que ultrapasse os 12 meses. Em resumo, apenas poderão deixar de ser comunicadas aos tribunais de trabalho os acidentes cobertos pelo seguro donde resulte uma

[380] Na expressão do art. 206.º, n.º 1, a) do CPC, onde se dispõe que a distribuição tem por fim "distribuir com igualdade o serviço do tribunal" (art. 203.º).

[381] Criado e regulado pelo DL n.º 142/99, de 30 de abril. Funciona junto da Autoridade de Supervisão de Seguros e Fundos de Pensões (ASF), ex Instituto de Seguros de Portugal, IP.

[382] Existe um modelo oficial para o efeito – Portaria n.º 137/94, de 8 de março.

incapacidade temporária inferior a 12 meses[383]. A falta ou o atraso de tais participações pode originar uma contraordenação (LAT, art. 71.º)[384].

Nesta primeira fase, que se destina a obter a conciliação entre as partes, perante o conteúdo da participação, poderão desencadear-se três **tipos de procedimento ou tramitação** do processo, com dinâmica sequencial própria face ao respetivo objeto e que se distinguem:

- no caso de morte (art. 100.º);
- nos casos de incapacidade permanente (art. 101.º); e
- nos outros casos (em geral, por incapacidade temporária) (art. 102.º).

Estes dois últimos tipos de tramitação não diferem muito, mas distinguem-se bem do primeiro. Iremos, pois, fazer a síntese do processamento em caso de morte e em caso de incapacidade permanente e temporária.

Previamente, na primeira decisão do Magistrado do MP, como preceituado no art. 104.º e compendiando João Monteiro[385], podem, entre outros, ser tomados alguns dos seguintes procedimentos e decisões:

- Aferição da competência em razão do território do tribunal para conhecer do acidente participado;
- Verificação do cumprimento por parte da empresa de seguros dos prazos legais de participação (obrigatória) do acidente ao tribunal;
- Determinação do montante da retribuição do sinistro à data do acidente;
- Apuramento da necessidade de requisição à ACT do inquérito urgente e sumário sobre as circunstâncias em que ocorreu o acidente;
- Análise da documentação remetida pela entidade seguradora com a participação do acidente;

[383] Cfr. LAT, art. 23.º e sgs. no que respeita à reparação dos danos emergentes dos acidentes de trabalho.

[384] A enumeração esquemática dos casos de participação dos acidentes de trabalho pode ver-se *in* Fernando Cabral, Segurança e Saúde do Trabalho, Verlag Dashöfer, Lisboa, 2011, pág. 269.

[385] Fase Conciliatória do Processo para a Efetivação de Direitos Resultantes de Acidente de Trabalho, estudo *in* Prontuário de Direito do Trabalho, n.º 87, setembro-dezembro de 2010, CEJ – Coimbra Editora, pág. 135.

- Verificação da correção da fixação das incapacidades temporárias e do pagamento das correspondentes indemnizações ao sinistrado por parte da entidade seguradora;
- Requisição e junção da certidão do assento de nascimento do sinistrado;
- Extração e remessa de certidão do processo ao foro criminal competente sempre que, em resultado do acidente, não seja de excluir a existência de responsabilidade criminal.

Na decorrência do acidente de trabalho, pode ter havido prestações pagas pela **segurança social**, a qual terá direito ao seu reembolso sendo para tanto citada a instituição respetiva, de conformidade com o disposto no DL n.º 59/89, de 22 de fevereiro[386].

3.1. Acidente com morte do sinistrado

Nesta situação, o MP indagará sobre as circunstâncias em que ocorreu o acidente, nomeadamente através de relatório da ACT (IGT), que não terá força probatória plena[387], requisitará o relatório da autópsia e procurará determinar quem são os usufruidores ou herdeiros do sinistrado, que se enquadram na categoria de "beneficiários legais".

Caso não sejam encontrados tais beneficiários, haverá lugar à afixação de editais e publicação de anúncios (arts. 100.º, n.º 4 do CPT e 225.º, n.º 6, 243.º e 244.º do CPC). Se estas diligências se revelarem infrutíferas, o processo fica arquivado provisoriamente, durante um ano, aguardando o surgimento de algum daqueles beneficiários (art. 100.º n.ºs 4 e 5 do CPT). Findo tal período sem ter surgido algum beneficiário, será liquidada a retribuição anual do sinistrado em triplo, exceto se houver remição, a qual deve ser paga pelo responsável pela reparação do acidente ao FAT (arts. 100.º, n.º 6 do CPT e 63.º da LAT).

Aparecendo, como é normal, algum ou todos os beneficiários, haverá lugar à marcação de uma tentativa de conciliação, caso, entretanto, não se tenha verificado um acordo passível de homologação. Tal diligência

[386] No caso de morte ou invalidez é citado o Centro Nacional de Pensões (art. 3.º do D.L. 59/89, de 22 de fevereiro).

[387] Ainda que seja um documento autêntico, podem os factos nele descritos ser apreciados pelo tribunal, cfr. Ac. do STJ de 24-02-2010, no Proc. n.º 709/03.7TTBRG.P1.S1-4ª.

destina-se a apurar quais os familiares a quem deverá ser atribuída pensão ou subsídio pela morte do sinistrado.

Conforme resulta da LAT (arts. 56.º a 66.º), a reparação pela morte do sinistrado em acidente de trabalho reconduz-se a prestações em dinheiro, concretizáveis mediante a atribuição de pensão por morte a certos familiares (com possível cumulação e rateio) e de subsídios para compensar os encargos decorrentes do falecimento do sinistrado e ainda as despesas de funeral, podendo estas ser pagas a não familiar "que comprovadamente tiver efetuado o pagamento..." (art. 66.º, n.º 4, da LAT).

3.2. Acidente com incapacidade permanente e em certos casos de incapacidade temporária

Nestas situações de incapacidade permanente para o trabalho ou de incapacidade temporária, em regra, superior a 12 meses (ou menos em alguns casos singulares)[388], uma vez recebida a participação do acidente, o magistrado do MP deverá dirigir a instrução do processo, providenciando pela realização de **perícia médica**[389] (antes designado por exame médico), em princípio, através da delegação ou gabinete médico-legal do Instituto de Medicina Legal e Ciências Forenses (INMLCF, IP)[390], pois, é crucial saber da rigorosa situação médica decorrente do acidente. Só depois de apurada a incapacidade, se procede a tentativa de conciliação (arts. 102.º e 108.º do CPT).

Entretanto, logo após o acidente, a vítima deverá ter começado a usufruir, para além de prestações em dinheiro[391], das **prestações em espécie** adequadas à situação, que se encontram elencadas no art. 25.º da LAT, e

[388] V. arts. 102.º do CPT e 90.º, n.º 3 da LAT.

[389] O regime jurídico das perícias médico-legais e forenses contém-se na Lei n.º 45/2004, de 19 de agosto. Nela se prevê a existência de delegações e gabinetes médico-legais do ex-Instituto Nacional Médico-Legal.

[390] O Instituto Nacional de Medicina Legal e Ciências Forense, IP foi criado pelo DL n.º 131/2007, de 27 de abril, tendo como uma das suas atribuições *"cooperar com os tribunais... realizando os exames e perícias de medicina legal e forense que lhe forem solicitados.."* (art. 3.º, n.º 2, b). Na sua estrutura figuram as delegações e gabinetes médico-legais nas principais comarcas (P. n.º 522/2007, de 30 de abril). Tem regulamento interno publicado no D.R., II série, n.º 89, de 7 de maio de 2010. Ambos os diplomas encontram-se inseridos pelo Dr. Abílio Neto no seu cit. Código de Processo de Trabalho Anotado, 5.ª ed., pág. 551.

[391] Entre as quais avulta a indemnização por incapacidade temporária para o trabalho (LAT, arts. 47.º, n.º 1 a) e 48.º a 50.º).

que começam nos primeiros socorros[392] , vão desde a assistência médica, cirúrgica, medicamentosa e de enfermagem, até ao "apoio psicoterapêutico, sempre que necessário, à família"[393]. É nesta sequência que deve ser emitido pelo médico assistente o **boletim de exame** e, possivelmente, **o boletim de alta**, de que uma cópia será enviada para o tribunal onde foi instaurado o processo após a participação, para ser considerado na perícia médica. Também deverá conter uma declaração fundamentada sobre o grau de incapacidade permanente ou temporária[394].

No âmbito do processo judicial, a **perícia médica** será realizada pelos serviços médico-legais (perito médico), que com base no exame da documentação (boletins e anexos) e do sinistrado, deverá avaliar a sua situação clínica, qualificando e determinando o grau de incapacidade para o trabalho, ou seja, a sua desvalorização, considerando ainda o estado geral do sinistrado, a sua idade e profissão. Para tanto, deverá observar e aplicar a Tabela Nacional de Incapacidades por Acidente de Trabalho e Doenças Profissionais[395]. Esta desvalorização deverá ser determinada através de um coeficiente expresso em percentagem, que irá de 0% até 100%, isto é, da situação de curado sem qualquer desvalorização até à incapacidade absoluta para todo e qualquer trabalho, cujo "grau de incapacidade é expresso pela unidade" (art. 21.º, n.º 3 da LAT e Anexo I da referida Tabela Nacional).

Assim, a incapacidade deve classificar-se quanto ao tempo e à sua amplitude ou grau. Nesta perspetiva, pode haver **incapacidade permanente ou temporária,** podendo cada uma destas ser **absoluta** (sempre de 1 (ou 100%) (IPA) ou **parcial** (de 0,..% a 1 (ou 100%) (IPP). Ainda na

[392] Que devem ser prestados mesmo em caso de força maior e em outras situações que excluem a responsabilidade (art. 26.º da LAT).

[393] A responsabilidade incumbe à "pessoa singular ou coletiva de direito privado ou de direito público, não abrangida por legislação especial, relativamente ao trabalhador ao seu serviço" ou à seguradora para quem obrigatoriamente transferiu tal responsabilidade (arts. 7.º, 79.º e 80.º da LAT).

[394] Este boletim de exame e alta está previsto no art. 35.º da LAT, onde também se impõe o dever de cooperação com o tribunal, que pode solicitar todos os esclarecimentos (art. 37.º).

[395] Aprovada pelo DL n.º 352/2007, de 23 de outubro, que também incorpora a Tabela Indicativa para a Avaliação da Incapacidade em Direito Civil, constante da nossa coletânea Legislação sobre Incapacidades em Direito do Trabalho, Cível e Administrativo, Dislivro, Lisboa, 2007, pág. 13. Para interpretação da possibilidade de reconversão prevista na Tabela, v. Ac. do STJ n.º 10/2014, publicado no DR, de 30/6/2014.

incapacidade absoluta haverá que determinar se é para todo e qualquer trabalho ou se é apenas para o trabalho habitual (pensa-se, por exemplo, no caso de um motorista, que poderá deixar de poder conduzir, mas exercer outra profissão).

Da perícia médica haverá de resultar um **auto ou relatório pericial de exame médico,** de conformidade com o modelo oficial. Da verificação da situação, poderá ainda a desvalorização observada pelo perito médico ser considerada provisória, donde a incapacidade será classificada como **temporária.**

Neste último caso, na tentativa de conciliação procurar-se-á obter um acordo temporário, enquanto se verificar aquela provisoriedade (no máximo até 18 meses).

Ainda pode acontecer que o perito médico, para a sua avaliação, careça de elementos complementares de diagnósticos (exames, análises, etc.) ou até do parecer de um médico especialista. Também nestes casos fixará uma **incapacidade provisória.** Por causa destas diligências haverá lugar à marcação do novo exame médico e de nova tentativa de conciliação. Mas também pode acontecer que venha a ser determinada pelo perito do tribunal uma **incapacidade permanente,** quer absoluta, quer parcial. Então, seguir-se-á a tentativa de conciliação.

Ainda, como se prevê no art. 107.º do CPT, pode também ser necessário proceder à perícia de "doença física ou mental dos **beneficiários legais** suscetível de afetar sensivelmente a sua capacidade de trabalho". Conforme anota Abílio Neto "a relevância da deficiência ou doença crónica dos beneficiários legais (cônjuge, ex-cônjuge, pessoa que vivia em união de facto com o sinistrado, filhos, ascendentes ou outros parentes sucessíveis) está regulada, nomeadamente, no art. 62.º da atual LAT, sendo a eles que este artigo 107.º estende a possibilidade de serem submetidos a exame médico, em termos similares aos dos próprios sinistrados, no sentido de apreciar a existência e o grau da deficiência ou doença ou a probabilidade de evolução favorável"[396].

Para além das situações de incapacidade permanente, ainda o Magistrado do MP, nos termos do n.º 1 do art. 102.º, deve solicitar a perícia médica seguida de tentativa de conciliação nos casos de **incapacidade temporária** em que o sinistrado:

[396] Código de Processo do Trabalho Anotado, 5.ª ed., jan. 2011, pág. 301.

- não estiver curado quando for recebida a participação e estiver sem tratamento adequado;
- não estiver a receber a indemnização;
- não se conformar com a alta (da situação de doença, concedida pelo médico da seguradora), com a natureza da incapacidade ou o grau de desvalorização (atribuídos pela seguradora);
- estiver de baixa por mais de 12 meses.

Caso o sinistrado se considere curado sem qualquer desvalorização e apenas reclame o pagamento de indemnização em falta ou de outra prestação que ache devida então, em tal caso, apenas haverá lugar a tentativa de conciliação, podendo ser dispensado o exame médico (n.º 2 do mesmo art. 102.º).

Portanto, o acidente de trabalho só não será objeto de controlo judicial, isto é, só não originará o correspondente processo judicial, quando ficarem reunidos, cumulativamente, os seguintes requisitos:

- a responsabilidade estiver, validamente, transferida para uma seguradora;
- dele resultar uma incapacidade temporária para o trabalho até 12 meses; e
- não se suscitarem divergências quanto à cura e tratamento ou indemnizações ou outras questões acessórias.

3.3. Tentativa de conciliação

Recebida a participação do acidente, seguir-se-á uma das tramitações enunciadas, que se integra sempre na mencionada **fase conciliatória**, dirigida pelo magistrado do MP a qual culminará com uma **tentativa de conciliação** (arts. 99.º e 108.º a 116.º), que pode ser deprecada a outro tribunal do trabalho, como escreve João Monteiro[397].

Terá, como intervenientes (que, naturalmente, deverão ser convocados) o sinistrado ou, em caso da sua morte, os seus beneficiários legais, o empregador ou a sua seguradora[398], cuja identificação deverá constar da

[397] Ob. citada, pág. 161, salientando-se que entre os tribunais situados nas áreas metropolitanas de Lisboa e Porto não há lugar a tais deprecadas, cfr. n.º 6 do art. 108.º e isto para além do que se dispõe no art. 25.º, ambos do CPT.

[398] As companhias de seguros com o ramo dos acidentes de trabalho eram "obrigadas a manter, nas localidades sedes dos tribunais de trabalho, um representante que possa receber

participação do acidente. Como anota Abílio Neto, "uma das causas mais frequentes do adiamento da tentativa de conciliação resulta da necessidade de intervenção de novo responsável, por se constatar, em face de declarações colhidas naquele ato, que a transferência da responsabilidade para a seguradora não abrange a totalidade do salário (art. 79.º da atual LAT)"[399].

Como, indiretamente, resulta do preceituado no art. 112.º do Código, a tentativa de conciliação tem por **objeto** procurar obter acordo, nomeadamente, quanto:

– à existência e caracterização do acidente como de trabalho;
– ao nexo causal entre a lesão e o acidente de trabalho;
– à retribuição do trabalhador sinistrado;
– à entidade (ou entidades) responsáveis;
– à natureza e grau da incapacidade.

Naturalmente, a questão básica que se pode suscitar tem a ver com a classificação do acidente como sendo de trabalho ou não[400]-[401], seguindo-se as restantes questões enunciadas, sendo certo que também se podem levantar dificuldades entre os herdeiros do sinistrado falecido, como já se fez alusão.

Caso venha a concluir-se que a incapacidade é temporária ou o seu grau ainda é provisório, haverá lugar a novo exame médico e a nova tenta-

as citações, notificações e correspondência dos mesmos tribunais" que também as podiam representar na tentativa de conciliação que não fosse adiada "por razão imputável à empresa de seguros". Com a revogação do art. 65.º do DL 143/99, de 30 de abril, que regulamentava a antiga LAT e que continha tal previsão, devem as seguradoras ser citadas e notificadas na sua sede ou se tiverem sede no estrangeiro, nas suas sucursais, filiais, ou delegações (art. 13.º do CPC) e terão de se fazer representar por mandatário acreditado no tribunal. Parece que tal mandatário deveria ser um advogado (art. 62.º da Lei n.º 15/2005, de 24 de janeiro – Estatuto da Ordem dos Advogados). Porém, face ao disposto no art. 40.º do CPC (*a contrario*) e n.º 8 do art. 1.º da Lei n.º 49/2004, de 24 de agosto, cremos que as seguradoras, nesta tentativa de conciliação, poderão fazer-se representar pelos seus representantes legais, empregados, funcionários ou agentes.

[399] Código cit., pág. 303.

[400] A delimitação do acidente de trabalho consta dos arts. 8.º a 11.º da LAT. Para tal caracterização, entre muitos outros, pode ver-se o Ac. do STJ, de 19/11/2008, (Cons. Mário Pereira) doc. SJ200811190024664.

[401] A natureza, determinação e graduação da incapacidade para o trabalho encontram-se definidas nos arts. 19.º a 22.º da LAT.

tiva de conciliação, até que cesse a incapacidade ou esta se torne permanente. Portanto, até que se possa apurar, com elevado grau de certeza, o resultado do sinistro na pessoa do trabalhador sinistrado.

Para além dos interessados poderem ter chegado a acordo, a tentativa de conciliação pode ser adiada por falta de algum dos notificados ou de informações documentais relevantes (art. 108.º). A falta de comparência repetida da entidade responsável pode levar à dispensa do ato e à presunção da veracidade dos factos narrados pelo sinistrado, como resulta do disposto no n.º 5 do art. 108.º[402].

Na fase conciliatória, como se aludiu, já se procede à **instrução do processo**, o qual passará a integrar todos os elementos documentais resultantes das investigações efetuadas, nomeadamente pela ACT, declarações das partes e eventuais perícias médico-legais e forenses, para além de pareceres médicos, culminando com o mencionado **relatório pericial** médico, em que para além do mais, deverá constar, ainda que em termos provisórios, a **natureza e grau de incapacidade do sinistrado** (art. 106.º do CPT).

Excluindo o caso de morte do sinistrado, é após esta definição da incapacidade pelo perito médico que, normalmente, logo a seguir, se realiza a tentativa de conciliação. Nela procura-se que por acordo, com base em proposta apresentada pelo magistrado do MP, se fixem as obrigações das partes ou, em regra, as obrigações da seguradora ou, eventualmente, do empregador nomeadamente, quanto a indemnizações devidas pelos períodos de incapacidade para o trabalho, quer parcial, quer absoluta e ao grau de incapacidade permanente. Se o grau de incapacidade for ainda **provisório ou temporário** também o acordo será de vigência provisória ou temporária. Extrajudicialmente, como resulta do estatuído no n.º 2 do art. 114.º, também tal acordo pode ser alcançado, mas terá de ser submetido à apreciação do MP, desde logo, para averiguar de eventual ofensa à indisponibilidade dos direitos do sinistrado.

Os **autos do acordo** contêm para além da identificação dos intervenientes, a indicação precisa dos direitos e obrigações e "ainda a descrição pormenorizada do acidente e dos factos que servem de fundamento aos referidos direitos e obrigações" (art. 111.º). Se não houver o acordo

[402] Disposição esta com tal presunção já julgada constitucional pelo Acórdão do TC 270/2005, publicado no D.R., 2.ª Série, de 6/07/2005.

ou este não for pleno, no mesmo auto constarão os factos aceites e não aceites pelos intervenientes, respeitantes às referidas matérias e que são as essenciais em qualquer processo emergente de acidente de trabalho.

Embora o processo seja dirigido pelo magistrado do MP, como já se aludiu, havendo acordo, este carece de **homologação** (imediata) pelo juiz, que obviamente, a poderá recusar (art. 114.º do CPT) o que provocará nova tentativa de conciliação para se procurar sanar as razões aduzidas pelo juiz[403]. Tal recusa resultará de qualquer ilegalidade que se poderá verificar face à natureza imperativa da LAT, consignada no seu art. 12.º e, bem assim, das aludidas inalienabilidade, impenhorabilidade e irrenunciabilidade dos créditos e garantias do trabalhador (art. 78.º da mesma Lei). De tal despacho negativo, poderá qualquer interveniente, incluindo o MP recorrer, no prazo de 10 dias (arts. 79.º-A, n.º 2, alínea f) e n.º 2 do art. 80.º).

Este despacho homologatório pelo juíz do acordo celebrado perante o MP não se configura como uma sentença, desde logo, porque o texto do art. 124.º do CPT não lhe confere tal dignidade. Diferentemente, em processo comum, a desistência, a confissão e o acordo das partes concretizados na audiência de conciliação, portanto perante o juiz, já não carecem de homologação para produzir efeitos de caso julgado, como se estabelece no art. 52.º. De qualquer modo, em ambos os casos os acordos alcançados constituem títulos executivos (art. 88.º b)).

Perante eventuais obrigações assumidas pelo empregador (não pela seguradora) pode ser necessário que aquele preste alguma caução ou constitua reservas matemáticas[404]. Em tal caso, no despacho de homologação deve ordenar-se o envio à ASF de uma cópia do acordo com a homologação, de conformidade com o estabelecido no art. 137.º, n.º 1[405].

Como se trata de um processo oficioso não há lugar ao pagamento de **taxas de justiça**, nesta fase conciliatória. Aliás, neste processo, em geral, o sinistrado e sua família poderão estar isentos de custas, de conformi-

[403] Para maior desenvolvimento, ver A Fase Conciliatória do Processo Especial Emergente de Acidentes de Trabalho, comunicação do Procurador Vítor Melo, inserida em Estudos do Instituto de Direito do Trabalho, vol. V, IDT/Almedina, Coimbra, 2007, pág. 58.

[404] De conformidade com as normas dos arts. 84.º e 85.º da LAT.

[405] Como adverte Álvaro Lopes Cardoso, cit. Manual. II vol. pág. 133.

dade com o disposto na alínea h) do n.º 1 e n.º 6 do art. 4.º do RCP. O valor da causa haverá de resultar das regras do art. 120.º do CPT.

Ainda no art. 116.º do CPT se previne uma situação insólita mas que acontece: há acordo generalizado, mas "o sinistrado ou os respetivos familiares se limitarem à recusa do que lhes é devido". Em tal situação (em regra por o sinistrado ou familiar considerar o valor legal da pensão diminuto) o magistrado do MP promoverá para que o juiz profira **decisão sobre o mérito da causa** (e não sentença) e fixe o seu valor, "podendo limitar-se à parte decisória, precedida da identificação das partes e da sucinta fundamentação de facto e de direito do julgado". Tal decisão judicial, para além de confirmar a legalidade do acordado, confere-lhe o expresso valor de sentença, que, não sendo posta em causa por via de recurso, transitará em julgado.

Ainda interessará considerar o **alcance do acordo**, ficando "vedado aos beneficiários, na mesma ação ou em ação autónoma instaurada para o efeito, pedirem a condenação da entidade empregadora no pagamento dos danos morais gerados em consequência do mesmo acidente e com fundamento na violação culposa de regras de segurança"[406], como previsto no art. 18.º, n.º 1 da LAT.

4. Fase contenciosa

4.1. Petição e/ou requerimento

Nesta nova etapa, o processo, que se mantém nos mesmos autos da fase conciliatória, passa a ser dirigido pelo juiz e inicia-se com a **petição,** em que se expõem os fundamentos que se encontram nas matérias não acordadas na tentativa de conciliação, concluindo-se pelo pedido e demais elementos inerentes. Pode, inclusive ser pedido o ressarcimento da totalidade dos prejuízos, incluindo, pois, danos morais nas situações especiais previstas no art. 18.º da LAT, nomeadamente quando o acidente resulta da falta de observância das regras de segurança. A sua dedução deve ocorrer no prazo de 20 dias (prorrogável a favor do MP), a contar da não conciliação ou da não homologação (art. 119.º). Será apresentada pelo sinistrado ou pelo beneficiário (e não pelo responsável ou responsá-

[406] Ac. do TRL, de 06-12-2010 [Des. Fernandes Isidoro] *in* C.J., Ano XXXV, Tomo V/2010, pág. 244.

veis) pela reparação que, assim, passa(m) à posição de autor(es). O teor da petição deverá obedecer às regras inerentes, como o salientado em relação ao processo comum, inclusive quanto ao valor da ação e à taxa de justiça[407]. Caso tenha recebido, durante o período de incapacidade (ou morte), prestações da segurança social, o autor deve fazer tal declaração e identificar na petição a sua qualidade de beneficiário, vindo o ISS, IP a ser citado para contestar[408].

Para além da petição também haverá um **requerimento** no caso de o sinistrado ou do responsável ou de ambos não aceitarem o resultado da perícia médica realizada na fase conciliatória para que assim a **questão da incapacidade** venha a ser avaliada por junta médica (e não já por um único perito médico). Este requerimento deve ser fundamentado ou vir acompanhado dos quesitos para serem objeto de resposta pelos peritos médicos. Originará uns novos autos para a fixação da incapacidade que correrão por **apenso** ao processo principal, exceto se não houver quaisquer outras questões em aberto para iniciar tal processo principal (arts. 119.º, 126.º e 132.º). Neste último caso, tal requerimento passa a equivaler à petição, nomeadamente para efeito de taxa de justiça. Dada a sua relevância, a questão da fixação da incapacidade, consequente a tal requerimento, será tratada em número posterior.

Não tendo havido acordo na fase conciliatória sobre a fixação da incapacidade para o trabalho mas se depois o trabalhador ou o seu representante (ou até a entidade responsável) não apresentar, no prazo legal ou na sua prorrogação, o citado requerimento, a natureza e grau de incapacidade já consignados no relatório pericial podem acabar por prevalecer, merecendo despacho homologatório.

A representação do sinistrado será assumida pelo MP, caso ele não nomeie advogado (arts. 7.º, 9.º e 119.º), o qual "não se realizando acordo recolhe logo os elementos necessários à elaboração e apresentação da petição inicial" nos termos do art. 113.º.

[407] Não sendo o sinistrado representado pelo magistrado do MP, nem havendo apoio judiciário, será devida taxa de justiça, que poderá ser paga em duas prestações (arts. 4.º, n.º 1 a) e h) e 14.º-A i) do RCP). O valor da causa haverá de resultar do valor das pensões ou das indemnizações pedidas, que poderá ser alterado pelo juiz, de conformidade com o preceituado no art. 120.º.

[408] De conformidade com o estipulado no Decreto-Lei n.º 59/89, de 22 de fevereiro e 67.º da Lei n.º 4 /2007, de 16 de janeiro (Lei de bases da segurança social).

Com exceção da questão da incapacidade, todas as restantes questões a dirimir centram-se no **processo principal,** incluindo a fixação de indemnização provisória se tiver sido pedida ou seja imposta por lei (art. 126.º). Ainda uma outra questão que se poderá suscitar é a da determinação da **entidade responsável pelo acidente** e pela reparação dos seus danos. Em tal caso, a lei consigna ao juiz poderes para "mandar intervir na ação qualquer entidade que julgue ser eventual responsável" (art. 127.º). Haverá, pois, um **incidente de intervenção provocada** oficiosamente suscitado e não por qualquer das partes, como se prevê no art. 316.º do CPC. Aliás, o juiz até à audiência de discussão e julgamento deve, para além de mandar intervir na ação qualquer pessoa e mandar realizar outros atos para suprir a eventual falta de pressupostos, convidar as partes a completar e a corrigir os articulados, de conformidade com as regras traçadas no art. 27.º do CPT. Neste contexto, parece óbvio que a ação possa ser movida contra entidades que não intervieram na fase conciliatória.

O juiz pode determinar, em qualquer altura do processo, mediante requerimento fundamentado do interessado, que a entidade que tiver custeado inicialmente o **tratamento ao sinistrado** continue a fazê-lo, para além de poder proceder à notificação judicial para a prestação de **ajudas técnicas** e outros dispositivos técnicos de compensação das limitações funcionais (LAT, arts. 41.º a 43.º). Também pode ser decidido pelo juiz a sua substituição por pagamento em dinheiro (art. 42.º da mesma Lei).

Ainda na petição, pelo sinistrado poderá ser requerida a condenação no pagamento de **pensão provisória**, nas condições adiante referidas.

4.2. Contestação

Neste processo principal, o juiz mandará citar o réu para contestar (no prazo de 15 dias). Na **contestação,** o réu (ou réus) pode(m) impugnar e excecionar quanto à petição e deverá(ão) **responder ao requerimento** para fixação da incapacidade, nomeadamente, apresentando os seus quesitos[409]. Naturalmente, ainda pode indicar outra entidade como também (ou por si só) sendo responsável pelo acidente e suas sequelas. Aliás, nesta matéria até se poderá gerar controvérsia entre os diversos réus ini-

[409] A prova pericial, em geral, encontra-se regulada no art. 467.º e sgs. do CPC.

ciais ou chamados a intervir devendo uns ser notificados da contestação dos outros para responderem em cinco dias sobre tal questão (arts. 129.º e 127.º). Será, por exemplo, no caso da seguradora defender e pretender comprovar que a empregadora (e sua segurada) não respeitou as regras sobre segurança e saúde no trabalho o que originou o acidente (LAT. art. 18.º) para, vindo a ser condenada, poder, depois, exercer o direito de regresso, nos termos do n.º 3 do art. 79.º da mesma LAT[410].

Caso na contestação sejam deduzidos fatos geradores de alguma exceção ou esta seja expressamente suscitada, poderá haver **resposta à contestação.** Todavia, com base no disposto no n.º 3 do art. 129.º, pode defender-se a impossibilidade da resposta às exceções[411], o que não parece lógico, dado que, de seguida, não será curial conhecer das exceções dilatórias sem haver sido observado o contraditório. Porém, já no que tange à **reconvenção**, face ao estatuído no art. 30.º dificilmente terá cabimento.

A contestação de um dos réus aproveita aos restantes que não contestem, como resulta do preceituado no art. 129.º, n.º 2, embora só em "relação aos fatos que o contestante impugnar", como se preceitua na alínea a) do art. 568.º do CPC. Porém, a falta de contestação do único ou de todos os réus implica a "confissão dos fatos articulados na petição e será logo proferida sentença a julgar a causa conforme for de direito", podendo, inclusive, se verificar condenação *extra vel ultra petitum* (arts. 130.º, 57.º e 74.º). A condenação acontecerá em caso de revelia absoluta ou relativa[412], que será sempre operante, desde que não se tenha verificado a citação edital ou não sendo o réu incapaz.

Também a natureza ou grau da incapacidade terá de resultar do relatório pericial e, portanto, de um documento escrito, razão pela qual não poderá ser julgado logo procedente o pedido que nele não se estribar (art. 568.º, d) do CPC).

[410] V. como exemplos os Ac.s do STJ, de 06-05-2015 (Rel. Cons. António Leones Dantas) [dgsi] e n.º 6/2013, publicado em 05-03-2013.

[411] V. Ac. do TRP de 09-07-2014, Proc. 297/11.0TTBCT.P1 Rel. João Nunes [dgsi].

[412] Diferentemente do que acontece na revelia absoluta, na relativa é constituído mandatário no processo, que assim pode acompanhar os atos subsequentes, cfr. José Lebre de Freitas, A Ação Declarativa Comum à Luz do Código de Processo Civil de 2013, 3.ª ed., Coimbra Editora, 2013, pág. 88.

4.3. Despacho saneador e instrução

Depois da fase dos articulados, diferentemente do que acontece com o processo comum, haverá sempre lugar a **despacho saneador,** mas seguindo-se depois os termos daquele processo declarativo comum (art. 131.º n.º 2 do CPT) com uma especificidade quanto à apresentação do rol de testemunhas (e restantes meios de prova), cujo prazo, só então, decorrerá por 10 dias (art. 133.º do mesmo CPT).

Através do despacho saneador, o juiz poderá conhecer das exceções e nulidades processuais e até do mérito da causa, no todo ou em parte, se os autos já o permitirem. Caso assim não aconteça, considera os factos assentes e seleciona a matéria de facto controvertida relevante para a decisão da causa (base instrutória) [413]. Face às normas expressas do CPT não há lugar à aplicação dos novos institutos processuais civis, que, quanto muito, servirão de elemento interpretativo.

Tendo havido também requerimento para reavaliação da incapacidade por junta médica ainda é nesta fase que o juiz deverá determinar o desdobramento do processo, mandando constituir o apenso e aceitar os factos que julga provados e alinhar sob quesitos os que devem ser esclarecidos. Também poderá marcar a data para a audiência de discussão e julgamento, sem prejuízo de disposto no art. 151.º do CPC.

Segue-se a notificação às partes e apresentação, por estas, do rol de testemunhas e outros meios de prova, passando-se a observar os termos do processo comum até culminar na sentença final (arts. 131.º, n.º 2 e 133.º).

4.4. Audiência, sentença e recurso

Também existe uma especialidade quanto à presença na audiência de julgamento dos **peritos médicos**, que apenas se verificará "quando o juiz o determinar", o que equivale a dizer que pode denegar o pedido das partes em tal sentido (art. 134.º).

Naturalmente, perante o estatuído no n.º 2 do art. 131.º, que manda aplicar as regras do processo comum, pode ser ampliada a base instrutória e ainda, após os debates, a matéria de fato, tudo de conformidade com o disposto no art. 72.º.

[413] Em correspondência com o despacho destinado a identificar o objeto do litígio e a enunciar os temas da prova no processo civil (art. 596.º do CPC).

Por seu turno, de harmonia com o estabelecido no art. 135.º, na sentença deve também ser considerada a matéria assente na fase conciliatória e nos articulados (art. 131.º, n.º 1, c)) e até outra que não tenha sido discutida na fase contenciosa, mas que seja pertinente. Deve ainda integrar as decisões tomadas no processo principal e nos processos apensos e tem de fixar **juros de mora** em caso de condenação em prestações pecuniárias em atraso, independentemente de culpa e relativamente aos prazos de vencimento estabelecidos no art. 72.º da LAT e mesmo que não tenham sido pedidos[414]. Pelas razões expostas, poderá haver condenação *extra vel ultra petium*. Por último, ainda deve fixar o valor à causa em termos definitivos e o regime das custas.

O **recurso** para a Relação é sempre possível, independentemente do valor, conforme reza a alínea b) do art. 79.º, com o efeito e modo de subida já antes evidenciados.

Quando houver que **prestar caução ou constituir reserva matemática**, serão os respetivos cálculos efetuados pela Autoridade de Supervisão de Seguros e Fundos de Pensões (ASF) que substituiu o Instituto de Seguros de Portugal, IP[415] ao qual deverá ser dada a necessária informação pelo tribunal (arts. 137.º do CPT e 84.º e 85.º da LAT).

4.5. Pensão ou indemnização provisórias

A avaliação do dano corporal ou prejuízo funcional sofrido em consequência do acidente de trabalho (ou doença profissional) com redução da capacidade de ganho só pode ter lugar após a cura ou a consolidação das lesões.

Sendo esta a questão nuclear do processo e face às suas delongas, prevê-se (nos arts. 121.º a 123.º do CPT e 52.º da LAT), para atenuar a situação do sinistrado, que a seu requerimento, possa pelo juiz (e, portanto, só na fase contenciosa), ser fixada **provisoriamente** uma pensão ou uma indemnização, em síntese, nos casos seguintes:

- havendo acordo acerca da existência e caracterização do acidente como sendo de trabalho;

[414] O regime da mora, por ser imperativo, é diferente do regime traçado no Código Civil (art. 806.º) como é jurisprudência constante, nomeadamente Ac. do STJ n.º 9/2015, publicado em 24 de junho de 2015.

[415] Com estatuto aprovado pelo DL n.º 1/2015, de 6 de janeiro (www.asf.com.pt).

- não havendo acordo sobre a transferência da responsabilidade; e,
- mesmo não havendo acordo sobre a existência ou a caraterização do acidentes como sendo de trabalho, mas havendo situação de necessidade[416];
- quando julgadas as questões no processo principal, ainda não haja condenação definitiva, e até,
- quando haja suspeita de fuga às responsabilidades.

Face ao seu objetivo, esta decisão, que consubstancia uma **condenação provisória ou cautelar**, não é suscetível de recurso, mas, tão somente, de mera reclamação para o próprio juiz e é "imediatamente exequível, dispensando-se a prestação de caução" (art. 124.º).

4.6. Fixação da incapacidade

Como já ficou mencionado para fixação da incapacidade, em termos tendencialmente definitivos, não sendo aceite por acordo dos interessados o resultado da perícia médica na fase de conciliação, deverá ser requisitada (em princípio, em requerimento autónomo da petição ou nesta, se for a única questão a dirimir[417]) nova perícia mas, agora, a realizar por **junta médica**, portanto, de composição coletiva.

Tal junta será constituída por três peritos médicos, sendo um nomeado pelo tribunal (dos referidos serviços médico-legais) e cada um dos outros dois pelas partes (art. 139.º do CPT) podendo intervir ainda mais dois médicos especialistas. A deliberação tomada pela junta será notificada às partes [418] e apreciada pelo juiz que decidirá, em regra, confirmando o seu resultado, ainda que possa determinar ou requisitar a realização de outros exames e pareceres.

Finalmente, será proferida decisão sobre o mérito, fixando a natureza e o grau de incapacidade, as consequentes indemnizações a pagar, para além do valor da causa (se a decisão for tomada no processo principal, por não haver outras questões a julgar).

[416] Neste caso, em princípio, a pensão ou indemnização será paga pelo Fundo de Acidentes de Trabalho (FAT) – DL 142/99, de 30 de abril- cfr. art. 82.º da LAT (antigo art. 39.º da antiga LAT, que ainda é referido no art. 122.º do CPT).

[417] De conformidade com o estatuído no arts. 117.º, 118.º e 132.º.

[418] De harmonia com a decisão proferida pelo TEDH, de 28-05-2014 (Affaire Martins Silva v. Portugal), cfr Ac. do TRP, de 06-10-2014 (Rel. Paula Leal de Carvalho) [dgsi].

É com base no coeficiente global de incapacidade para o trabalho e numa percentagem da retribuição anual (que poderá ir de 50 a 80%) que será calculado quer o valor das indemnizações por incapacidade temporária para o trabalho, quer das pensões por morte ou por incapacidade permanente para o trabalho, de harmonia com as regras dos arts. 71.º, 48.º e 79.º da LAT.

Para além do recurso, a interpor a final, tal incapacidade apenas poderá ser alterada em posterior incidente de revisão (art. 140.º), como adiante se mencionará.

4.7. Incidente por falecimento

Durante o decurso do processo, falecendo o autor, naturalmente, suspende-se a instância, como também decorre do art. 270.º do CPC, até que seja efetuada a habilitação dos seus herdeiros[419]. Porém, se o autor for o sinistrado, como normalmente é, nos termos do art. 141.º, citam-se por éditos (com dispensa de anúncios) os seus herdeiros para, querendo, deduzirem a habilitação, naturalmente, se, entretanto, já não tiverem providenciado em tal sentido.

Mas também o magistrado do MP deve averiguar se a morte resultou direta ou indiretamente do acidente de trabalho em causa no processo. Em caso afirmativo, deve aquele magistrado providenciar pela autuação de processo por morte, havendo lugar à reforma do pedido, como consta da epígrafe da Divisão V (acima do art. 141.º). Este novo processo correrá por apenso (arts. 142.º e 100.º) e levará a tentativa de conciliação, na qual intervirão os herdeiros, como é óbvio e já foi relatado. Caso se venha a frustrar a tentativa de conciliação, poderá vir a originar-se nova fase contenciosa, agora, apenas para acautelar os eventuais direitos dos beneficiários legais do sinistrado, indicados no art. 57.º e sgs. da LAT.

Havendo suspensão da instância que durasse por mais de um ano, passava à situação de interrupção, como se previa nos arts. 285.º e 286.º do antigo CPC. Mas, agora, haverá apenas suspensão que poderá cessar nos termos dos arts. 143.º e 144.º do CPT e 276.º do CPC[420].

[419] O incidente de habilitação encontra-se disciplinado no art. 351.º e sgs. do CPC.

[420] O começo e desenvolvimento da instância, a sua suspensão e a extinção são regulados a partir do art. 259.º, *maxime* nos arts. 275.º e 276.º do CPC que tratam da suspensão e do seu fim.

4.8. Incidentes típicos posteriores

No âmbito dos processos por acidentes de trabalho podem considerar-se como típicos os seguintes **incidentes,** que se podem suscitar durante a tramitação do processo principal ou depois deste se concluir:

- *Prestação de caução ou constituição de reservas matemáticas* (arts. 84.º e 85.º da LAT, 137.º do CPT e 906.º e sgs. do CPC) quando deva ser prestada caução pelo empregador responsável (obrigação de caucionamento de pensões) ou constituída reserva matemática sob a supervisão da ASF, ex Instituto de Seguros de Portugal, IP [421];
- *Revisão da incapacidade ou da pensão* (arts. 70.º da LAT e 145.º a 147.º do CPT) quando se verifique uma modificação na capacidade de trabalho ou de ganho do sinistrado proveniente de agravamento, recidiva (reaparecimento da doença), recaída ou melhoria da lesão ou doença que deu origem à reparação. Pode ser requerida pelo sinistrado ou pelo responsável pelo pagamento [422];
- *Remição da pensão facultativa e obrigatória* (arts. 75.º da LAT e 148.º a 150.º do CPT) quando a pensão anual vitalícia devida a sinistrado com incapacidade permanente parcial for inferior a 30% e em relação a pensão anual vitalícia devida a beneficiário legal, desde que em qualquer dos casos, o valor da pensão anual não seja superior a seis vezes o valor da retribuição mínima nacional[423]. As remições obrigatórias ficam isentas de custas (RCP art. 4.º, n.º 2 a))[424].

Embora inominados, podem classificar-se como incidentes da instância, a fixação de incapacidade para o trabalho, de pensão ou de indemnização provisórias, como se prevê nos arts. 121.º a 125.º.

[421] As bases técnicas, bem como as respetivas tabelas práticas, constam da P. n.º 11/2000, de 13 de janeiro.

[422] Cfr, como exemplo, Ac. do STJ, de 30-03-2017 (Rel. Ana Luisa Geraldes [dgsi]. A revisão da incapacidade ou da pensão não devem ser confundidas com a sua atualização, em princípio anual, como previsto no art. 6.º do DL 142/99, de 30 de abril.

[423] O modo de cálculo do capital de remição das pensões e valores do seu caucionamento consta da Portaria n.º 11/2000, de 13 de janeiro. A norma do n.º 2 do art. 75.º foi julgada inconstitucional na parte em que impede a remição parcial de pensões anuais vitalícias correspondentes a incapacidade inferior a 30% (Ac. do TC n.º 172/2014, publicado em 10/3/2014).

[424] V. como exemplo, Ac. do TRL, de 18-11-2015 (Rel. Paula Sá Fernandes) [dgsi].

5. Processo para declaração de extinção de direitos resultantes de acidente de trabalho

Não obstante a sua especial natureza, os direitos resultantes de acidente de trabalho, como sejam os diversos direitos de índole patrimonial, conforme o disposto nos arts. 179.º da LAT e 151.º e 152.º do CPT, podem cessar por **prescrição** no prazo de cinco anos (a partir da data do seu vencimento e na sequência do conhecimento pessoal da fixação das prestações), por **caducidade do direito de ação** (um ano, a contar da data da alta clínica ou da morte) e por **caducidade do direito a pensão** (art. 152.º do CPT) em razão da idade, morte, segundas núpcias ou união de facto[425]. O próprio beneficiário do direito pode ter interesse na declaração da sua caducidade[426].

Englobam-se nesta especial categoria de processo emergente de acidente de trabalho, segundo o n.º 1 do art. 151.º do CPT, as ações para:

- declaração de prescrição ou suspensão de direito a pensões; e
- declaração de perda de direito a indemnizações.

Segundo o preceituado no mesmo número, tais ações "seguem, com as necessárias adaptações, os termos do **processo comum** ... mas o juiz pode oficiosamente ordenar exames ou outras diligências que considere necessárias". Também o julgamento deve ser sempre efetuado por tribunal singular[427]. Como se exceciona a aplicação dos arts. 61.º e 62.º, deverá concluir-se que neste processo, não há lugar nem para o despacho pré-saneador, nem para a audiência preliminar.

Prevêem-se e regulam-se no artigo seguinte, dois específicos procedimentos, o último dos quais é classificado como incidente, ainda que de solução óbvia, e que são:

- a necessidade do autor, que será a entidade responsável pelo pagamento (seguradora ou empresa), apresentar os **meios de prova**, que poderão ter de ser por documentos para demonstrar a caducidade

[425] De conformidade com o estabelecido nos arts. 132.º a 134.º.

[426] V. como exemplo o Ac. da Rel. de Coimbra de 09-10-2008, *in* C.J. 2008, 4.º, pág. 65.

[427] O que está em consonância com o disposto no art. 127.º da LOSJ sobre as causas em que deve intervir o tribunal coletivo.

do direito a pensão em razão da idade, morte, segundas núpcias ou união de facto; e

- a remessa para visto do magistrado do MP quando se verifique a caducidade da pensão devido à **morte do sinistrado**, para ele investigar das causas da morte e, se for necessário, providenciar pelas "diligências necessárias para determinação dos seus beneficiários legais" e promover a tentativa de conciliação, tudo nos termos dos arts. 142.º a 144.º e 100.º.

Quer este processo, quer este seu incidente, segundo o preceituado no art. 153.º, correrão, logicamente, por apenso ao processo principal (para efetivação dos direitos resultantes de acidente de trabalho), que só não existirá em casos raros.

6. Processo para efetivação de direitos de terceiros conexos com acidente de trabalho

O acidentado do trabalho (e até alguns dos seus familiares) tem, naturalmente, direito a uma série de prestações em espécie, em especial, em transportes, cuidados médicos e de enfermagem, como resulta do art. 25.º e sgs. da LAT, nomeadamente no seu art. 29.º, onde se estabelece que "nenhum médico pode negar-se a prestar assistência clínica a sinistrado do trabalho ..".

Nesta sequência, no art. 126.º, n.º 1, d), da LOSJ, confere-se **competência material aos juízos do trabalho** para as "questões de enfermagem ou hospitalares, de fornecimento de medicamentos emergentes da prestação de serviços clínicos, de aparelhos de prótese e ortopedia ou de quaisquer outros serviços ou prestações efetuadas ou pagos em benefício de vítimas de acidentes de trabalho ou doenças profissionais".

Como a responsabilidade pelo pagamento de tais serviços recai, não sobre o sinistrado, mas sobre o empregador (ou a sua seguradora), de conformidade com o disposto no art. 7.º da LAT, é por demais evidente a conveniência da efetivação judicial de tal responsabilidade, quando necessária, se fazer em processo especial conjunto ou derivado do processo principal do acidente de trabalho, que originou tais despesas e encargos.

Igualmente, do acidente de trabalho podem resultar direitos a indemnização a favor de terceiros (em relação ao sinistrado), como sejam alguns dos seus familiares, nas situações em que se verifique a atuação culposa do empregador, seu representante ou entidade por aquele contratada e por empresa utilizadora de mão de obra, conforme previsto no art. 18.º da LAT.

É, assim, nestes contextos, que se prevê e se regula no art. 154.º do CPT, este processo especial para efetivação de direitos de terceiro conexos com acidente de trabalho.

De especial, para além da sua inserção no foro laboral e da sua dependência do citado processo resultante do acidente de trabalho, do qual constituirá um **apenso**, segue a tramitação do **processo comum**. Naturalmente as decisões tomadas no processo principal, nomeadamente sobre "o objeto e a qualificação do sinistro como acidente de trabalho ou a determinação da entidade responsável" serão nele incontroversas.

7. Processo para efetivação de direitos resultantes de doença profissional

Deve entender-se como **doença profissional** aquela que como tal seja considerada na Lista da Doenças Profissionais[428] e, eventualmente ainda outras doenças "desde que se prove serem consequência necessária e direta da atividade exercida e não representem normal desgaste do organismo" (art. 94.º da LAT).

O regime das doenças profissionais integra também a LAT, mais concretamente o seu capítulo III (arts. 93 a 153.º). A relação das doenças profissionais possíveis, como já referido, consta, quase em exclusivo, na Lista das Doenças Profissionais, que, face ao desenvolvimento científico, vai sendo revista por uma Comissão Nacional[429]. Caso um trabalhador apresente alguma patologia não prevista em tal lista, compete-lhe apresentar prova da origem da sua doença para ela poder vir a ser classificada como profissional e não natural.

[428] Aprovada pelo DR n.º 6/2001, republicado pelo DR n.º 76/2007, de 17 de junho. Contém o código de cada uma das doenças e bem assim a referência temporal para a sua caracterização. Consta da nossa coletânea de Legislação sobre Incapacidades, Dislivro, pág. 281.

[429] A Comissão Nacional de Revisão da Lista das Doenças Profissionais encontra-se regulamentada no DR 5/2001, de 3 de maio.

Como o seguro das doenças profissionais foi integrado como um dos riscos sociais cobertos pelo sistema previdencial da segurança social[430], a sua gestão pertence ao Instituto da Segurança Social, I.P.[431], mais concretamente ao seu departamento especializado denominado Centro Nacional de Proteção contra os Riscos Profissionais (CNPRP). Deste modo, caso, ilicitamente, o empregador não inscreva algum trabalhador na respetiva instituição de segurança social como beneficiário[432], este não terá a referida proteção, sendo o empregador (ou eventualmente a seguradora) a responsável, ainda que tal situação se encontre mitigada[433].

Em consequência a **fase conciliatória** do respetivo processo decorre no âmbito do CNPRP. Caso não se chegue a acordo, então, é que se iniciará a **fase contenciosa** no tribunal de trabalho competente, em tudo semelhante a idêntica fase do processo por acidentes de trabalho (art. 155.º do CPT).

Assim, faltando o acordo global, a fase contenciosa inicia-se pela petição do trabalhador portador da doença profissional, que também poderá apresentar o requerimento com vista à fixação da incapacidade para o trabalho (cfr. arts. 155.º e 117.º do CPT). Este virá a originar o apenso ou constituir o processo principal, na falta de outra questão, como se explicitou.

No processo principal poderá ser apreciado o litígio relativo à existência ou não do nexo causal entre a atividade profissional ou local de trabalho e a doença, para se concluir ou não pela sua natureza.

Pode acontecer que se conclua pela existência da doença profissional, mas sem incapacidade para o trabalho, havendo, em tal caso, apenas a concessão de prestações em espécie.

[430] Cfr. Alcides Martins, Legislação da Segurança Social Tomo I – Sistemas Previdencial e Complementar, Dislivro, Lisboa, 2007, pág. 203.

[431] Lei orgânica – DL 214/2007, de 29 de maio, arts. 3.º s) e 18.º.

[432] Código do Regimes Contributivos do Sistema Previdencial da Segurança Social, art. 6.º e sgs.. O comentário destes artigos constam *in* Alcides Martins, Legislação da Segurança Social, Tomo II, pág. 24.

[433] Cfr. estudo de António Amaro Rodrigues denominado Notas sobre especificidades da reparação das doenças profissionais *in* Prontuário de Direito do Trabalho, n.º 83, maio-agosto de 2009, CEJ/Coimbra Editora, pág. 175.

8. Valor da causa

Perante a especificidade de todos estes processos emergentes de acidente de trabalho e de doença profissional, estatuem-se regras próprias sobre o **valor da causa** no art. 120.º do CPT para além daquelas que se encontram fixadas no art. 296.º e sgs. do CPC.

Em suma, o valor destas causas também deve representar a utilidade económica ínsita no pedido formulado. Assim, o seu quantitativo resultará da soma do valor das prestações pedidas. Porém, como as pensões se repercutem no tempo, o seu cálculo para o valor da causa será "igual ao do resultado da multiplicação de cada pensão pela respetiva taxa constante das tabelas práticas aplicáveis ao cálculo do capital da remição".[434]

Como tal repercussão temporal também se verifica nas **indemnizações** por incapacidade temporária a pagar no futuro, o seu valor processual haverá de resultar do quíntuplo do seu valor anual. Já relativamente às prestações indemnizatórias vencidas a sua repercussão no valor do processo haverá de resultar, como na regra básica, da sua simples soma aritmética. No que tange aos incidentes pode-lhe ser atribuído valor específico, consoante a que se prevê no art. 307.º do CPC.

O valor da causa corresponderá à **base tributária** para efeitos da taxa de justiça, de harmonia com o preceituado no art. 11.º do RCP. Em consequência, na fase contenciosa do processo para efetivação de direitos resultantes de acidente de trabalho e de doenças profissionais e nos processos para declaração de extinção de direitos e para efetivação de direitos de terceiros conexos com acidentes de trabalho há sujeição a custas processuais, que abrangem a taxa de justiça, os encargos e as custas de parte. Porém, os trabalhadores e seus familiares poderão estar isentos, nos termos da alínea h) do n.º 1 do art. 4.º do citado RCP, para além da modalidade do apoio judiciário (Lei n.º 34/2004, de 29 de julho).

[434] De conformidade com as regras da Portaria n.º 11/2000, de 13 de janeiro, as tabelas técnicas assentam num coeficiente consoante a idade do beneficiário da pensão.

XIV
Processo de Impugnação de Despedimento Coletivo

1. Generalidades

Nos artigos 156.º a 161.º do CPT regula-se este processo especial, em termos conciliáveis com as normas do CT que disciplinam o **despedimento coletivo** (arts. 359.º a 366.º). Tem por objetivo obter a declaração da ilicitude (ou irregularidade) de tal despedimento, em consonância com o disposto nos arts. 381.º e 383.º do CT[435]. Aliás, tal ilicitude também "apenas pode ser declarada pelo tribunal" (art. 387.º, n.º 1 do CT) e "na ação de apreciação judicial do despedimento, o empregador apenas pode invocar factos e fundamentos constantes de decisão de despedimento comunicado ao trabalhador" (n.º 3 dos arts. 388.º e 387.º).

É também um processo com **natureza urgente**, *ex vi* do disposto no art. 26.º, d), do CPT e distribuído como sendo da 5.ª espécie (art. 21.º).

"Presume-se que o trabalhador aceita o despedimento quando recebe a compensação prevista" como consta no n.º 4 do art. 366.º do CT. Portanto, em tal caso verificar-se-á a **caducidade ou renúncia do seu direito** a esta ação. Mas o trabalhador poderá ilidir tal presunção devolvendo, simultaneamente, aquela compensação ou vindo a provar que tal não lhe foi possível.

Não obstante o despedimento ser coletivo, "cada um dos trabalhadores é titular do direito de ação" como escreve Luís Miguel Monteiro, que

[435] Tem as suas coordenadas na Diretiva n.º 98/59/CE, do Conselho, de 20 de julho, relativa à aproximação das legislações dos Estados membros respeitantes aos despedimentos coletivos, como referido na alínea g) do art. 2.º da Lei de aprovação do Código do Trabalho.

também adianta que "a apreciação judicial do procedimento de despedimento coletivo é instrumental da declaração de ilicitude deste, a fazer em sede de processo especial"[436]. Daqui a necessidade das regras especiais a dar **competência territorial** ao "tribunal do lugar onde se situa o estabelecimento da prestação de trabalho" (art. 16.º, n.º 1, do CPT) ou o estabelecimento "com maior número de trabalhadores despedidos" (n.º 2). Também a regra do litisconsórcio do art. 3.º poderá ser aplicável, prevendo-se a obrigatoriedade da apensação destas ações, no n.º 2 do art. 31.º, quando não tenha havido coligação.

Como particularidade, salienta-se que o **prazo** (de caducidade) para intentar esta ação com processo especial é de seis meses "contados da data da cessação do contrato" (art. 388.º, n.º 2 do CT). É, pois, um prazo diferente dos dois restantes para impugnar judicialmente as outras formas de despedimento. Todavia, no que tange ao **procedimento cautelar** para suspensão de despedimento já existe um único prazo de cinco dias úteis para todas as formas de despedimento, "a contar da data da receção da (sua) comunicação..." e não da data efetiva do despedimento (art. 386.º do CT).

Convirá salientar que o processo de impugnação de despedimento coletivo pode ter apenas um autor se os restantes trabalhadores visados chegaram a acordo com a empresa ou acabaram por aceitar o despedimento. Assim já foi julgado pela Relação de Lisboa ao concluir que "no caso de o despedimento se iniciar como coletivo não perde essa característica se a empresa no âmbito do processo chegou a acordo para a cessação dos respetivos contratos de trabalho com todos os trabalhadores exceto com um"[437]. Portanto, o que tem de ser coletivo é o despedimento, pelo menos no seu início, e não o seu processo (judicial) de impugnação[438]. Aliás, o mesmo pode acontecer durante o decurso do processo judicial.

[436] Processo de Impugnação de Despedimento Coletivo, comunicação inserida *in* Estudos do Instituto de Direito do Trabalho, vol. V, IDT/Almedina, Coimbra, 2007, pág. 77.

[437] Ac. do TRL de 02-11-2005, Proc. n.º 4764/2005-4, Rel. Guilherme Pires (JusNet). Em sentido diferente julgou-se no acórdão da mesma Relação de 17-09-2012.

[438] Porque sendo o despedimento coletivo um único, em regra, cada um dos trabalhadores é parte no seu contrato de trabalho. Mas, excecionalmente, pode haver um grupo de pessoas, ou seja, em conjunto, como pode ser o caso da orquestra, da companha ou do trabalho por "empreitada", em que vigora um contrato único para todos os trabalhadores.

2. Articulados

A petição, a apresentar por algum, alguns ou todos os trabalhadores despedidos coletivamente que não tenham aceitado a compensação (ou que a devolveram) não tem qualquer especial conformação, incumbindo à secretaria providenciar pela citação do réu (art. 563.º do CPC). Assim, recebida a petição, segue-se a citação da empresa ré, sendo o prazo para contestar de 15 dias. Não há, pois, lugar a audiência de partes.

Questão que se suscita consiste em saber se no petitório de impugnação do despedimento coletivo se podem inscrir outros pedidos como sejam o pagamento de créditos salariais, compensação por férias não gozadas.... A resposta não pode deixar de ser negativa, pois, para além deste processo ser especial e vocacionado para aquele fim ainda é urgente, e portanto, não se devendo "demorar" com outras questões que devem ser analisadas através do processo comum. Mas o argumento decisivo deriva da específica configuração ou tramitação do processo que se centra em assessoria técnica que apenas poderá avaliar os fundamentos invocados para o despedimento. E por esta razão o julgamento deve ser feito no despacho saneador. Aliás, se houver "termos subsequentes" andarão à roda dos factos relativos ao despedimento e não a outros a ele estranhos.

E se a empresa não contestar, será condenada de preceito? A resposta é negativa como defendeu o ilustre Desembargador Seara Paixão, ao sumariar que "no processo especial de impugnação do despedimento coletivo não há lugar à aplicação subsidiária das disposições do processo civil uma vez que as normas de processo comum de trabalho regulam de forma completa o efeito para a falta de contestação. ... Considerando que o processo especial de impugnação de despedimento coletivo não prevê cominação para a falta de contestação, não há que ordenar a repetição da citação uma vez que esta foi feita nos termos legais, sem indicação da cominação"[439].

Para além da contestação, deve ser apresentada a **documentação** pertinente resultante do procedimento previsto no CT, nos arts. 419.º e sgs., para além de outros meios de prova, inclusive o rol de testemunhas. Também naquele acórdão se concluiu que neste ... "processo especial exige-se que o réu apresente com a contestação o processo de despedimento ou os documentos que o integrem. A apresentação desses documentos

[439] Ac. do TRL, de 19-12-2012, Proc. n.º 2861/11 *in* JusNet.

em procedimento cautelar anterior à ação, com apensação ao processo de despedimento, tem o mesmo efeito da apresentação desses documentos no prazo da contestação". Neste sentido, ainda Lebre de Freitas defende que o empregador tem "o dever de juntar o processo de despedimento, mas não tem o ónus de contestar"[440] .

Ainda na contestação deve ser requerido o **chamamento** para intervenção dos restantes trabalhadores abrangidos pelo despedimento coletivo (art. 156.º do CPT) de molde a existir apenas um processo. Se o réu o não fizer poderão os outros trabalhadores acionar a empresa em processos separados, mas também poderão operar em litisconsórcio voluntário entre os trabalhadores despedidos, conforme já decidido pelo S.T.J.[441], ainda que o julgamento possa ser em separado (art. 161.º). Trata-se de uma **intervenção provocada** pelo réu que se processará nos termos do art. 319.º do CPC. De resto, "a **apensação de ações** emergentes de despedimento coletivo é obrigatória até ao despacho saneador, sendo ordenada oficiosamente logo que conhecida a sua existência", devendo a secretaria "informar os magistrados das ações que se encontrem em condições de ser apensadas", como se preceitua no art. 31.º n.os 1 e 2.

3. Matéria da impugnação

Na esteira de Bernardo Lobo Xavier[442], a impugnação do despedimento coletivo poderá inserir-se nos seguintes planos:

- formal, pondo-se em causa a regularidade do procedimento;
- material, discutindo-se as circunstâncias alegadas pelo empregador;
- valorativo, apreciando os critérios para a decisão e para a escolha dos trabalhadores (arts. 359.º a 366.º e 381.º e 383.º do CT).

Naturalmente, este controlo valorativo, pode incluir-se no controlo material, como motivação do despedimento, como é entendido por João Monteiro ao escrever "preconiza-se um controlo jurisdicional que também incida sobre a proporcionalidade entre a motivação apresentada e

[440] A Cominação Semiplena na Impugnação de Despedimento Coletivo, *in* ROA, Ano 73, jan/mar 2013, pág. 210.

[441] Ac. de 28-06-2001, CJ, 2.º vol. pág. 293.

[442] O Despedimento Coletivo no Dimensionamento da Empresa, Verbo, Lisboa, 2000, pág. 557.

a decisão de proceder ao despedimento coletivo e sobre a racionalidade dessa decisão, fundando-se, no essencial, esse entendimento na exigência constitucional de justa causa (comprovada) para que haja despedimento e no necessário equilíbrio e ponderação de todos os interesses e valores constitucionais em jogo, mormente, a liberdade de iniciativa económica privada (art. 61.º CRP) versus segurança no emprego (art. 53.º CRP)"[443]. Explica-se por razões históricas, concordando com Filipe Fraústo da Silva[444] nesta "questão da sindicabilidade judicial dos critérios de escolha dos concretos trabalhadores a atingir num despedimento coletivo".

A ação de impugnação do despedimento coletivo, face à sua génese, pode ser desencadeada antes ou depois do **processo de insolvência**. Vindo a ser declarada a insolvência, deixará de ter sentido, verificando-se, a impossibilidade ou inutilidade superveniente da lide (CPC, art. 277.º e)), porquanto, como julgou o S.T.J. "os eventuais direitos de crédito ... terão de ser objeto de reclamação no processo de insolvência"[445]. Todavia, de harmonia com o estatuído no art. 347.º do CT, "a declaração judicial de insolvência do empregador não faz cessar o contrato de trabalho..." para além de "a cessação ... dever ser antecedida de procedimento previsto nos artigos 360.º e seguintes, com as necessárias adaptações". Assim, apenas ocorrerá a inutilidade superveniente da lide quando, em assembleia geral de credores realizada nos termos do CIRE, se delibere a liquidação da sociedade. Mesmo nesta situação, apenas no caso de os créditos não merecerem contestação haverá inutilidade superveniente da lide.

4. Assessoria técnica e audiência preliminar

Tendo o autor (ou AA) formulado pedido de declaração de improcedência dos fundamentos do despedimento coletivo, "o juiz nomeará um **assessor** qualificado na matéria", que deverá, naturalmente, ter formação em economia ou gestão de empresas, o qual, a requerimento de qualquer das partes, pode vir a ser acompanhado por mais dois assessores, passando, assim, a haver uma **perícia colegial**, como previsto no art. 468.º

[443] O Controlo Jurisdicional do Despedimento Coletivo – Breves Considerações *in* Prontuário de Direito do Trabalho, n.º 84, setembro-dezembro de 2009, CEJ/Coimbra Editora, pág. 233.

[444] QL, ano XVII, n.º 35-36, jan/dez 2010, pág. 84.

[445] Ac. do STJ, de 25-03-2010 (Rel. Cons. Pinto Espanhol) *in* C.J.S, Ano XVIII, Tomo I/2010, pág. 262.

do CPC. No seguimento do disposto nos n.os 2 e 3 deste art. 468.º e no n.º 2 do art. 157.º do CPT é forçoso concluir que "as partes que pretendam usar da faculdade ... devem indicar logo os respetivos ..." assessores qualificados na matéria, qualidade esta que deverão demonstrar.

As regras para a designação dos assessores constam do CPC para a nomeação dos peritos, no art. 467.º e sgs., que ficam ainda sujeitos ao mesmo regime de impedimentos, suspeições, escusa e dispensa legal (arts. 470.º e 115.º e sgs. do mesmo CPC). Tais assessores devem, pois, ser considerados como peritos, devendo a sua nomeação e atuação conformar-se com o regime do processo civil[446].

Ainda cada uma das partes pode designar um técnico para assistir o/ou os três assessores, que serão os **técnicos de parte**, nos termos do n.º 3 do art. 157.º. E como os autores podem ser diversos, prevendo-se a hipótese de não acordarem sobre o nome do seu técnico, no preceito do n.º 4 do art. 157.º, estabelecem-se as pertinentes e curiais regras para ultrapassar o impasse, começando pela regra da maioria, sendo indicado, em caso de empate, o que tiver sido apresentado ou proposto em primeiro lugar.

São os assessores que, depois de examinarem a documentação junta aos autos e outra que solicitarem e, bem assim, de se deslocarem à empresa, deverão elaborar um **relatório**. Naturalmente, o julgador pode precisar a atividade do assessor[447]. Caso os técnicos de parte discordem do teor do relatório, que, logicamente, lhes deve ser apresentado ainda em projeto, poderão apresentar, de seguida, os fundamentos da sua posição, naturalmente para serem levados em conta, em primeiro lugar, pelos assessores e, em último lugar, pelo juiz.

Em seguida haverá lugar a uma **audiência preliminar**, "nos termos e para os efeitos" do atual art. 591.º do CPC, onde se disciplina a nova **audiência prévia**. Assim, para além dos outros fins, deverá ser proferido despacho saneador "nos termos do n.º 1 do artigo 595.º", isto é, para conhecer das eventuais exceções dilatórias e nulidades e para "conhecer imediatamente do mérito da causa" ...do pedido ou de exceção perentória. Mas face ao preceituado no n.º 3 do art. 160.º, parece que o juiz em tal **despacho saneador** terá que decidir se foram cumpridas as formalidades legais e se procedem os fundamentos invocados para o despedimento

[446] CPC, arts. 467.º e sgs. e Ac. T.R.L. de 16-01-2008, Proc. 7884/2007-4.

[447] António Luís Carvalhão, referido Prontuário, pág. 93.

coletivo, pois já tem ao seu alcance todo o expediente procedimental e o relatório técnico, passando tal decisão a ter "para todos os efeitos, o valor de sentença", como se decreta no n.º 4 do mesmo artigo. Portanto, havendo **despacho saneador** e porque se contêm no processo elementos suficientes, nele já se terá de sentenciar relativamente ao cumprimento das formalidades legais do despedimento coletivo e se procedem os fundamentos invocados para tal despedimento. Em tal caso, o prosseguimento do processo, se ocorrer, servirá apenas para apurar questões marginais ao despedimento coletivo (antiguidade, retribuição, categoria profissional) que poderão influenciar o julgamento da legalidade de tal despedimento em relação a todos ou a alguns dos trabalhadores.

Mas a verdade é que a resolução de alguma destas questões acarretará o julgamento da licitude ou ilicitude do despedimento, de harmonia com o disposto na alínea c) do art. 383.º do CT. Foi, nesta perspetiva que acabou por formar-se uma corrente jurisprudencial aparentemente *contra legem*, como se pode alcançar do recente aresto do S.T.J., onde se sumaria que "no processo de impugnação de despedimento coletivo, uma vez junto o relatório, o despacho saneador a proferir, na sequência da Audiência Preliminar, decidirá se foram cumpridas as formalidades legais do despedimento e se procedem os fundamentos invocados para o mesmo. O tribunal recorrido não estava obrigado a decidir, no saneador, sobre os fundamentos invocados para o despedimento coletivo, nem a conhecer logo de pedido, como fez, devendo relegar o seu conhecimento para final, uma vez que ainda não estão apurados os factos necessários e suficientes para a decisão, segundo as várias soluções plausíveis da questão de direito"[448].

No que concerne ao fundo da questão, já haverá consenso no julgamento do despedimento coletivo, pois conforme decidido pelo S.T.J. *a legalidade do despedimento terá de ser aferida segundo os critérios empresariais utilizados pelo empregador, competindo ao julgador unicamente verificar a exatidão dos motivos estruturais, tecnológicos ou conjunturais que foram invocados e a existência de um nexo causal entre esses motivos e o despedimento, por forma a*

[448] Ac. do S.T.J., de 08-05-2013, Proc. 3020/09, Rel. Cons. Fernandes da Silva *in* JusNet e C.J.S., n.º 248, Tomo II/2013, pág. 233. No mesmo sentido, acórdão do S.T.J., de 08-10-1997, C.J.S., Tomo III, proclamando que a disposição não impõe ao julgador uma obrigação inelutável de decidir, logo no saneador, os pontos nele referidos.

que por juízos de razoabilidade, se possa concluir aqueles eram idóneos a determinar uma diminuição de pessoal por via do despedimento coletivo dos trabalhadores.[449] O mesmo vem sendo julgado relativamente "à avaliação do mérito do desempenho, efetuado pelos responsáveis superiores hierárquicos, tendo em conta a necessidade dos recursos"[450].

5. Julgamento

Voltando à tramitação processual, não havendo saneador–sentença relativamente ao pedido no seu todo e a eventuais exceções, conforme se estabelece no art. 161.º, também terá lugar a **audiência de julgamento** que "pode ser marcada separadamente com referência a cada um dos trabalhadores" nos termos do processo comum.

Em regra, neste processo especial, deverá haver despacho saneador com valor de sentença. Porém, acontecendo existir ainda algum facto a esclarecer ou a comprovar, pode ser ou não lavrada base instrutória.

Curiosamente, e como acima referido, poderá haver julgamentos individualizados para algum ou alguns autores, naturalmente quando existam factos diversos a provar.

Conforme resulta, expressamente, da parte final do art. 161.º, nesta fase, a tramitação será a do processo comum.

[449] Ac. do S.T.J., de 24-05-2006, Rel. Cons. Fernandes Cadilha, Doc SJ200605240003794.

[450] Ac. do S.T.J., de 3-10-2010, Rel. Cons. Vasques Dinis, *in* C.J.S,, Ano XVIII, Tomo I/2010, pág. 244.

XV
Processo de Contencioso de Instituições de Previdência, Abono de Família, Associações Sindicais, Associações de Empregadores ou Comissões de Trabalhadores

1. Generalidades. Regras comuns aos diversos subprocessos

Neste Capítulo IV do título dos processos especiais do CPT, arruma-se uma série de processos, mas com lógica duvidosa. Na verdade, falar-se, hoje em dia, em instituições de previdência e de abono de família é invocar uma realidade residual, como abaixo se explicitará. Também "meter no mesmo saco" as associações sindicais e de empregadores com as comissões de trabalhadores, cujas estruturas organizativas são bem diversas, não é muito compreensível. Mas, na verdade, entre todos eles há um escopo comum: reportam-se aos eventuais litígios que emergem no associativismo de raiz laboral.

Efetivamente, com exceção do último, os subprocessos especiais previstos neste capítulo, configuram-se predominantemente como processos de **jurisdição voluntária**[451]. Apenas poderão ter alguma aplicação no contencioso interno (isto é, derivado do seu funcionamento) restrito das caixas de previdência, associações sindicais e, agora, também dos empregadores e, bem assim, no âmbito das comissões de trabalhadores.

[451] Regulados na parte final do CPC, arts. 986.º e sgs..

Não obstante a sua inserção sob o mesmo capítulo, parece-nos de todo evidente que o **processo de anulação e interpretação de cláusulas de convenções coletivas** (arts. 183.º a 186.º) não sendo um puro processo de jurisdição voluntária, por certo que não é de contencioso de instituições de previdência, associações sindicais ou de empregadores ou de comissões de trabalhadores. Devia, pois, constar em capítulo próprio, o que só não terá acontecido para não forçar mais a numeração do articulado do velho CPT.

De **comum** entre todos aqueles processos, haverá apenas as seguintes três regras relativas:

- ao seguimento dos termos do **processo comum**, ressalvando as regras específicas estabelecidas nos arts. 163.º e sgs.; mas,
- sem haver **audiência preliminar**; e,
- com possibilidade de **recurso para a Relação**, independentemente do valor da causa e da sucumbência (art. 79.º, c)[452].

Ainda em diversos destes processos, na fixação da **taxa de justiça** deve atender-se "ao valor indicado na 1.1 da tabela I-B", de conformidade com o estatuído no art. 12.º, n.º 1 c) e n.º 2, do RCP.

2. Âmbito dos processos de contencioso de instituições de previdência, abono de família, associações sindicais, associações de empregadores ou comissões de trabalhadores

Este processo, cuja designação deixa muito a desejar, já que a invocação de "**instituições de previdência**" deixou de ser correta perante a implantação do sistema de segurança social, resultante das sucessivas Leis de Bases[453] tem mais a ver com o passado (organismos corporativos) do que com o presente, sendo a sua utilização "quase invisível"[454]. Atualmente, vigora a Lei de bases da segurança social com o n.º 4/2007, de 16

[452] Embora nesta alínea apenas se refiram os processos de contencioso das instituições de previdência, abono de família e associações sindicais, esquecendo assim que nestes processos também se aditaram as associações de empregadores e as comissões de trabalhadores.

[453] Apenas fazia sentido na perspetiva da antiga Lei n.º 2115, de 18 de junho de 1962.

[454] José Eusébio Almeida, Processo de Contencioso das Instituições de Previdência, Abono de Família e Associações Sindicais, estudo inserto em Estudos do Instituto de Direito do Trabalho, FDL/IDT, Almedina, Coimbra, 2007, pág. 97.

de janeiro[455], sendo certo que ainda existem duas caixas de previdência e de abono de família, constituídas de harmonia com a antiga legislação, a verdade é que esta Lei de bases atual, respeitando os seus regulamentos, já se lhes aplica conforme preceituado no seu art. 106.º. Acontece ainda que, entretanto, tais caixas de previdência, na sua generalidade, foram extintas por fusão no Instituto da Segurança Social, I.P. através do DL n.º 26/2012, de 6 de fevereiro[456].

Em consequência, as **garantias contenciosas dos beneficiários e contribuintes** devem ser exercidas "nos termos do Código de Processo nos Tribunais Administrativos", conforme art. 77.º da referida Lei n.º 4/2007[457]. Para os tribunais de trabalho, como constava nas Leis de Organização e Funcionamento dos Tribunais Judiciais e, agora, consta na nova Lei da Organização do Sistema Judiciário, os juízos do trabalho terão competência para conhecer *das questões entre instituições de previdência ou de abono de família e seus beneficiários, quando respeitem a direitos, poderes ou obrigações legais, regulamentares ou estatutárias de umas ou outros, sem prejuízo da competência própria dos tribunais administrativos e fiscais.* Ainda aos mesmos tribunais assiste-lhe competência para dirimir *as questões entre associações sindicais e sócios ou pessoas por eles representados...*

Como já se evidenciou, nos processos de contencioso das instituições de previdência, abono de família e associações sindicais é sempre possível o **recurso para a Relação**, conforme se expressa na alínea c) do art. 79.º. Certamente, foi por lapso que o texto desta alínea não foi emendado de forma a incluir também os processos no âmbito das associações de empregadores e das comissões de trabalhadores, pelo que se devem considerar abrangidas por aquela estatuição, mediante a sua interpretação extensiva. Neste sentido também está Abílio Neto[458].

Aliás, o MP tem **legitimidade** ativa para acionar todos estes processos, nos termos do art. 5.º-A, alínea a), do CPT, o que deve ser conexionado com o que se dispõe nos arts. 439.º e 447.º do Código do Trabalho sobre

[455] Alterada pela Lei n.º 83-A/2013, de 30 de dezembro, que a republica.

[456] Segundo se crê, existem apenas a Caixa de Previdência dos Advogados e Solicitadores e a Caixa de Previdência do Ministério da Educação.

[457] Preceitua-se neste artigo que "as ações e omissões da administração no âmbito do sistema de segurança social são suscetíveis de reação contenciosa nos termos do Código de Processo nos Tribunais Administrativos".

[458] Cit. Código de Processo do Trabalho Anotado, pág. 410.

o controlo da legalidade da constituição e dos estatutos das comissões de trabalhadores e das associações sindicais e de empregadores.

De seguida, tecem-se algumas considerações sumárias sobre tais processos e que são os previstos para:

- convocação de assembleias gerais;
- impugnação de estatutos, deliberações de assembleias gerais ou atos eleitorais;
- impugnação judicial de decisão disciplinar;
- liquidação e partilha de bens; e
- anulação e interpretação de cláusulas de convenções coletivas de trabalho.

Como aflorado, dois destes processos têm mais cariz de **jurisdição voluntária** do que contenciosa, mas é nesta ótica que se encontram regulados no CPT. Os processos de jurisdição voluntária, e por isto mesmo, isto é, por não haver neles qualquer conflito, nem jurisdição contenciosa, não constituem, numa aceção rigorosa, verdadeiros processos judiciais. Apenas assim têm de ser considerados por a sua regulação se conter no CPC (art. 986.º e sgs.). Ora, no CPT nenhum dos processos especiais que regula é classificado como de jurisdição voluntária. Todavia, pelo menos à partida, não se vislumbra qualquer litígio nos processos para a convocação de assembleias gerais ou órgão equivalente (art. 163.º), e para a liquidação e partilha de bens (art. 173.º).

3. Convocação de assembleias gerais

Não obstante os termos legais utilizados, respeitará à convocação das assembleias gerais das caixas de previdência e/ou de abono de família existentes, das associações sindicais e das associações de empregadores[459] e até das reuniões de trabalhadores a convocar pela comissão de trabalhadores[460], pois constituem um órgão equivalente à assembleia geral.

Este processo especial haverá de resultar de um requerimento apresentado pelo associado ou membro da associação, que, naturalmente, deverá documentar tal qualidade para demonstrar a sua legitimidade, e

[459] Art. 440.º e sgs. do CT.
[460] Art. 419.º do CT.

bem assim os estatutos, nomeadamente na parte relativa à convocação da assembleia. Em suma terá de demonstrar que, ao contrário do que impõe a lei ou os estatutos, a assembleia geral ou órgão equivalente não foram convocados[461].

Ficando o juiz convencido da correta fundamentação do pedido, ordenará ao órgão competente dentro da associação para convocar a assembleia em 10 dias, ou para, em igual prazo, deduzir as razões para não proceder a tal convocação. Nada se referindo quanto à agenda ou ordem de trabalhos de tal assembleia, parece óbvio que o requerente a terá de aduzir e o juiz aceitar.

Não sendo convocada a assembleia, nem apresentada fundamentação convincente para a sua não realização, será o juiz a convocá-la, fixando a data e local e, podendo ainda, "nomear a pessoa que presidirá". Deverá também ser o próprio tribunal a tratar das inerentes formalidades da convocação "mas à custa da instituição ou associação".

4. Impugnação dos estatutos, deliberações de assembleias gerais ou atos eleitorais

Conforme resulta do art. 5.º-A, o MP tem legitimidade ativa nas ações relativas ao **controlo da legalidade da constituição e dos estatutos** de associações sindicais, associações de empregadores e comissões de trabalhadores[462].

O controlo da legalidade da constituição e dos estatutos das comissões de trabalhadores encontra-se, expressamente, previsto no art. 439.º do CT. Em relação a estes estatutos e das restantes instituições indicadas, apenas tem legitimidade o MP "por iniciativa própria ou a requerimento de qualquer interessado", como reza o art. 164.º-A.

Mas no art. 164.º, prevê-se que qualquer interessado, através de **ação de declaração de nulidade,** possa obter a apreciação jurisdicional das **deliberações e outros atos** de órgãos das instituições acima epigrafadas (instituições de previdência, associações sindicais e de empregadores e

[461] No CPC, encontra-se previsto, como processo de jurisdição voluntária e no âmbito das sociedades comerciais, o da convocação de assembleias gerais (art. 1057.º).

[462] O modo de constituição destas entidades encontra-se regulado no Código do Trabalho, nos arts. 445.º e sgs. (associações sindicais e de empregadores) e 430.º e sgs. (comissões de trabalhadores).

comissões de trabalhadores) "por violação de lei, quer de fundo, quer de forma".

Haverá que intentar o respetivo processo, no prazo de 20 dias, após o conhecimento (dentro de 5 anos) por quem tenha legitimidade, isto é, que seja associado (em pleno gozo de tal direito) ou trabalhador (com contrato de trabalho em vigor) da empresa (no caso das comissões de trabalhadores) e pode visar a declaração de invalidade da deliberação tomada por qualquer órgão (assembleia geral, direção, conselho fiscal ou equivalente ou pela comissão de trabalhadores). O prazo será de 15 dias, caso se pretenda impugnar as deliberações relativas à *eleição dos corpos gerentes.*

Relativamente à **impugnação de atos eleitorais** para os órgãos das referidas pessoas coletivas terá legitimidade apenas "quem tenha ficado vencido". O prazo para intentar o procedimento é de 10 dias a contar da data da "eleição ou do conhecimento da irregularidade, se posterior" (art. 164.º-B)

A falta de contestação não tem efeito cominativo, como resulta do n.º 2 do art. 165.º, mas o réu é obrigado a providenciar pela apresentação da documentação pertinente.

Ainda pode ser requerida a **suspensão de eficácia** dos atos ou disposições impugnadas (art. 168.º) para evitar dano apreciável, que pode ser logo decretada ou após a contestação[463]. Tratar-se-á de procedimento cautelar, sem ter tal classificação.

Naturalmente, antes do processo judicial devem ser utilizados os mecanismos internos de impugnação, como por exemplo a reclamação ou recurso para a assembleia geral do ato praticado (ou, eventual, omissão) por outro órgão.

5. Impugnação judicial de decisão disciplinar

Este processo destina-se, como é óbvio, a ser utilizado pelos beneficiários, membros ou associados das referidas pessoas coletivas e não pelos seus trabalhadores, a cujas relações de trabalho se aplicam as normas do

[463] No Código de Processo nos Tribunais Administrativos, prevê-se a providência cautelar de suspensão da eficácia de um ato administrativo (art. 112.º, n.º 2 a) e 120.º).

CT[464]. A competência territorial do tribunal advém das regras do art. 18.º do CPT.

Tal sanção disciplinar deverá resultar da violação da lei ou dos estatutos e a sua aplicação deve depender do exercício do contraditório.

O prazo para intentar este processo especial é apenas de 15 dias a contar da notificação da decisão (art. 170.º)[465]. O processo disciplinar aqui em causa, em princípio, apenas será ferido de nulidade "quando o arguido não seja ouvido ou não tenham sido efetuadas as diligências por ele requeridas que repute essenciais"[466]. Mas, obviamente, outras regras constantes dos estatutos ou regulamentos internos deverão ser observadas.

Reafirmando o que já resulta do preceituado no art. 79.º, c) e no n.º 3 do art. 172.º, volta a estabelecer-se que da sentença "cabe apenas recurso para a Relação".

Como já foi julgado no T.R.L. "é processualmente admissível a providência cautelar não especificada como preliminar ou incidente da ação especial de impugnação de decisão disciplinar aplicada pelas associações sindicais aos seus associados ou beneficiários"[467].

6. Liquidação e partilha dos bens

O tribunal territorialmente competente será o do local da sede da pessoa coletiva, conforme se dispõe no art. 18.º, n.º 1. A competência material do juízo do trabalho advêm-lhe do preceituado no art. 126.º, n.º 1, k), da LOSJ.

Neste processo, como é lógico, o juiz terá de nomear **liquidatários**, que irão compendiar, avaliar e partilhar os bens existentes, prestando contas que deverão ser julgadas.

Face ao patente interesse coletivo, por força do disposto na alínea d) do n.º 2 do RCP, estes "processos de liquidação e partilha de bens de ins-

[464] E da Portaria (de condições de trabalho) n.º 736/2006, de 26 de julho, com alterações, sendo a última da Portaria n.º 210/2012, de 12 de julho.

[465] A constitucionalidade do n.º 1 deste artigo foi considerada no Ac. do T.C. de 30/04/2008, publicado no DR, II Série, de 22/07/2008.

[466] Ac. do T.R.L. de 8-07-2009 – Proc. 4363/05.3TTLSBG.L1.

[467] Ac. de 18-05-2005, Proc. n.º 1608/2005-4, Rel. José Luís Ramalho Pinto (JusNet).

tituições de previdência social e associações sindicais e de classe" (sic) ficam isentos de **custas**[468].

A extinção das associações sindicais e de empregadores e o cancelamento do seu registo deve obedecer às regras do art. 456.º do Código do Trabalho.

No art. 182.º manda-se aplicar, subsidiariamente, "o processo especial de liquidação judicial de sociedades regulado no Código de Processo Civil". Este processo especial era, efetivamente, regulado nos arts. 1122.º a 1130.º do antigo CPC, que deixaram de ter correspondência no Código de 2013. E tal aconteceu porque já vigorava o regime jurídico dos procedimentos administrativos de dissolução e de liquidação de entidades comerciais, aprovado pelo DL n.º 76-A/2006, de 29 de março. É, pois, este regime que se deverá observar complementarmente às normas do CPT.

7. Ação de anulação e interpretação de cláusulas de convenções coletivas de trabalho

A **legitimidade** para estas ações haverá de resultar do disposto no art. 4.º, pertencendo às associações sindicais e de empregadores outorgantes das convenções coletivas de trabalho[469] e, bem assim, aos trabalhadores e empregadores diretamente interessados, isto é, cujas relações laborais sejam disciplinadas pela mesma convenção coletiva. Naturalmente, o acordo de empresa, sendo uma convenção coletiva outorgada por uma empresa e não por uma associação de empregadores também está incluído. As dúvidas que se levantam andam ao redor da aplicação da convenção por força de uma portaria de extensão emitida de conformidade com a previsão do art. 514.º do CT. Neste caso, a convenção aplica-se em virtude do ato administrativo, o que quebrará aquela legitimidade. A competência material dos juízos do trabalho resulta logo da alínea a) do n.º 1 do art. 126.º da LOSJ.

Através do pedido inicial, onde deverão ser identificados todos os outorgantes da convenção coletiva, cujo texto, publicado (digitalmente)

[468] As associações de classe devem ser, nesta desajustada terminologia, as associações sindicais, de empregadores e as comissões de trabalhadores.

[469] A sua celebração e conteúdo constituem a matéria dos arts. 491.º e sgs. do Código do Trabalho.

no BTE, será junto, defende-se e haverá de justificar-se a anulação ou certa interpretação de uma ou mais cláusulas da mesma convenção. Após a citação dos restantes outorgantes, não se segue a contestação, mas, outrossim, **alegações por escrito,** a apresentar no prazo de 20 dias com todos os meios de prova, pese embora não ter a sua falta efeitos cominativos. Tudo isto acontece porque não estão em causa factos controversos, mas tão somente a apreciação jurídica de alguma ou algumas cláusulas do instrumento de regulamentação coletiva, o que só remotamente pode implicar a análise de alguma factualidade.

Ainda poderá haver audiência de julgamento, dado que ao processo se passará a aplicar o regime da forma comum do processo laboral, com exclusão da audiência preliminar e da tentativa de conciliação. Mas o mais provável será haver saneador-sentença.

Assinala-se como grande curiosidade que "da decisão final cabe sempre recurso de revista até ao Supremo" (art. 185.º, n.º 2). Portanto, a parte vencida poderá, desde logo, recorrer para a Relação, de conformidade com a permissão da alínea c) do art. 79.º, pois o processo em análise enquadra-se na categoria nela prevista. Mas como cabe sempre recurso de revista e porque estão em causa apenas questões de direito, tal recurso também poderá ser "per saltum", isto é, da decisão de 1.ª instância diretamente para o Supremo, em correspondência com as normas complementares do art. 678.º do CPC [470].

Como já na Secção Social do S.T.J. se acordou, "as cláusulas regulativas das convenções coletivas de trabalho são interpretadas segundo o disposto no art. 9.º do Código Civil"[471]. Aliás, existe unanimidade no que tange à interpretação de tais cláusulas como se de normas jurídicas se tratasse. Naquelas que regulam as relações entre as partes outorgantes já serão de aplicar as regras sobre a interpretação dos negócios jurídicos (arts. 236.º a 239.º do CC).

[470] Que era o que normalmente acontecia. Todavia, em dois dos mais recentes processos houve recurso de apelação (acórdãos n.º 10/2016 (Rel. Cons. Ribeiro Cardoso) publicado em 14/6/2016 e n.º 14/2015 (Rel. Cons. Melo Lima), publicado em 29/10/2015. Mas já houve recurso "per saltum" no Acórdão n.º 6/2015 (Rel. António Leones Dantas), publicado em 5/05/2015.

[471] Ac. do S.T.J. n.º 8/2005 (DR n.º 216, SérieI-A, de 10/11/2005).

Como se aludiu, este último modelo processual tem sido, por vezes, utilizado, vindo o respectivo acórdão do S.T.J. a ter o valor ampliado da revista em processo civil[472], isto é, servindo para **uniformização de jurisprudência** e devendo, por isso, ser publicado na 1.ª série do Diário da República e no BTE.

[472] CPC, arts. 686.º e 687.º.

XVI
Impugnação da Confidencialidade de Informações ou da Recusa da sua Prestação ou da Realização de Consultas

1. Fundamento

Este processo especial foi inserido no CPT, integrando os arts. 186.º-A a 186.º-C, de molde a permitir com especificidade a apreciação judicial da temática prevista no Código do Trabalho, na versão de 2009, nos arts. 412.º e 413.º, que são do seguinte teor:

Artigo 412.º – ***Informações confidenciais***

1 – O membro de estrutura de representação coletiva dos trabalhadores não pode revelar aos trabalhadores ou a terceiros informações que tenha recebido, no âmbito de direito de informação ou consulta, com menção expressa da respetiva confidencialidade.

2 – O dever de confidencialidade mantém-se após a cessação do mandato de membro de estrutura de representação coletiva dos trabalhadores.

3 – O empregador não é obrigado a prestar informações ou a proceder a consultas cuja natureza seja suscetível de prejudicar ou afetar gravemente o funcionamento da empresa ou do estabelecimento.

Artigo 413.º – ***Justificação e controlo judicial em matéria de confidencialidade de informação***

1 – A qualificação de informação como confidencial, a não prestação de informação ou a não realização de consulta deve ser fundamentada por escrito, com base em critérios objectivos, assentes em exigências de gestão.

2 – A qualificação como confidencial da informação prestada, a recusa de prestação de informação ou a não realização de consulta pode ser impugnada pela estrutura de representação colectiva dos trabalhadores em causa, nos termos previstos no Código de Processo do Trabalho.

É, pois, no disposto deste n.º 2, que assenta e tem o seu fundamento este novo processo laboral especial.

2. Processamento

Para encetar o processo, a referida estrutura de trabalhadores[473] apresenta a sua petição no juízo do trabalho competente, que é o da área do domicílio da empresa ré, de conformidade com a regra geral do art. 13.º, n.º 1, do CPT. Recorde-se que as estruturas de representação coletiva dos trabalhadores são parte legítima nestas ações *ex vi* do n.º 6 do art. 5.º, mesmo que não tenham personalidade jurídica, de conformidade com o preceituado logo no art. 2.º-A do CPT.

Em tal petitório alega os fundamentos da sua posição, porquanto "indica os pontos de facto que interessa averiguar e requer as providências que repute convenientes", vindo o empregador a ser citado para contestar, no prazo de 15 dias.

Não havendo lugar à marcação de audiência de partes, nem à análise de alguma documentação essencial, parece dispensável o despacho liminar do juiz, podendo logo o oficial da secretaria providenciar pela citação da empresa ré, de harmonia com o disposto nos arts. 54.º do CPT (*a contrario*) e 562.º e 226.º do CPC.

Esta ação tem natureza urgente mas, mitigada, pois alguns atos só serão praticados em férias judiciais quando tal for determinado pelo juiz (arts. 26.º, n.º 1, e) e n.º 2 e também n.º 2 do art. 186.º-B do CPT).

Findo o prazo para a contestação, a decisão será logo tomada, a não ser que se justifique proceder a diligências complementares de prova, que serão ordenadas pelo julgador.

473 O elenco das estruturas de representação colectiva dos trabalhadores consta no art. 404.º do CT, compondo-se das associações sindicais, comissões de trabalhadores e subcomissões de trabalhadores, representantes dos trabalhadores para a segurança e saúde no trabalho (Lei n.º 102/2009, de 10 de setembro, art. 21.º e segts) e conselhos de empresa europeus (Lei n.º 96/2009, de 3 de setembro).

Tal decisão é apenas suscetível de **recurso** para a Relação e com efeito suspensivo. Aliás, como estão em causa interesses imateriais ou difusos, deve deve ser atribuido à ação "valor equivalente à alçada da Relação e mais € 0,01", como previsto no art. 303.º, n.º 1, do CPC.

A requerimento da autora pode ainda estabelecer-se uma **sanção pecuniária compulsória**, para, assim, coagir ao cumprimento do julgado, a qual deverá ser "fixada segundo critérios de razoabilidade, sem prejuízo da indemnização a que houver lugar", nos termos do n.º 2 do art. 829.º-A do CC.

XVII
Tutela da Personalidade do Trabalhador

1. Objeto e fundamento

Este processo especial configura-se mais como um procedimento cautelar dado que, conforme se prevê no art. 186.º-D do CPT, visa "evitar a consumação de qualquer violação dos direitos de personalidade do trabalhador ou atenuar os efeitos da ofensa já praticada".

Terá servido de inspiração ao novo processo especial civil regulado no art. 878.º do CPC, denominado " tutela da personalidade".

Tem a sua base no elenco e regime dos direitos laborais de personalidade, estabelecidos nos arts. 14.º a 22.º do Código do Trabalho, onde se prevêem os direitos de:

- liberdade de expressão e de opinião;
- integridade física e moral;
- reserva da intimidade da vida privada;
- proteção de dados pessoais;
- reserva em testes e exames médicos e em meios de vigilância à distância; e,
- confidencialidade de mensagens e de acesso à informação.

2. Processamento

Naturalmente, o processo haverá de iniciar-se com uma petição do interessado dirigido contra o autor da ameaça ou ofensa. E, se este autor não for o empregador, mesmo assim, também o empregador terá de ser acionado, certamente por não ter exercido na empresa a vigilância necessária para evitar a falta que estará em causa e ainda para poder vir a ser condenado a tomar determinadas providências na sua organização empresarial.

Depois da sua citação, os requeridos podem contestar em 10 dias, devendo logo apresentar os meios de prova.

O processo também tem natureza urgente conforme, duplamente, é estabelecido nos arts. 186.º-F e 26.º, n.º 1, g) e n.º 2, mas não será objeto de tramitação em férias, a não ser que haja despacho judicial em tal sentido.

Nada é referido sobre recursos e os seus efeitos, pelo que se deve considerar apenas a alçada do tribunal. Mas, como no processo do capítulo anterior, o valor a atribuir a este processo será o de um cêntimo acima do da alçada da Relação, o recurso de apelação será sempre possível e, eventualmente, o de revista também. O efeito do recurso será, em princípio, meramente devolutivo, conforme resulta do disposto no art. 83.º.

Quanto à legitimidade passiva, julgou-se em Acórdão da Relação de Lisboa que "invocando a trabalhadora uma situação de assédio moral, traduzida numa prolongada perseguição profissional da qual terão sido mentores os seus superiores hierárquicos e executantes os seus colegas de trabalho, não importa aferir da existência da conexão laboral entre as partes, basta que os superiores hierárquicos e os colegas de trabalho tenham interesse em contradizer a ação, tal como a trabalhadora a configura, para que dela sejam partes legítimas".

Ainda no mesmo acórdão quanto à **competência material**, julgou-se que "a violação dos direitos de personalidade em que se consubstancia o assédio moral não pode deixar de ser considerado um ato ilícito. O Tribunal de Trabalho é competente para apreciar dos atos ilícitos praticados nas relações de trabalho, entre trabalhadores ao serviço da mesma entidade, sendo tais atos praticados na execução do serviço e por motivo deste"[474].

[474] Ac. de 21-03-2012, Proc. n.º 2755/10.5TTLSB, Rel. Ramalho Pinto.

XVIII
Igualdade e Não Discriminação em Função do Sexo

1. Fundamento

Este processo especial foi inserido no CPT para viabilizar, de forma mais eficaz, os direitos consignados na temática da igualdade e não discriminação, que se disciplina, normativamente, nos arts. 23.º a 32.º do CT e, no que tange às cláusulas dos instrumentos de regulamentação coletiva de trabalho, onde se incluem as convenções coletivas, no art. 479.º do mesmo Código.

Naquelas disposições do CT estabelecem-se, como emanação do princípio da igualdade inserto no art. 13.º da CRP, um conjunto de normas para salvaguardar a igualdade e a não discriminação nas relações de trabalho, bem como no acesso ao emprego (recrutamento), na formação profissional e em especial em função do sexo em situações de assédio e no que tange ao valor das retribuições.

Mas o Código do Trabalho não se queda pela relação jurídico-laboral bilateral, também, como resulta das regras dos seus arts. 26.º e 479.º ainda procura que sejam anuladas as cláusulas dos instrumentos de regulamentação coletiva ou a decisão arbitral (que resultam das relações coletivas) que possam afetar a igualdade ou a não discriminação entre trabalhadores, nomeadamente de diferente género. Mais concretamente, no art. 26.º, proíbem-se quaisquer normas discriminatórias nas convenções coletivas, nos regulamentos internos das empresas e até nos estatutos das associações de trabalhadores e de empregadores, que logo comina com a nulidade.

Aliás, no seguimento da legislação comunitária, no plano técnico administrativo, a tutela deste instituto é da competência da Comissão para a Igualdade e Emprego – CITE[475], que nestes processos tem a obrigação de dar informação ao tribunal e tem o direito a receber a decisão final "para efeitos de registo".

2. Espécies

Analisado o texto do art. 186.º-G, verifica-se que em cada um dos seus números, se prevê um processo diferente embora ambos visem pugnar pela igualdade e não discriminação, porquanto:

- no n.º 1, o processo tem **natureza civil** e a sua causa de pedir radica no âmbito das relações laborais na empresa ou no recrutamento de trabalhadores sendo, portanto, promovido por algum trabalhador ou candidato a emprego;
- no n.º 2, o processo tem **natureza oficiosa** sendo a sua interposição deduzida apenas pelo magistrado do MP, cuja legitimidade lhe advém do estipulado no n.º 2 do art. 5.º-A .

Aliás, têm tramitação diversa. No caso do n.º 1, "aplicam-se as disposições correspondentes do processo comum ..."; na situação do n.º 2, o processo "segue os trâmites da ação prevista nos artigos 183.º e seguintes", ou seja, da ação de anulação e interpretação de cláusulas de convenções coletivas de trabalho.

De comum têm a necessidade de solicitar informação à CITE e, bem assim, dar-lhe conhecimento da decisão final (arts. 286.º-H e I).

Como se referiu, este processo do n.º 2 emana do que se dispõe no art. 479.º do CT, quanto à apreciação relativa à igualdade e não discriminação, de forma preventiva, nas convenções coletivas. Porque ele próprio já contém normas de natureza procedimental, salienta-se que dispõe o seguinte:

> *1 – No prazo de 30 dias a contar da publicação de instrumento de regulamentação coletiva de trabalho negocial ou decisão arbitral em processo de arbitragem obrigatória*

[475] A sua estrutura orgânica consta do DL n.º 76/2012, de 26 de março. Detém o sítio www.cite.gov.pt onde se inserem os seus pareceres.

ou necessária, o serviço competente do ministério responsável pela área laboral[476]*, ouvidos os interessados, procede à apreciação fundamentada da legalidade das suas disposições em matéria de igualdade e não discriminação.*

2 – Caso delibere no sentido da existência de disposições discrimenatórias, o serviço competente do ministério responsável pela área laboral notifica as partes nos instrumentos de regulamentação coletiva de trabalho que contenham aquelas disposições para, no prazo de 60 dias, procederem às respetivas alterações.

3 – Decorrido o prazo previsto no número anterior sem que se verifiquem as necessárias alterações, o serviço competente do ministério responsável pela área laboral envia a sua apreciação ao magistrado do Ministério Público junto do tribunal competente, acompanhado dos documentos relevantes, nomeadamente de cópia da ata da deliberação e das pronúncias dos interessados.

4 – Para efeito do número anterior, considera-se competente, pela ordem a seguir indicada, o tribunal em cuja área tenham sede:

a) Todas as associações sindicais e associações de empregadores ou empresas celebrantes da convenção coletiva;

b) O maior número das entidades referidas;

c) Qualquer das entidades referidas.

5 – Caso constate a existência de disposição ilegal na matéria em causa, o magistrado do Ministério Público promove, no prazo de 15 dias, a declaração judicial da nulidade dessas disposições.

6 – A decisão judicial que declare a nulidade de disposição é remetida pelo tribunal ao serviço competente do ministério responsável pela área laboral, para efeito de publicação no Boletim do Trabalho e Emprego[477].

Ora este processo é o processo especial que se prevê no n.º 2 do art. 186.º-G do CPT, denominado de "igualdade e não discriminação em função do sexo". De especial, repete-se, nele se impõe ao juiz que solicite à Comissão para a Igualdade e Emprego – CITE "informação sobre o registo de qualquer decisão judicial relevante para a causa", à qual também deverá comunicar a sua decisão final.

[476] Tal serviço é a DGERT – Direção Geral do Emprego e das Relações de Trabalho, que se integra no MTSS – Ministério do Trabalho, Solidariedade e Segurança Social – DL n.º 251-A/2015, com alterações.

[477] Como exemplo, no BTE, n.º 36, de 29/9/2012, foram publicadas três sentenças do Tribunal do Trabalho de Lisboa, desse ano e do anterior, transitadas em julgado, contendo declarações judiciais de nulidade de cláusulas de convenções coletivas de trabalho.

É o magistrado do MP que tem expressa **legitimidade** para mover este processo, consoante se estipula na alínea b) do art. 5.º-A do CPT.

Também o seu processamento tem **natureza urgente**, mas os atos em férias serão apenas praticados quando assim for determinado, conforme se estabelece no art. 26.º, n.º 1, h) e n.º 2. Trata-se pois de urgência mitigada.

XIX
Impugnação de Contraordenação

1. O processo de contraordenação laboral e da segurança social

Face à revogação do sistema das contravenções ou transgressões (puníveis com multas) e sua substituição pelo sistema das contraordenações, o processo penal laboral deixou de ter aplicação e os tribunais do trabalho deixaram de ter competência em tal matéria[478].

Por seu turno os **tribunais do trabalho** passaram ou mantiveram a competência para o julgamento, por via de recurso, ou melhor, por via da **impugnação judicial** das decisões das autoridades administrativas em processo de contraordenações, no âmbito do trabalho (ACT-IGT[479]) e da segurança social (ISS, IP), conforme n.º 2 do art. 126.º da LOSJ.

Este processo no juízo do trabalho seguirá os trâmites traçados no **regime processual das contraordenações laborais e da segurança social (RPCLSS),** aprovado pela Lei n.º 107/2009, de 14 de setembro[480], onde, expressamente, no seu art. 60.º, admite a sua integração pelas normas do Regime Geral das Contraordenações (RGC) constante do DL

[478] Integrava o Livro II do CPT. Antes resultava do art. 86.º da Lei n.º 3/99, de 13 de janeiro, que conferia competência aos tribunais de trabalho em matéria contravencional.

[479] A Autoridade para as Condições de Trabalho – ACT– é dirigida pelo inspetor-geral do trabalho e integra a Inspeção Geral do Trabalho, cfr. DR n.º 47/2012, de 31 de julho e DL n.º 102/2000, de 2 de junho, alterado pelo DL n.º 326-B/2007, de 28 de setembro.

[480] Inserida no nosso Código do Trabalho e Legislação Complementar, 2.ª ed., Dislivro, Lisboa, 2009, pág. 413. Alterada pelas Leis n.º 63/2013, de 27 de agosto e 55/2017, de 17 de julho.

433/82, de 27 de outubro[481], onde, na sua parte II, se contém um processo de tipo inquisitório com uma fase administrativa seguida de uma fase judicial[482].

O regime de impugnação ou de recurso, os prazos de interposição e o modo de os contar "aplica-se a todos os processos em que a decisão administrativa tenha sido proferida depois da entrada em vigor daquela Lei", como julgou o Tribunal da Relação de Coimbra[483] e, no que toca ao modo da contagem do prazo, foi ratificado pelo douto Acórdão (de fixação de jurisprudência) do S.T.J. n.º 5/2013[484], relatado pelo Cons. Raúl Raposo Borges, que faz um aprofundado estudo do regime processual das transgressões e contraordenações, desde o Código Penal de 1852.

Do regime processual das contraordenações laborais e da segurança social interessa, sobremaneira, o processamento regulado no art. 32.º e seguintes, que disciplina precisamente a fase judicial, ou seja, a impugnação judicial das decisões de aplicação de coimas pela ACT e ISS em matéria das relações laborais e de segurança social, que se passa a sintetizar.

2. A interposição do recurso de impugnação judicial

De conformidade com o disposto nos arts. 12.º (competência dos tribunais de trabalho como tribunais de recurso), 186.º-J (processo de contraordenação), ambos do CPT e 6.º e 33.º da Lei n.º 107/2009, a **impugnação judicial** da decisão daquelas autoridades administrativas que aplicaram alguma coima[485] é dirigida ao juízo do trabalho territorialmente competente, mas entregue nos serviços da autoridade que aplicar a coima, no prazo de 20 dias[486], a contar da notificação, devendo encerrar para além

[481] Com diversas alterações, nomeadamente pelo D.L. n.º 116/99, de 4 de agosto. As obras por excelência serão as de Manuel Simas Santos e Jorge Lopes da Cruz, Contra-Ordenações – Anotações ao Regime Geral, Vislis, Lisboa, 2009 e Sérgio Passos, Contra-Ordenações – Anotações ao Regime Geral, Almedina, Coimbra, 2006.

[482] António José Moreira, O Direito do Trabalho e o Ilícito Contra-ordenacional Laboral, Porto Editora, 1986, pág. 63.

[483] Ac. de 17-06-2010 [Rel. Des. Felizardo Paiva) *in* C.J. Ano XXXV – Tomo III/2010, pág. 68.

[484] Publicado no Diário da República, de 15 de fevereiro de 2013.

[485] Competência esta que pode ser delegada nos termos do CPA (cfr. art. 3.º, n.º 3 da Lei n.º 107/2009, de 14 de setembro).

[486] Prazo este que será contado conforme "as disposições constantes da lei do processo penal", não tendo índole administrativa como no Regime Geral das Contraordenações. V., no entanto, Abílio Neto, Código de Processo cit., pág. 352.

da "identificação do recorrente, a indicação da coima aplicada, do processo de que se discorda, alegações de facto e de direito ou a fundamentação da impugnação, conclusões sumárias e o pedido que, em concreto, é dirigido ao tribunal"[487], ou, seja, no essencial:

- alegações;
- conclusões;
- indicação dos meios de prova;

Como já mencionado, há lugar ao pagamento da **taxa de justiça**, no valor de uma UC, *"quando a coima não tenha sido previamente liquidada, sendo a taxa autoliquidada... nos 10 dias subsequentes à notificação ao arguido da data da marcação da audiência de julgamento ou do despacho que a considere desnecessária..."*[488]. A taxa paga não será restituída mesmo em caso de decisão favorável ao recorrente, cfr. Acórdão do S.T.J. n.º 2/2014.

Será competente para apreciar o recurso o tribunal da área territorial onde se tiver verificado a contraordenação. E, existindo um conflito negativo de competência entre dois tribunais de trabalho, será competente aquele "em cuja área de jurisdição foi verificada a infração, ou seja aquele onde primeiro tiver havido notícia ..."[489].

Quanto aos efeitos, nesta área do trabalho e da segurança social, a impugnação judicial tem **efeito meramente devolutivo**. Para ter efeito suspensivo será necessário o "recorrente depositar o valor da coima e das custas do processo" antes de apresentar o recurso "em instituição bancária aderente", que poderá ser substituído por garantia bancária na modalidade "à primeira solicitação", não podendo, portanto, a instituição bancária recusar o seu pagamento [490].

Após a receção do documento com o recurso, a autoridade administrativa "coimante", ou seja, o responsável pelo competente departamento da ACT, detendo poder delegado do inspector geral, no prazo de 10 dias:

[487] Manuel M. Roxo e Luís C. Oliveira, O Processo de Contra-ordenação Laboral e de Segurança Social, Almedina, Coimbra, 2009, pág. 67.

[488] RCP, art. 8.º, n.ºs 7 a 10 e Regime Processual das Contraordenações Laborais e da Segurança Social, art. 59.º.

[489] Ac. do TRL, de 2-03-2011, (Rel. Seara Paixão) *in* CJ., Ano XXXVI, Tomo II/2011, pág. 160.

[490] Mas havendo, depois, lugar à devolução do elevado valor da caução prestada, a ACT "por falta de verba", em regra, demora meses a efetuá-la.

- revoga, total ou parcialmente, a decisão através da qual aplicou a coima; ou,
- envia os autos (com a impugnação interposta e com ou sem contra-alegações suas) para o magistrado do MP do tribunal do trabalho, ao qual o recurso é dirigido; e,
- tendo formulado contra-alegações, devendo delas notificar o arguido[491].

Com o envio para o MP, entra-se na **fase judicial**, propriamente dita, com vista ao julgamento do recurso ou impugnação da decisão administrativa.

É discutível a legitimidade da intervenção das associações sindicais representativas, pois "a lei de procedimento contraordenacional é parca quanto à concretizações deste direito"[492]. Mas têm legitimidade para intervirem como assistentes, como previsto no art. 23.º do RPCLSS, podendo fazê-lo nos termos adaptados do Código de Processo Penal, que se aplica subsidiáriamente e com isenção de taxas.

3. Aceitação do recurso e julgamento

O magistrado do MP parece que não pode apreciar o mérito da alegação do recurso, pois deve apresentar os autos ao juiz, naturalmente através da secretaria, o que equivale à acusação. Todavia, nos termos do art. 41.º do RPCLSS, pode até retirar a acusação "com o acordo do arguido e da autoridade administrativa", o que passa, logicamente, pela sua apreciação do caso. Aliás, também o arguido ou recorrente poderá retirar a sua impugnação, nos termos do art. 46.º.

A acusação compõe-se da decisão da entidade administrativa competente (ACT ou ISS), contendo a identificação do arguido, a descrição dos factos imputados ou omitidos e o seu enquadramento legal, bem como a coima correspondente e eventuais sanções acessórias. Será complementada pelos elementos probatórios indicados ou confirmados pelo MP (art. 58.º e 62.º do RGCO e 25.º do RPCLSS). E como referido, já consta do dossiê o requerimento com o recurso ou impugnação e meios probatórios aduzidos pelo acusado.

[491] Ac. do TRL, de 18-11-2015 (Rel. José Eduardo Sapateiro) [dgsi].

[492] Manuel M. Roxo e outro, ob. cit. pág. 71.

Depois de confirmados os requisitos processuais, nomeadamente a competência de tribunal e a legitimidade do impugnante ou recorrente, o juiz deve verificar os requisitos formais e o efeito do recurso e, marcando o julgamento ou dispensando-o, mandar pagar a taxa de justiça ao recorrente.

Numa primeira apreciação, o juiz poderá logo, e por meio de simples despacho, julgar extemporânea a impugnação e rejeitá-la, podendo o mesmo acontecer pelo desrespeito de exigências formais, como seja, a falta de alegações ou conclusões[493]. De tal decisão cabe recurso para a Relação (art. 38.º da Lei).

Prosseguindo o processo, segue-se o julgamento, que pode ser concretizado:

- mediante audiência de julgamento; ou
- através de simples despacho, desde que não haja oposição de nenhuma das partes.

Por meio deste despacho, o juiz "pode ordenar o arquivamento do processo, absolver o arguido ou manter ou alterar a condenação". Também deverá "decidir e de forma clara se entende como necessária ou não a presença do recorrente"[494].

Tendo lugar a audiência de julgamento, esta será marcada e realizar-se-á em observância das regras traçadas no art. 42.º e sgs. da mesma Lei. Como em processo criminal, embora o auto beneficie de presunção de verdade, compete ao MP "promover a prova de todos os factos que considere relevantes para a decisão", nomeadamente através de testemunhas (em número limitado a duas ou cinco), para além dos documentos existentes nos autos. Ao recorrente, no seguimento da sua alegação, assiste o ónus em contrário.

A decisão judicial deve ser fundamentada, de facto e de direito, ainda que possa " basear-se em mera declaração de concordância com a decisão condenatória da autoridade administrativa". Em casos de contraordenações leves, pode a decisão condenatória consubstanciar apenas uma admoestação.

[493] Sobre o tema ver o Ac. do TC n.º 265/01, de 19-06-2001.

[494] Adalberto Costa, Contra-Ordenações Laborais e da Segurança Social, Vida Económica, Porto, 2010, pág. 99.

De harmonia com o disposto no art. 39.º do Regime, o tribunal não poderá devolver o processo à autoridade administrativa, para além de lhe estar vedada a *reformatio in pejus*. Assim, o tribunal pode confirmar a decisão, no todo ou em parte, anulá-la por razões formais ou materiais e, em consequência, mandar arquivar o processo[495].

4. Recurso para a Relação

Sendo absolutória ou condenatória, a sentença, bem como o despacho decisório, são passíveis de recurso pelo MP ou pelo arguido para o competente tribunal da Relação, dentro dos parâmetros muito limitadores estabelecidos no art. 49.º. Estes vão desde o valor mínimo da coima aplicada, que terá de ter um valor acima de 25 UC; ao decretamento de sanções acessórias até à decisão final indevida através de despacho, com oposição do arguido.

A autoridade administrativa não tem legitimidade para recorrer[496].

Tal recurso será deduzido no prazo de 20 dias[497], devendo a sua fundamentação seguir-se ao requerimento. Segue a tramitação do recurso em processo penal, cingindo-se, em regra, a questões de direito e não de facto, como decorre do estatuído no art. 51.º do Regime.

5. Prescrição

Segundo o estipulado no art. 52.º da Lei mencionada, sem prejuízo das causas de suspensão e interrupção da prescrição previstas no aludido regime geral das contraordenações, **o procedimento** extingue-se, por efeito da prescrição, logo que sobre a prática da contraordenação hajam decorrido cinco anos, divergindo do Regime Geral das Contraordenações.

Porém, este prazo de prescrição fica sujeito, não só a suspensão, mas ainda a interrupções, conforme se prevê, respetivamente, nos arts. 53.º e 54.º.

Por seu turno, ainda as **coimas aplicadas** poderão prescrever ao fim de cinco anos depois de se tornarem definitivas, mas igualmente sem pre-

[495] João Soares Ribeiro, Contra-Ordenações Laborais, 3.ª ed., Almedina, Coimbra, 2011, pág. 79; Manuel M.Roxo, ob cit. pág 109.

[496] Cfr Ac. da RL de 4/1/2002, cit. por Manuel M. Roxo, ob. cit. pág. 113.

[497] Afastando o sentido e revogando o Acórdão de fixação de jurisprudência n.º 1/2009, publicado no DR I série de 16/1/200, que fixava tal prazo em 10 dias.

juízo das causas de suspensão e interrupção previstas no referido regime geral das contraordenações.

6. Processos criminais

Relativamente aos crimes laborais[498], previstos no Código do Trabalho[499], que se podem conexionar com as contraordenações, a sua investigação incumbe à ACT/IGT e ao Ministério Público não sendo os tribunais do trabalho os competentes para o seu julgamento.

A sua investigação e processamento seguem as regras do processo criminal e, para o seu julgamento, são competentes os tribunais criminais e não os de trabalho, não se podendo, pois, falar em procedimento laboral--criminal.

[498] O seu elenco constava do estudo de J. Soares Ribeiro, *in* Minerva, ano II, n.º 3, 2003, pág. 45.
[499] Arts. 546.º, 547.º, 82.º, 83.º, 316.º, 407.º, 459.º, 543.º e 545.º.

XX
Reconhecimento da Existência de Contrato de Trabalho

1. Introdução

Como se sabe, de há uns anos a esta parte, tornou-se muito frequente algumas organizações empresariais e até estaduais admitirem trabalhadores para a prestação de trabalho subordinado através da formalização de contratos de prestação de serviço (e de "estágio" e até de "voluntariado") em vez do correspondente contrato de trabalho. Tal ilegalidade resulta do próprio sistema legal que se foi constituindo e que tornou o despedimento impossível ou demasiado oneroso para a típica empresa portuguesa (com 9 trabalhadores, com insípida estrutura organizativa e com débil base financeira). Por outras palavras, protege-se o emprego dos empregados, nomeadamente no setor público empresarial, e obstaculiza-se ao novo emprego em geral, obrigando algumas camadas de trabalhadores, em regra jovens, a terem de aceitar precárias condições de trabalho, muitos já fora do sistema legal, constituindo a chamada segmentação do mercado de trabalho.

Há ainda a evidenciar que os referidos cripto contratos de prestação de serviços, ou "a falsos recibos verdes"[500], com é comum designá-los, ainda são utilizados por empregadores menos escrupulosos para obviar aos encargos para a segurança social, que, objetivamente, são demasiado elevados (23,75% da retribuição), embora tal ínvio objetivo tenha sido atenuado através da figura da "entidade contratante", que paga pelo

[500] É já comum falar-se na "geração dos recibos verdes".

menos 80% do rendimento total a trabalhador independente, ficando adstrita a uma taxa de 5% para a segurança social (arts. 140.º, 150.º, n.º 3 e 5 e 168.º, n.º 4, do CRCSPSS).

Em tais situações de ilegalidade, a ACT tinha poderes muito relativos, pois a questão de saber se o contrato era de trabalho ou de prestação de serviço era de natureza privada e passível de ser julgada apenas por iniciativa do trabalhador interessado. Restava-lhe o poder de erigir processo pela contraordenação prevista no n.ºs 2 a 4 do art. 12.º do Código do Trabalho.

Procurando obviar a esta dificuldade, através da Lei n.º 63/2013, de 27 de agosto, procedeu-se à "instituição de mecanismos de combate à utilização indevida do contrato de prestação de serviços em relação de trabalho subordinado". Para tanto, foi alterado o art. 2.º e aditado o novo art. 15.º-A na Lei n.º 107/2009, de 14 de setembro, que estabelece o regime processual aplicável às contraordenações laborais e de segurança social e ainda foi criado, no âmbito do CPT, a **ação de reconhecimento da existência de contrato de trabalho**, (ARECT) disciplinada nos novos arts. 186.º-K a 186.º-R.

Recentemente, por meio da Lei n.º 55/2017, de 17 de julho [501] foi alargado o âmbito da referida ação judicial e, bem assim, "os mecanismos processuais de combate à ocultação de relações de trabalho subordinado..." alterando os referidos arts. 2.º, n.º 3 e 15-A, n.ºs 1 e 3 da Lei n.º 107/2009 e o regime da aludida ARECT e criando ainda um novo procedimento cautelar.

Essencialmente, a alteração daquela Lei visou alargar a atuação da inspeção do trabalho para todos os casos de escamoteamento/obnubilação do contrato de trabalho para além do falso contrato de prestação de serviço, como sejam os falsos estágios, voluntariado e bolsas.

2. Procedimento da ACT

Por meio do dispositivo do novo n.º 3 do art. 2.º da Lei n.º 107/2009, para além do poder já detido de erigir o procedimento contraordenacional, concede-se ainda poderes à ACT para a instauração do **"procedimento a adotar em caso de inadequação do vínculo** que titula a prestação de uma atividade em condições correspondentes às do contrato de traba-

[501] Derivou do Projeto de Lei n.º 105/XIII (1.ª), apresentado em 19 de janeiro de 2016.

lho", o qual passou a estar previsto no remodelado art. 15.º-A. Detetada tal situação, o inspetor do trabalho "lavra um auto e notifica o empregador para no prazo de dez dias, regularizar a situação, ou se pronunciar dizendo o que tiver por conveniente". Face a tal notificação, se o "empregador" aceitar que é mesmo empregador e que o contrato era mesmo de trabalho, vigorando desde a data considerada pelo inspetor, este procedimento será arquivado. Mas poder-se-á ainda manter o aludido procedimento contraordenacional, pois além de reconhecimento e da formalização do contrato como sendo de trabalho, haverá lugar ao pagamento das contribuições (incluindo as quotizações) à segurança social correspondentes.

Caso, por outro lado, o "empregador" não aceite que o contrato é, efetivamente, de trabalho e nada diga ou diga isso mesmo, então, a ACT, através de um seu dirigente, e no prazo de cinco dias, remete "participação dos factos para os serviços do Ministério Público junto do tribunal do lugar da prestação da atividade (e não da residência do presumível trabalhador) acompanhada de todos os elementos de prova recolhidos, para fins da instauração de ação de reconhecimento da existência de contrato de trabalho" (ARECT).

Verificando-se tal evento, o procedimento contraordenacional (que se reportará, basicamente, à falta de inscrição e de pagamento das contribuições à segurança social) ficará suspenso até à data do trânsito em julgado da decisão final da ação que irá ser interposta pelo competente magistrado do MP. Naturalmente, e em princípio, deverá vir a ser arquivado caso no processo judicial se conclua pela inexistência do contrato de trabalho.

E que valor probatório terá a referida "participação dos factos"? Conforme se dispõe na aludida Lei n.º 107/2009, diferentemente do que acontece com o auto de notícia, a participação, sendo também elaborada pelo inspetor do trabalho, respeita a factos que ele não comprovou pessoalmente e, portanto, não se consideram provados. Por este motivo, a participação deve ser "instruída com os elementos de prova disponíveis e a indicação de, pelo menos, duas testemunhas e o máximo de cinco..." (art. 13.º).

Dado o seu "incomum escopo, as normas que regulam este processo (que continuam a ser os arts. 186.º-K a 186.º-R) já foram julgadas inconstitucionais. Porém, feita a reapreciação pelo Tribunal Constitucional vieram a ser consideradas de conformidade com a Constituição [502].

3. Articulados das partes

O processo judicial inicia-se com o recebimento da participação, conforme se estipula no n.º 6 do art. 26.º do CPT, devendo, pois, a petição a deduzir pelo Magistrado do MP já nele se inserir, o que implica o seu prévio registo e o pedido de eventuais informações complementares.

Diferentemente do que acontece em outras situações em que o MP tem legitimidade ativa, neste caso, atenta a urgência, "dispõe de 20 dias para intentar ação de reconhecimento da existência de contrato de trabalho", após a receção da referida participação da ACT, tudo conforme se estabelece no art. 186.º-K.

Atenta a natureza urgente do processo e como decorre do preceituado no n.º 2 do art. 298.º do CC, tal prazo é de caducidade e decorre durante as férias judiciais. Todavia, sendo um prazo processual permite-se que o ato venha a ser praticado num dos três dias úteis subsequentes ao seu decurso, conforme se prevê no n.º 5 do art. 139.º do CPC [503].

Ainda se prevê (no n.º 2 do art. 186.º-K) que o procedimento seja promovido inicialmente não pela ACT, mas pelo próprio MP, dentro da sua competência[504] pois quando tiver conhecimento, por qualquer meio, de situações de cripto contratos de trabalho deve comunica-las à ACT (e também no prazo de 20 dias) para esta iniciar o procedimento de inadequação e, concomitantemente, o procedimento contraordenacional.

A petição inicial do MP, bem como os demais articulados, não carecem de ser...articulados, podendo bem respeitar um modelo estabelecido. E ao contrário do que consta no n.º 3 do art. 186.º-L, não têm de ser apresentados em duplicado mas por via eletrónica [505].

[502] Acs. n.ºs 94/2015, de 03-02-2015 e n.º 85/2016, de 04-02-2016, ambos relatados pelo Cons. João Cura Mariano.

[503] Conforme julgado nos acórdãos do STJ de 6, 14 e 26 de maio de 2015, relatados, respetivamente, pelos Conselheiros Pinto Hespanhol, Melo Lima e António Leones Dantas [dgsi].

[504] Estatuto do Ministério Público, aprovado pela Lei n.º 2/1990, de 20 de janeiro, com numerosas alterações, art. 3.º".

[505] CPC, art. 132.º e P. n.º 280/2013, de 26 de agosto (com alterações) arts. 1.º, n.º 6 b) e c) e 4.º n.º 1.

No que tange ao conteúdo, naturalmente terá que obedecer à generalidade dos requisitos exigidos nos arts. 144.º e 552.º do CPC, "devendo juntar todos os elementos de prova recolhidos até ao momento" o que está em consonância com o que se dispõe no art. 63.º do CPT. Desses elementos constarão, pelo menos, as duas testemunhas que devam ter sido identificadas na participação da ACT. Mas nenhuma delas poderá ser o trabalhador ou prestador de serviço que está impedido, pois poderá vir a intervir na discussão da causa como assistente do autor (art. 496.º do CPC). Como as testemunhas até ao número de três deverão ser apresentadas na audiência de julgamento (art. 186.º-N, n.º 3) a sua notificação e a sua audição por teleconferência só poderão ser admitidas em condições especiais. E como o recurso da decisão final é sempre possível, também a gravação da audiência deverá ser requerida.

Parecendo já o sacrificar, nos termos do n.º 2 do art. 186.º-L, "o empregador é citado para contestar no prazo de 10 dias". Seria mais correto, falar-se em réu, em dador de trabalho ou, no máximo, em presumível empregador. De qualquer modo, o curto período para contestar é aceitável perante a urgência do processo e o prévio conhecimento do procedimento dado pela ACT.

Porque nesta causa o recurso é sempre admissível o réu terá que constituir advogado e este terá de utilizar a plataforma Citius[506].

Como é óbvio, na contestação, para além da arguição de eventuais exceções e do uso do ónus de impugnação terão que ser descritos factos que afastem os elementos componentes do contrato de trabalho e ilidam as prestações da sua existência, de conformidade nos arts. 11.º e 12.º do Código do Trabalho.

Quanto aos meios de prova haverá que atender ao já exposto.

Porém, o contestante terá que pagar a taxa de justiça (0,5 UC) em observância do que se dispõe no art. 186.º-Q, a não ser que beneficie de apoio judiciário ou esteja isento de custas.

Não havendo contestação, o efeito cominatório será pleno "a não ser que ocorram, de forma evidente, exceções dilatórias ou que o pedido seja manifestamente improcedente" (art. 186.º-M).

[506] E assim também não carecendo de apresentar duplicado da contestação, conforme resulta da aplicação dos arts. 148.º., n.º 1 e 40.º, n.º 1 b) ambos do CPC.

As exceções dilatórias evidentes podem ser a incompetência do tribunal, a nulidade de todo o processo....Além das exceções dilatórias, também o tribunal poderá conhecer das perentórias, já que, em princípio são do conhecimento oficioso, como é o caso da referida caducidade.

4. Intervenção do trabalhador

Apresentada a contestação esta será notificada ao autor (art. 575.º) e, decorrido o prazo legal, será o processo apresentado ao juíz para marcação da data de julgamento, sem necessidade da concordância das partes. Poderá ainda convidar as partes a completar e a corrigir os articulados (art. 27.º).

Marcada tal data, que dificilmente poderá ser num dos próximos 30 dias (como se impõe no n.º 2 do art. 186.º-N) são remetidas ao trabalhador identificado na petição (certamente pelo seguro do correio) duplicados (que, na verdade, serão cópias) da petição inicial e da contestação e a informação da data (e hora) para a realização da audiência de julgamento. Ainda o trabalhador será advertido expressamente para, no prazo de dez dias a contar da data da receção da carta:

- aderir aos factos apresentados pelo MP, declarando-o por qualquer modo;
- apresentar articulado próprio (que também não carecerá de ser ... articulado) descrevendo factos relacionados com as posições das partes; ou apenas,
- constituir mandatário no processo.

Obviamente, através do seu mandatário, poderá aderir aos factos deduzidos pelo MP e, simultaneamente, apresentar o seu articulado, pois não há no texto legal qualquer conjunção disjuntiva. Também poderá nada fazer ou apenas assistir à audiência de julgamento.

De qualquer modo, se apresentar algum documento articulado ou não, dele terá que ser dado conhecimento às partes para poder vir a ser considerado, tudo em respeito pelo princípio do contraditório (art. 3.º, n.º 3 do CPC). Dada a especial configuração deste processo judicial, não poderá o trabalhador procurar que lhe sejam reconhecidos quaisquer outros direitos para além da classificação do seu contrato como sendo de trabalho.

Mas se o referido trabalhador vier a intervir no processo assume aí a posição de **assistente**, dado que irá auxiliar uma das partes, que, em princípio será a do autor, como se configura no art. 326.º do CPC. Não substituirá, jamais, o MP como autor no processo por falta de legitimidade, ainda que tenha interesse em agir .

5. Saneador e julgamento

Porque o trabalhador tem de ser informado da data de audiência de julgamento, o juiz terá de observar o processado, logo após o recebimento da contestação. O mais curial será quedar-se por tal marcação e por eventual despacho de aperfeiçoamento (ou indeferimento). Porquanto, como o trabalhador poderá vir a pronunciar-se, inclusive, através de "articulado próprio", faz sentido que só depois elabore o despacho pré-saneador que, sem tal designação, se acaba por impor no n.º 1 do art. 186.º-N. Este artigo com a epígrafe "termos posteriores aos articulados" corresponderá aos arts. 61.º do CPT e 590.º do CPC, pois nele o juiz já deverá apreciar eventuais exceções ou nulidades, podendo até decidir do mérito da causa.

O específico normativo sobre a audiência de julgamento continua a ser objeto do art. 186.º-O, mas a alteração do seu n.º 1 e a revogação do seu n.º 2 vieram corrigir uma notória contradição referente ao papel processual do presumível trabalhador, pois, não sendo ele parte no processo, mas mero assistente ou, até, mero informado do processo, não era congruente ser ele a acordar com o réu fosse o que fosse. Agora, a partir de 1 de agosto de 2017, deixa de haver tentativa de conciliação obrigatória, iniciando-se o julgamento "com a produção das provas que ao caso couberem". Fica, assim, ultrapassada a jurisprudência que chegou a conferir relevância ao acordo celebrado com boa fé, entre o dador e o prestador do trabalho ou serviço, em observância de um dos mais relevantes princípios do direito processual do trabalho, que bem se justificaria desde que se mantivesse a relação laboral.

Fica, assim, líquido e incontroverso que a instância inerente a esta ARECT, em princípio, tem de se concluir pelo julgamento e sentença. Se o trabalhador não aderir à posição do autor e até concordar com o réu, mesmo assim o caso deverá vir a ser julgado e sentenciado, conforme as provas apresentadas e o Direito aplicável. Só assim, na perspetiva da lei, o interesse público será prosseguido. E só assim, a ACT reatará ou não o procedimento contraordenacional, liquidando ou não, as contribuições para a segurança social, incluindo as quotizações, todas da responsabilidade do dador do trabalho. Aliás, era já esta a corrente jurisprudencial que prevaleceu e se fixou. O mesmo deverá acontecer vindo o contrato a cessar por qualquer motivo, legitimo ou ilegítimo.

Quanto à **audiência de julgamento**, esta só poderá ser adiada por impedimento do tribunal, pois a falta de alguma das partes ou do advogado do réu ou de alguma testemunha não constituir motivo para protelação (n.ºs 3 e 4). A audiência apenas poderá ser suspensa para a concretização de alguma diligência que ao juiz pareça indispensável para a boa decisão da causa, mas logo deverá ser marcada data para o seu reatamento, "devendo o julgamento concluir-se dentro de 30 dias", a contar do seu início. Produzida a prova, os mandatários (do réu e do trabalhador) e, antes, também o magistrado do MP, podem fazer "uma breve alegação oral", sobre a matéria de facto e sobre o direito aplicável.

Continuando, coerentemente, a considerar-se a urgência do processo "a **sentença**, sucintamente fundamentada, é logo ditada para a ata", E, sendo de condenação do réu, reconhecendo a existência de um verdadeiro contrato de trabalho, terá que nela ser fixada a data de início da respetiva relação laboral, nomeadamente para a ACT (ou ISS,IP) liquidar as contribuições devidas à segurança social. E para tal efeito a sentença ser-lhes-á comunicada.

De conformidade com o estatuído no art. 186.º-Q, o valor da causa será fixado na sentença "tendo em conta a utilidade económica do pedido", o que não será fácil já que a retribuição a pagar havendo contrato de trabalho pode não ser superior à retribuição antes praticada.

No que toca a **custas**, o MP fica sempre delas isento (art. 4.º do RCP). O trabalhador só sera condenado a pagá-las, se na sentença, se concluir que o seu contrato não é de trabalho e tiver "apresentado articulado próprio" sustentando o contrário, ou vice-versa, como estabelecido no n.º 4, do art. 186.º-Q, onde se ultrapassa o disposto na alínea h), do n.º 1, daquele art. 4.º do RCP. Havendo empregador, será este o responsável, como resulta do art. 527.º do CPC.

6. Recurso e cobrança de créditos

Como já foi salientado da decisão final deste processo especial da ARECT cabe sempre recurso para a Relação, independentemente do valor, vindo, assim, a adicionar-se aos processos elencados no art. 79.º.

Mas tal recurso tem efeito meramente devolutivo, sendo lícito obter o efeito suspensivo observando o preceituado no n.º 2 do art. 83.º, ou seja, requerendo o recorrente a prestação de caução e prestando-a nos termos dos n.ºs 4 e 5 do mesmo artigo.

De qualquer modo, implícita e estranhamente, no art.º 186.º-R, estabelece-se que o prazo de prescrição dos créditos laborais de um ano (art. 337.º, n.º 1 do CT) começa a contar-se após o trânsito da sentença, quando o trabalhador continuar a trabalhar por conta da ré, o que deveria interromper tal contagem. Portanto, tal disposição apenas fará sentido caso venha a sentenciar-se que existia um contrato de trabalho e que antes ocorreu a sua cessação. E apenas, no caso desta cessação do contrato de trabalho ter ocorrido por despedimento, é que ganha fundamento a norma do mesmo art.º 186.º-R, ao impor que o prazo de 60 dias para impugnar tal despedimento só comece a decorrer após o trânsito em julgado da sentença.

7. Procedimento cautelar. Remissão

Através do novo art. 186.º-S foi estabelecido o recente "procedimento cautelar de suspensão de despedimento subsequente a auto de inspeção previso no art. 15.º-A da Lei n.º 107/2009, de 14 de setembro".

O respetivo regime já se encontra cotejado no capítulo VII, referente aos procedimentos cautelares laborais.

XXI
Arbitragem nas Relações Coletivas de Trabalho

1. A arbitragem em geral

Como ficou expendido no n.º 6 do capítulo II, é no último Livro do Código de Processo Civil que se prevê o tribunal arbitral necessário[507], ou seja, a arbitragem, como modo externo aos tribunais judiciais para resolver ou prevenir conflitos. Hoje em dia, neste Livro do Código apenas se mantêm algumas normas em apenas três artigos relativos à **arbitragem obrigatória ou necessária,** contendo algumas regras sobre a nomeação e substituição dos árbitros e (no último artigo do CPC – o 1085.º) remetendo *para o disposto na lei da* ***arbitragem voluntária***[508].

Também como ficou referido, o regime geral da arbitragem voluntária contém-se na Lei n.º 63/2011, de 14 de dezembro, que no n.º 4 do seu art. 4.º, como disposição transitória estabelece que "a submissão a arbitragem de litígios emergentes de ou relativos a contratos de trabalho é regulada por lei especial, sendo aplicável, até à entrada em vigor desta o

[507] Em consonância com o disposto no n.º 2 do art. 209.º da CRP.

[508] Sendo certo que ainda são feitas referências expressas à exequibilidade das decisões arbitrais (arts. 42.º, n.º 2 e 49.º), ao compromisso arbitral (arts. 287.º b) e 290.º) à preterição do tribunal arbitral voluntário (art. 495.º) à execução baseada em sentença arbitral (art. 814.º, n.º 1) e ao processo de jurisdição voluntária relativo à determinação do objecto do litígio a submeter a arbitragem (arts. 1508.º a 1510.º).

novo regime aprovado pela presente lei, e, com as devidas adaptações, o n.º 1 do art. 1.º da Lei n.º 31/86, de 29 de agosto, com a redação que lhe foi dada pelo DL n.º 38/2003, de 8 de março.

No âmbito das relações coletivas de trabalho, mais propriamente para a **resolução de conflitos coletivos de trabalho**, o CT manteve os processos de conciliação, de mediação e de arbitragem (arts. 523.º e sgs.), mas em relação à arbitragem desenvolveu os mecanismos necessários para a sua efetivação, o que vem acontecendo.

A arbitragem no âmbito das relações coletivas de trabalho, pode ser **voluntária, obrigatória e necessária** (arts. 505.º e sgs.)[509], podendo ser utilizada, quer no âmbito daqueles conflitos coletivos, propriamente ditos, que se inserem, usualmente, nos procedimentos para a revisão ou celebração de convenções coletivas de trabalho, quer ainda na definição dos serviços mínimos durante a greve no sector estatal (n.ºs 4 e sgs. do art. 538.º do CT)[510].

Por outro lado, nos IRCT's podem ser acordadas cláusulas sobre a composição de litígios através da conciliação, mediação e arbitragem, naturalmente voluntária. Mas duvidosas serão tais cláusulas quando impõem a obrigatoriedade de tal arbitragem em questões de despedimento. Outrossim, tem assento legal a comissão paritária "com competência para interpretar e integrar as suas cláusulas" (art. 493.º do CT).

A nível das relações (individuais) de trabalho, o mesmo pode acontecer, mas não pode deixar de ser ponderada a sua validade face às regras de competência internacional dos tribunais de trabalho e sobre os **pactos privativos de jurisdição** (arts. 10.º e 11.º do CPT) e de competência interna (arts. 13.º a 18.º e 19.º) onde se comina a nulidade dos **pactos de desaforamento** como referido em II.6[511].

[509] Para desenvolvimento, João Leal Amado, Temas Laborais, pág. 139 – A Arbitragem Obrigatória e o Art. 412.º da RCT – Coimbra Editora, 2005.

[510] O processo de arbitragem obrigatória encontrava-se regulado no Código de 2003, no art. 406.º e sgs. e a dos serviços mínimos no art. 439.º e sgs. da LR, interessando ainda a P. n.º 1100/2006, de 13 de outubro, sobre os honorários dos árbitros e peritos do tribunal arbitral e o estatuto do CES.

[511] Para desenvolvimento v. estudo de Lucinda D. Dias da Silva, Arbitragem e Iuris Laboris Alma, *in* QL, n.ºs 26 e 27 (2006), respetivamente, págs. 194 e 91.

2. Arbitragem nas relações coletivas de trabalho

Como disposições comuns a todas as três formas de arbitragem, constam as do art. 505.º e que são as seguintes:

- Aplicam-se-lhe as regras sobre o conteúdo obrigatório das convenções, ou seja, as do n.º 1 do art. 492.º;
- E as do depósito (494.º), devendo os árbitros enviar às partes interessadas e para registo e depósito o texto da sua decisão no prazo de cinco dias;
- A decisão arbitral produz os efeitos da convenção coletiva;
- O regime geral da arbitragem voluntária é subsidiariamente aplicável.

3. Arbitragem voluntária

Conforme resulta do art. 506.º, relativamente às convenções coletivas, a todo o tempo, as partes podem acordar em submeter a arbitragem as questões laborais resultantes, nomeadamente da:

- Interpretação,
- Integração,
- Celebração, ou
- Revisão.

O vocábulo "nomeadamente" inculca que poderão ser submetidas à arbitragem quaisquer outras questões ou divergências de natureza laboral, sem se caracterizarem como "conflitos coletivos de trabalho".

Como é natural, havendo acordo em recorrer à arbitragem, terá de admitir-se, como acontece no art. 507.º, que também as partes convencionem as regras da arbitragem. Na falta deste acordo, então aplicar-se-ão, subsidiariamente, as regras estabelecidas no mesmo artigo, e que são as seguintes:

- A arbitragem será realizada por três árbitros, sendo dois nomeados, um por cada parte (árbitros de parte), e o terceiro escolhido por eles;
- As partes que acordarem na arbitragem informam o ministério da área laboral do início e do termo do procedimento de arbitragem voluntária;

- Os árbitros podem ser assistidos por peritos e têm direito à informação pelas partes e pelos ministérios.

4. Arbitragem obrigatória

A arbitragem obrigatória apenas é admissível nas três situações de conflito previstas no art. 508.º do Código do Trabalho. Em síntese são as seguintes:

- Tratando-se de primeira convenção, com negociações prolongadas e infrutíferas, conciliação ou mediação frustrada e inviabilidade do recurso à arbitragem voluntária, sendo requerida por qualquer das partes desavindas;
- Tratando-se de primeira convenção ou revisão e havendo recomendação nesse sentido da Comissão Permanente de Concertação Social;
- Igualmente tratando-se de primeira convenção ou revisão, por iniciativa do ministro da área laboral, ouvida a referida Comissão "quando estejam em causa serviços essenciais, destinados a proteger a vida, a saúde e a segurança das pessoas".

A determinação da arbitragem obrigatória pelo ministro carece de despacho fundamentado, considerando:

- o "número de trabalhadores e empregadores afetados pelo conflito" que deve ser grande;
- a "relevância da proteção social dos trabalhadores abrangidos" que, portanto, se inserem nos extratos sociais mais desfavorecidos;
- os "efeitos sociais e económicos do conflito", ou seja as repercussões na vida da população local; e
- a "posição das partes quanto ao objeto da arbitragem", isto é, se estão ou não recetivas à solução.

Naturalmente, "os tribunais da jurisdição administrativa são os competentes para apreciar a legalidade do despacho do Ministro do Trabalho e da Solidariedade Social que determina a realização de arbitragem obrigatória para efeitos de celebração de convenção coletiva de trabalho [512].

[512] Ac. do TCAS, de 15 de abril de 2010 (Rel. Bejamim Barbosa) [dgsi].

5. Arbitragem necessária

Inovadoramente, este tipo de arbitragem é admissível, de harmonia com o disposto no art. 510.º, "após a caducidade de uma ou mais convenções coletivas aplicáveis a uma empresa, grupo de empresas ou sector de atividade, (desde que) não seja celebrada nova convenção nos 12 meses subsequentes, e não haja outra convenção aplicável a pelo menos 50% dos trabalhadores da mesma empresa, grupo de empresas ou sector de atividade..."

Tal arbitragem também será determinada pelo ministro da área do emprego, igualmente por despacho fundamentado, "mediante requerimento de qualquer das partes nos 12 meses subsequentes ao termo do prazo..." de 12 meses depois da caducidade de uma ou mais convenções coletivas".

6. Apoio do Conselho Económico e Social

O Conselho Económico e Social tem um papel fulcral na concertação social, procurando ultrapassar os conflitos sociais, que tantos prejuízos acarretam para a sociedade, diminuindo o rendimento global e o dos menos favorecidos, cavando, portanto, o fosso entre ricos e pobres. Naturalmente, tal objetivo apenas será alcançado se houver uma base social ampla que não pretenda a mudança abrupta da sociedade.

Segundo o seu sítio na Internet[513], o CES "é o órgão constitucional de consulta e concertação no domínio económico e social". Nos domínios da sua estrutura avulta a *Comissão Permanente de Concertação Social (CPCS)* com composição tripartida (Governo e parceiros sociais) para promover o diálogo e a concertação sociais. As confederações sindicais e de empregadores com assento na Comissão Permanente de Concertação Social são equiparadas a pessoas de utilidade pública para efeitos de acesso a financiamentos públicos[514].

Nos domínios da arbitragem laboral, o papel central do CES, para além dos pareceres a que já se aludiu, traduz-se na elaboração de listas de árbitros, quer de parte (24) quer presidentes (16) conforme se dispõe no

[513] *www.ces.pt.* O CES está previsto no art. 92.º da CRP e foi criado pela Lei n.º 108/91, de 17 de agosto, regulamentada pelo DL n.º 90/92, de 21 de maio, tendo o seu regulamento interno sido publicado no D.R. II Série, n.º 162, de 13/07/2003.

[514] DL n.º 213/2008, de 10 de novembro.

art. 512.º do Código e na sua regulamentação, concretizada nos arts. 2.º a 5.º do Decreto-Lei n.º 259/2009, de 25 de setembro[515]. Os nomes de tal lista ficam disponibilizados para a sua nomeação ou escolha. É, em princípio, o CES que fica incumbido de proceder ao pagamento dos honorários dos árbitros[516] e das despesas, para além de lhes facultar o apoio técnico e administrativo (art. 512.º, n.º 3).

As competências do CES foram atribuídas na Madeira, ao Conselho Económico e Social da Região Autónoma da Madeira e nos Açores, ao Conselho Regional de Concertação Estratégica[517].

7. A constituição e funcionamento do tribunal arbitral

Como já se salientou, a *arbitragem voluntária* "rege-se por acordo das partes" ou na falta de tal acordo pelas normas do art. 507.º do Código do Trabalho.

Nos casos da arbitragem obrigatória e necessária, a constituição do tribunal arbitral e o seu funcionamento encontra-se juridicamente disciplinados nos arts. 6.º e sgs. do citado Decreto-Lei n.º 259/2009, de 26 de setembro.

Assim, o tribunal arbitral será "composto por três árbitros" e "é presidido pelo árbitro escolhido pelos árbitros de parte ou, na sua falta, pelo designado mediante sorteio de entre os constantes da lista de árbitros presidentes" do CES.

Todo o processo de constituição do tribunal arbitral está regulamentado, pormenorizadamente, no mesmo Decreto-Lei (arts. 7.º e 8.º). Obviamente os árbitros, como julgadores, devem ser independentes das partes e dos seus interesses, embora as simpatias e as ideologias dificilmente se possam esquecer.

Uma vez declarado constituído o tribunal arbitral, este deve confinar o seu *objeto*, em princípio já definido pelo Ministro ou por acordo das partes. O tribunal funciona no local onde o Presidente do CES determinar ou em outro, se houver acordo, mas sempre com o apoio administrativo do próprio Conselho.

[515] Retificado pela Declaração de Retificação n.º 76/2009, de 15 de outubro.

[516] Nos termos da Portaria n.º 1100/2006, de 13 de outubro, que continua em vigor (art. 32.º do DL 259/2009, de 25 de setembro).

[517] DLR n.º 25/2008/M, de 24 de junho e DLR n.º 9/2003/A.

Naturalmente, os trabalhos do tribunal são dirigidos pelo árbitro presidente que logo providenciará pela *audição das partes* e pelo *contraditório* entre elas. Finda esta fase de audição das partes, há lugar a uma *tentativa de acordo*. Caso não se alcance o acordo nesta fase, passa-se à fase da instrução, ou seja "o apuramento dos factos relevantes para o exame e decisão da causa que devem considerar-se controvertidos ou necessitados de prova", com a consequente aceitação dos meios de prova "admitidos pela lei do processo civil"[518].

Ultrapassada a fase da instrução e obtidas as informações possíveis junto dos organismos oficiais, o tribunal toma uma decisão (ou melhor, deliberação ou acórdão), no prazo de 60 dias a contar da sua constituição, prorrogável apenas até 15 dias "em caso de acordo entre o tribunal e as partes" (art. 21.º, n.º 1 e 2).

A decisão arbitral (que corresponde a um acórdão judicial) será sempre tomada ou por unanimidade, ou por maioria (2 votos) ou por voto de qualidade do presidente. E como já se viu, tal decisão deverá ter o conteúdo obrigatório das convenções coletivas e está sujeita a depósito "com as necessárias adaptações" e devem, por isso, ser enviadas pelos árbitros, no prazo de cinco dias, ao ministério da área laboral (art. 505.º).

A decisão arbitral pode ainda ser objeto de *reclamação* contra eventuais "obscuridades ou ambiguidades" e, depois destas esclarecidas, também pode ser suscitado o *recurso* por alguma ou ambas as partes. Efetivamente, da decisão arbitral, correspondendo a uma sentença de primeira instância, pode-se recorrer para o tribunal da Relação, recurso este que será como de apelação em processo civil[519].

Como se aludiu, a arbitragem também poderá ser utilizada na determinação dos *serviços mínimos durante a greve,* de conformidade com o estatuído nos arts. 538.º, n.º 4, b) do Código do Trabalho e 24.º e sgs. deste Decreto-Lei n.º 25/2009, de 25 de setembro. É precisamente neste campo que mais tem sobressaído a arbitragem obrigatória laboral, sendo de grande alcance a função exercida. É de lamentar apenas que o peso da ideologia dos presidentes vá prevalecendo e, consequentemente,

[518] Ou seja, documentos, presunções, confissão das partes, perícias, inspeção, testemunhas (Código Civil, art. 341.º e sgs.) e Código de Processo Civil, art. 410.º e sgts.

[519] Código do Processo Civil, arts. 627.º e sgs. e 644.º.

gerando acórdãos em sentido contraditório[520], já que os árbitros de parte, em regra, não se têm libertado dos interesses das suas partes[521].

Basicamente, neste processo, percorrem-se as seguintes fases:

– constituição do tribunal arbitral;
– audição das partes e instrução; e
– decisão[522].

[520] Por exemplo, relativamente às greves dos trabalhadores do Metropolitano de Lisboa, tomadas em outubro de 2013.

[521] As decisões encontram-se disponíveis no sítio da Internet do CES.

[522] Para desenvolvimento: Joana Costa Henriques, A Fixação de Serviços Mínimos: As Arbitragens no Âmbito do CES sob o Sector dos Transportes, artigo inserido *in* Estudos de Direito do Trabalho, com organização de António Monteiro Fernandes, Coimbra Editora, 2011, pág. 259.

XXII
Reenvio Prejudicial Europeu

1. Reenvio a título prejudicial

Os tribunais ou juízos de trabalho portugueses, como quaisquer outros tribunais, incluindo os de recurso, podem ter de aplicar normas de direito emitidas pelos competentes órgãos da União Europeia (e das suas antecedentes comunidades). É o que resulta dos artigos 19.º do Tratado da UE (funções e composição do Tribunal de Justiça), 267.º[523] do Tratado sobre o Funcionamento da UE e do art. 8.º da CRP.

De resto, vigora o **princípio do primado do direito europeu** em relação aos direitos nacionais de cada um dos Estados membros e grande parte de tal direito é mesmo de aplicação direta (regulamentos). Na ordem jurídica portuguesa, tal relacionamento encontra-se regulado pelo estatuído no n.º 4 do art. 8.º da CRP, apenas se discutindo a intensidade de tal primazia[524].

Face a este cenário constituído por nações diversas, com ordens jurídicas próprias inseridas numa única ordem jurídica superior, suscita-se,

[523] Arts. 251.º a 281.º – modo de funcionamento e competências do Tribunal de Justiça da UE. Para além deste Tribunal de Justiça, atualmente, existem ainda o Tribunal Geral (anteriormente designado como Tribunal de Primeira Instância) e os tribunais especializados (antigas câmaras jurisdicionais).

[524] V. Jorge Miranda e Rui Medeiros, Constituição Portuguesa Anotada, Tomo I, 2.ª ed., Coimbra Editora, 2010, pág. 172.

com maior acuidade, o problema da uniformização do direito comunitário ao ser aplicado por tantos e tão diversos órgãos jurisdicionais.

Na tentativa de conseguir a aplicação uniforme do direito da União Europeia concebeu-se o mecanismo da colocação de **questões prejudiciais** pelos tribunais nacionais ao Tribunal de Justiça – reenvio prejudicial. Através dele, este Tribunal decide sobre tais questões, naturalmente dentro de uma linha de coerência que a multitude dos tribunais nacionais não permitiria. Trata-se de um curioso mecanismo de cooperação jurisdicional para resolver uma questão de direito, cuja solução se poderá repercutir na decisão final de mérito, constituindo, assim, um seu pressuposto (prejudicialidade).

Nos termos da citada disposição do Tratado da UE qualquer tribunal nacional ao aplicar o direito europeu e, em caso de dúvida, pode interpelar o Tribunal de Justiça, através do recurso à questão prejudicial, que constituirá uma ocorrência anormal no processo e, portanto, um **incidente** processual. Porque não previsto no elenco do CPC (título III do livro II, art. 292.º e sgs.) deve classificar-se como incidente atípico. Como anota Francisco Pereira Coutinho[525], pode ou não originar a suspensão no andamento do processo nacional, consoante assim for decidido pelo juiz e face ao normativo processual de cada Estado. Em Portugal, a decisão caberá apenas ao arbítrio do julgador.

Segundo Sónia Kietzmann Lopes, até 2010, "foram apenas 77 as questões prejudiciais colocadas pelos tribunais portugueses junto do Tribunal de Justiça"[526]. E no âmbito do direito do trabalho, escreve o Professor Monteiro Fernandes que "... é extremamente raro que os tribunais portugueses suscitem questões prejudiciais junto daquela instância, assim como só excecionalmente são invocadas as citadas decisões do Tribunal europeu na fundamentação de sentenças"[527].

[525] Os Tribunais Nacionais na Ordem Jurídica da União Europeia – O Caso Português, Coimbra Editora, 2013, pág. 110.

[526] Prontuário de Direito do Trabalho, CEJ, n.os 88/89, janeiro a agosto de 2011, pág. 240.

[527] Novos Territórios do Direito – Europeização, Globalização e Transformação da Regulação Jurídica, coordenação de Maria Eduarda Gonçalves e Pierre Guibentif, Principia ISCTE-IUL, Lisboa, 2008, pág. 79.

2. Questão prejudicial laboral

Ultrapassada a primeira fase das comunidades europeias que teve como objetivo, para além da paz e da segurança, a prosperidade económica, começou a construir-se o Estado Social Europeu. É neste contexto, que se passou a emitir numerosa legislação europeia de carácter social, inclusive sobre as relações laborais, como se alcança do art. 2.º da Lei n.º 7/2009, de 12 de fevereiro, que aprovou o atual Código do Trabalho. Avulta ainda a aplicação direta de alguns regulamentos, nomeadamente sobre o desenvolvimento do princípio da livre circulação de trabalhadores – Regulamento 492/2011, de 5 de abril, alterado pelo Regulamento UE 2016/589, de 13 de abril.

É, pois, no domínio da aplicação das normas desta copiosa legislação, que os tribunais do trabalho portugueses podem suscitar o julgamento das questões prejudiciais, quer por iniciativa própria, quer a requerimento das partes.

3. A colocação da questão prejudicial

A apresentação, ou melhor, o reenvio ao Tribunal de Justiça (sediado no Luxemburgo) na esteira dos citados artigos do Tratado sobre o Funcionamento da UE deve obedecer à regulamentação própria[528] que define o modo de atuação dos tribunais nacionais, nomeadamente, a formulação da questão para o Tribunal de Justiça julgar e responder.

Em regra, tal reenvio implica a suspensão do processo no tribunal nacional durante o período em que se aguarda a decisão do Tribunal de Justiça. Contudo, nunca a decisão do Tribunal de Justiça constituirá ou integrará a decisão final no processo nacional, mas apenas o juízo da questão incidental, particular ou interlocutória que lhe foi submetida. Mas, por se centrar no direito comunitário europeu, vincula o tribunal do trabalho nacional naquele processo e quanto à questão prejudicial.

Como referido, em Portugal, este instrumento do reenvio prejudicial tem sido pouco utilizado, prevalecendo um ideia restritiva do seu uso, como transparece do acórdão do STJ, de 04-07-2013, relatado pela Conselheira Isabel São Marcos (www.dgsi.pt) com o seguinte sumário: *4. O reenvio prejudicial previsto no artigo 234.º do Tratado da União Europeia*

[528] Recomendações à atenção dos órgãos jurisdicionais nacionais, relativas à apresentação de processos prejudiciais, que se publicaram no JOUE, C439, de 25 de novembro de 2016.

*só deve ser determinado quando ao juiz nacional se suscitarem dúvidas quanto à interpretação ou validade de uma concreta norma comunitária. Assim, o reenvio não se justifica quando a questão colocada se revele materialmente idêntica a outra que, num caso análogo, já tenha sido objeto de decisão a título prejudicial, como sucede no caso dos autos.*Também, recentemente, o STJ indeferiu o reenvio prejudicial, considerando que a discussão da nulidade de um contrato de trabalho a termo celebrado com uma pessoa coletiva pública se enquadrava em valores estruturantes do Estado de direito [529].

4. A tramitação do processo

A tramitação, como salienta Sónia Kietzmann Lopes, começa por uma exposição objetiva do juiz nacional, cabendo-lhe também "determinar se remete todo o processo, o traslado das peças ... ou só o despacho" a enviar pelo seguro do correio para a secretaria do Tribunal de Justiça, no Luxemburgo[530].

Segundo o Regulamento de Processo do Tribunal de Justiça[531] (em especial, arts. 93.º a 118.º), a formulação do reenvio da questão para o Tribunal de Justiça da União Europeia, não tem que obedecer a nenhuma forma especial, devendo ser observadas as referidas Recomendações. Há, em geral, bom acolhimento, podendo aquele Tribunal obter os documentos ou informações que julgue convenientes. Em certos casos o processamento poderá ser acelerado e até urgente, mas percorrendo sempre uma fase escrita e outra oral.

As partes do processo nacional podem apresentar observações escritas, no prazo de 15 dias ou até de dois meses, mas cingindo-se à questão prejudicial como ela ficou definida pelo tribunal consulente. Posteriormente podem intervir em audiência pública.

A decisão final é tomada através de acórdão da secção (de 3 ou de 5 juízes) ou por despacho fundamentado do juiz relator se a questão "for

[529] Ac. de 13-07-2017 (Rel. Cons. Gonçalves Rocha) [dgsi].

[530] Ob. cit. pág. 248.

[531] Publicado *in* JOUE, L265,de 29 de setembro de 2012 com alterações em 2013 e 2016 (JOUE, L217/69, de 12/8/2016). Deriva do Protocolo (n.º 3) relativo ao Estatuto do Tribunal de Justiça da União Europeia, anexo aos Tratados. com alterações até ao Regulamento (UE, Euratom) 2015/2422 do Parlamento Europeu e do Conselho de 16 de dezembro de 2015 (JO L 341, de 24 de dezembro de 2015).

manifestamente idêntica a uma questão que o Tribunal de Justiça já tenha decidido", mas após a audição do advogado-geral.

De qualquer modo, a decisão tomada é sempre vinculativa para o tribunal nacional, mas apenas no processo em que a questão foi suscitada. Naturalmente, porque, em geral, a temática se centra na interpretação de normas comunitárias, tais decisões não deixam de ter repercussões em outros casos. As custas são estabelecidas pelo tribunal nacional[532].

[532] Para desenvolvimento, v. Fausto Quadros e Ana Maria Guerreiro Martins, Contencioso da União Europeia, 2.ª ed., Almedina, Coimbra, 2003, pág. 67 e João Mota de Campos e João Luiz Mota de Campos, Manual de Direito Comunitário, 6.ª ed., Coimbra Editora, 2010, pág. 430.

XXIII
O Procedimento Disciplinar Laboral

1. O poder e a ação disciplinares

Para além da responsabilidade penal, contraordenacional e civil, em Direito existe ainda o instituto da **responsabilidade disciplinar** que é inerente a qualquer organização humana, dado que para o ser terá de ter regras, as quais são passíveis de não serem respeitadas. Daqui emana o poder disciplinar, que, na organização empresarial, não pode deixar de ter contornos específicos.

O **poder disciplinar** do empregador, proclamado no art. 98.º do CT[533], traduz-se na possibilidade, em caso de incumprimento de algum dos deveres resultantes do contrato pelo trabalhador, proceder à aplicação de alguma **sanção** contra este[534], o que se deve corporizar através da **ação disciplinar.** Como esta ação deverá ser exercida através de alguma sucessão de atos ou ritualismo, teremos o **procedimento disciplinar.** E se tal procedimento dever ser documentado, teremos o **processo disciplinar**[535].

[533] Esta e as disposições legais que se citarão, neste capítulo, sem indicação de diploma legal ou referência à sigla CT pertencem ao Código do Trabalho, aprovado pela Lei n.º 7/2009, de 12 de fevereiro, que procedeu à revisão do Código do Trabalho de 2003.

[534] Paulo de Sousa Macedo, Poder Disciplinar Patronal, Almedina, Coimbra, 1990.

[535] Paulo de Sousa Pinheiro, Procedimento Disciplinar ou Processo Disciplinar – Uma Questão Puramente Terminológica ou Verdadeiramente Substancial? Estudo *in* Prontuário de Direito do Trabalho, n.ºs 76 a 78, 2007, Centro de Estudos Judiciários, Coimbra Editora, pág. 171.

A sanção disciplinar consiste numa medida de natureza repressiva, num desfavorecimento imbuído de censurabilidade, como pena ou castigo infligido a alguém que desrespeite alguma norma de uma organização em que se integre, não deixando ainda de ter também efeito preventivo. Agora, interessa apenas considerar a aplicação de sanções no seio da **empresa**, utilizando esta palavra no conceito resultante do art. 100.º do mesmo CT, isto é, qualquer organização, detida por uma pessoa singular ou coletiva, que tenha uma ou mais pessoas singulares ao seu serviço, mediante contrato de trabalho.

Aquela sanção disciplinar terá vários escalões, consoante a gravidade da ofensa às regras organizativas, mas não tem natureza contraordenacional e, muito menos, penal, que são domínios exclusivos das relações com o Estado, como órgão de soberania. Poderá ir de uma simples repreensão até à expulsão, ou seja, até ao despedimento na organização empresarial. Anote-se, desde já, que não contendo censura, a reprovação, a admoestação ou a advertência não se configuram, neessariamente, como sanção disciplinar, mas apenas como manifestação do poder de direção, igualmente previsto no Código do Trabalho, mas no art. 97.º, com diversas emanações em disposições posteriores.

Não deverá, pois, ser olvidado que o **poder disciplinar** não se confunde com o **poder de direção** (e até de regulamentação) gerador ou inerente à hierarquia nas organizações empresariais complexas e do inerente dever de obediência, conforme deriva do disposto nos arts. 97.º e 128.º, n.º 2. Desta destrinça resulta que o superior hierárquico, tendo o poder de dirigir, só excecionalmente tem o poder de sancionar, o qual apenas pertence ao empregador.

Porém, o empregador pode proceder à sua **delegação** naquele superior hierárquico, como resulta daquela disposição (e do art. 329.º, n.º 4) e se decidiu no S.T.J., ao sentenciar-se que "o poder disciplinar laboral é exercido pelo empregador... que não o exercendo diretamente, pode delegá-lo"[536]. Neste acórdão, também se concluiu que "havendo dúvidas sobre os poderes do representante do empregador que subscreve a nota de culpa, a resposta à nota de culpa constitui meio adequado para o arguido proceder a tal interpelação".

[536] Ac. de 8-11-2006 (Cons. Sousa Grandão) doc. SJ200611080025794.

Desta delegação de poderes nascerá a figura do *superior hierárquico com competência disciplinar*. Tal delegação do poder disciplinar "pode ser feita de forma global ou parcial, e pode ser genérica ou caso a caso, devendo a delegação genérica ser efetuada no regulamento interno da entidade empregadora. Se essa delegação do poder disciplinar for feita caso a caso, deve essa menção constar do processo disciplinar. Não constitui tal delegação a mera existência de superior hierárquico e de este ter feito a participação da infração"[537].

2. O procedimento disciplinar

Sem cuidar do fundamento ou do alcance de tal poder ou direito disciplinar, vamos contemplar o regime jurídico do exercício da **ação disciplinar**, ou seja o procedimento, advertindo, desde já, que será neste campo que a jurisprudência portuguesa mais criadora tem sido, certamente devido ao elevado número de processos que tem sido chamada a julgar.

Desde logo, a partir de 1975, criou-se uma corrente jurisprudencial[538] no sentido de que a decisão para aplicar qualquer sanção disciplinar, e não só a de despedimento, apenas era juridicamente válida[539] mediante a instauração de **processo**, que deveria observar determinado **procedimento**, que, frequentemente, se apelida de **disciplinar.** Porém, só a partir do Código do Trabalho de 2003, se menciona, expressamente, na lei (no art. 329.º) o **"procedimento disciplinar"** como requisito necessário para o empregador (em regime de direito do trabalho) poder aplicar qualquer sanção, sendo certo que muitas convenções coletivas de trabalho já o previam[540].

Parafraseando o Professor Castro Mendes, o procedimento, como sinónimo de processo, será a sequência de atos destinados à averiguação e ponderação de comportamentos desenvolvidos, no âmbito de uma organização, passíveis de constituírem infração disciplinar[541] que, tanto

[537] Ac. de 29-09-1999 (Cons. Almeida Deveza) doc. SJ199909290001674.

[538] Na sequência do DL n.º 372-A/75, de 16 de julho, que apenas respeitava ao despedimento, o qual, com diversas alterações, valeu até ao início da vigência do DL n.º 64-A/89, de 27 de fevereiro e se inspirava no Estatuto Disciplinar dos Funcionários Civis do Estado (1943).

[539] Cfr. por ex., Ac. STJ de 15-6-1994. in BMJ n.º 438, pág. 308.

[540] A epígrafe do art. 371.º do antigo CT era apenas "procedimento", assim como a da subsecção que se iniciava no art. 411.º.

[541] Direito Processual Civil, 1980, I, pág. 34.

quanto possível, deverão ser formalizados em autos, consubstanciados em documentos escritos. Deste modo passará a existir um registo que permitirá melhor apreciação dos factos e a sua análise ou reapreciação no futuro.

Anote-se que, fora dos casos de despedimento, em rigor, a lei continua a não exigir, pelo menos expressamente, o processo documental escrito, mencionando, outrossim, apenas o "procedimento disciplinar" na epígrafe e no n.º 5 do referido art. 329.º. Impõe, tão somente, que *a sanção disciplinar não pode ser aplicada sem audiência prévia do trabalhador* (n.º 6). Ora, como parece óbvio, esta audiência pode fazer-se verbalmente. De resto, as referências ao "procedimento disciplinar" constante dos n.os 2 e 3 do mesmo art. 329.º também não são decisivas, pois tais procedimentos podem-se cumprir, e bem, sem ficarem documentados por escrito. No mesmo sentido, escreve o Professor Monteiro Fernandes: " a única verdadeira exigência legal, para todos os casos em que não esteja em jogo o despedimento, é a de "audiência prévia do trabalhador" (art. 329.º/6), que pode assumir muitas formas, mas que nada impõe que seja preenchida através de escritos"[542].

Todavia, a jurisprudência tem quase unanimemente julgado indispensável o processo escrito[543] sob pena de nulidade, admitindo apenas, alguma dela, que tal processo seja dispensável no caso da sanção disciplinar se quedar por simples repreensão, o que também não resulta do direito positivo. Como escreve Abílio Neto "de acordo com a jurisprudência dominante, embora sem lei expressa que o imponha, o processo disciplinar deve ser sempre reduzido a escrito, porquanto só assim fica garantida a reapreciação judicial da sanção aplicada ao trabalhador, entendimento este que sufragamos, salvo no que toca à repreensão simples"[544]. Talvez se possa sintetizar a posição dos nossos tribunais mediante a invocação do Acórdão do Supremo, assim sumariado: *a aplicação de qualquer sanção disciplinar implica a organização de um processo disciplinar que deve revestir a forma*

[542] Direito do Trabalho, 17.ª ed., Almedina, Coimbra, 2018, pág. 231.

[543] Cfr., por exemplo, Ac. do S.T.J. de 30/5/2001 (doc. SJ200202200036574).

[544] Processo Disciplinar e Despedimentos – Jurisprudência e Doutrina, julho 2004, Ediforum, Lisboa, pág. 20.

escrita, pelo menos em relação às diligências essenciais, e deve a nota de culpa ser formalizada por escrito[545].

Também a doutrina acabou por secundar tal posição. Para tanto, argumentam os autores que a mencionada audiência prévia tem de ficar documentada por escrito; que a apreciação judicial da aplicação da sanção só poderá ser efetuada mediante o processo e que se deve aplicar, analogicamente, o preceituado para o procedimento do despedimento com justa causa e ainda que as sanções disciplinares têm de ser registadas (art. 332.º), o que implica o processo escrito para a sua comprovação.

Vamos, pois, considerar que é juridicamente exigível o processo ser documentado por escrito para que seja aplicada qualquer sanção disciplinar e, isto, independentemente da dimensão da empresa, isto é, quer esta tenha um ou três trabalhadores (como é vulgar), quer tenha dois ou três mil, como é cada vez mais raro.

3. A natureza do procedimento disciplinar laboral

Conviria indagar sobre a natureza do poder disciplinar e do consequente procedimento, nomeadamente para se encontrar a sua justificação e vislumbrar a sua evolução e formulação atual como atributo da relação jurídico laboral privada. O fundamento de tal poder radica ou nas doutrinas contratualistas ou nas institucionalistas[546], ou ainda "reside exatamente na conjugação da posição debitória complexa de cada uma das partes no contrato de trabalho"[547].

Tal indagação também serviria para saber quais as normas aplicáveis, nomeadamente a título subsidiário, já que o ordenamento laboral é parco, mas as exigências dos tribunais cada vez mais se acentuam e as consequências das ilegalidades podem ser catastróficas para algumas das empresas privadas. Quanto à subsidiariedade, apontam-se, usualmente, os três regimes seguintes:

- O Código de Processo Penal e o Código Penal;
- O Código de Processo Civil e o Código Civil;

545 Relator Cons. José Mesquita, doc. n.º SJ200202200036574.

546 Para desenvolvimento, Maria do Rosário Palma Ramalho, Do Fundamento do Poder Disciplinar Laboral, Almedina, Coimbra, 1993 e Tratado de Direito do Trabalho, Parte II, 4.ª ed., Almedina, Coimbra, 2012, pág. 667.

547 Idem, Tratado de Direito do Trabalho, Parte II – Situações Laborais Individuais, pág. 677.

– O estatuto disciplinar dos trabalhadores que exercem funções públicas[548] e outros estatutos disciplinares.

Ainda de tal indagação alguma luz se faria à volta da necessidade ou vantagem do procedimento disciplinar laboral, nomeadamente para despedimento, pois, na prática, apenas serve para dificultar a cessação do contrato e poder originar invalidades que levem à nulidade do despedimento, para além de acabar por não ter qualquer valor probatório em sede de julgamento pelo tribunal, a não ser contra o próprio empregador e réu como acima já se aludiu.

Não oferece dúvidas que o regime do CT (e antes dele) que regula o **procedimento para despedimento** é dotado de imperatividade absoluta, pois *ex vi* do disposto no n.º 1 do art. 339.º (e do art. 3.º) *não pode ser afastado por instrumento de regulamentação coletiva de trabalho ou por contrato de trabalho salvo* quanto aos prazos de procedimento que podem ser regulados por tais instrumentos (n.º 2) mas não por acordo entre as partes, como resulta do preceituado no n.º 5, do art. 3.º ainda do CT. Já relativamente às normas respeitantes ao **procedimento disciplinar para aplicação de sanções que não o despedimento** (arts. 328.º e sgs.) são dotadas de imperatividade mínima ou relativa em virtude da sua natureza, podendo apenas ser substituídas por normas das convenções coletivas mais favoráveis aos trabalhadores (art. 3.º, n.º 1). Acontece ainda que este processo disciplinar deve surgir na sequência de um outro – o **processo de inquérito** – figura esta que também adveio do direito do trabalho administrativo[549].

[548] Este estatuto contém-se, agora, no art. 176.º e sgs. da Lei Geral do Trabalho em Funções Públicas, aprovado pela Lei n.º 35/2014, de 20 de junho.

[549] No art. 85.º do antigo Estatuto Disciplinar dos Funcionários Públicos, encontrava-se definido que o inquérito tem o fim de apurar factos determinados, a sindicância destina-se a uma averiguação geral acerca do funcionamento do serviço e que o processo de averiguações é tendente à obtenção de elementos necessários à adequada qualificação de eventuais faltas ou irregularidades verificadas no funcionamento dos serviços. Atualmente estas figuras são reguladas no art. 229.º e segs. da Lei Geral do Trabalho em Funções Públicas onde, em relação ao processo de averiguações, se estabelece que "destina-se a apurar se o desempenho que justificou as ...avaliações de desempenho negativas constituí infração disciplinar imputável ao trabalhador avaliado".

4. O processo de inquérito

A exigência legal da instauração do procedimento para o empregador exercer o seu poder disciplinar, que assim ficou bastante condicionado, implica a necessidade de, antes, ele ter de documentar os acontecimentos que levem à acusação formal do trabalhador. Como julgado no S.T.J., "a necessidade de realização de inquérito supõe a existência de meras suspeitas, de contornos imprecisos, sobre as circunstâncias dos factos, designadamente de tempo e lugar, sua extensão e consequências, e identidade dos agentes"[550]. Daqui nasce a necessidade de instruir um **processo de inquérito**, que, assim, virá a ser prévio ao disciplinar, tendo a lei acabado por admitir os seus efeitos interruptivos da prescrição do direito de exercer o poder disciplinar. Assim, denominá-lo "primo conspecto" de ***procedimento prévio de inquérito,*** como se contém no art. 352.º, n.º 1 do CT, parece incorreto, pois, ao encetá-lo não se sabe ainda se dele resultará ou não uma nota de culpa e o correspondente procedimento disciplinar, desconhecendo-se, pois, se é prévio ou final.

Na prática, o processo de inquérito acaba por ser essencial para estribar a nota de culpa. Sem ele, será muito facilmente posta em causa a acusação constante da nota de culpa, pois o arguido, além de alegar, pode apresentar testemunhas. Ainda que a lei (primeira frase do art. 352.º do CT) e a jurisprudência firmada sustentem que o inquérito possa não ser necessário, a verdade é que ele se torna essencial em todos os casos em que haja intenção de despedimento. Admite-se apenas que em certas situações possa ser simplificado, como, por exemplo, num caso de faltas injustificadas em que, em princípio, apenas será necessário o registo documental de tais faltas, que ainda assim constituirá o processo de inquérito. Mas mesmo em tal caso, para a corrente jurisprudencial que defende que tais faltas injustificadas apenas justificam o despedimento quando causam graves prejuízos à empresa, então, tal consequência apenas em inquérito aprofundado poderá ser demonstrada.

Neste processo de inquérito apenas se procede à investigação ou recolha de dados para se certificar certa ocorrência anormal passada e as circunstâncias em que ela se terá verificado, nomeadamente, quais as pessoas que lhe deram origem. Havendo já indícios do autor ou autores de tal ocorrência anómala, ainda, através do inquérito, haverá que ave-

[550] Ac. de 04-10-2006.

riguar se tem algum fundamento ou consistência e, em caso afirmativo, confirmar a identificação do seu autor ou autores. Se do inquérito resultarem indícios de responsabilidade de algum ou alguns trabalhadores no evento, então é que se passará para a instauração do processo disciplinar. Como já julgou o S.T.J. "o processo prévio de inquérito não é um meio de selecionar ou documentar a prova"[551]. Ainda em decisão de 2012, o Supremo admitiu que pode justificar o inquérito a "averiguação de eventuais circunstâncias atenuantes ou dirimentes de culpa que obviassem à acusação do trabalhador.", e que "é um meio de recolha de elementos para fundamentar a nota de culpa"[552]. De qualquer modo, parece que "não deixa de integrar a nota de culpa"[553].

O procedimento de inquérito ainda não está disciplinado na lei laboral, mas, como já se aludiu, apenas as suas consequências no que concerne aos prazos a respeitar para a condução do procedimento disciplinar, como se verá e decorre do art. 352.º. Mas, no mínimo, o processo de inquérito deverá iniciar-se pela determinação do seu objeto, ou seja, a matéria que deverá ser indagada, deve ainda documentar as diligências efetuadas e os seus resultados, e terminar com um relatório final, sintetizando a atividade desenvolvida e consubstanciando as conclusões a que se chegou. Os sucessivos atos, que constituem a **instrução**[554], devem ser conduzidos por uma pessoa, que, obviamente, se denominará de **instrutor**. Esta poderá ser o próprio empregador ou outra pessoa, por este nomeada, o que terá de acontecer na generalidade das empresas portuguesas, convindo, naturalmente, que seja alguém com a preparação técnica adequada, atentas as consequências que podem advir para a empresa se o inquérito não for devidamente instruído.

5. O regime jurídico do procedimento disciplinar

Tendo-se concluído pela necessidade do procedimento disciplinar escrito para que qualquer empregador possa exercer o seu poder disci-

[551] Ac.de 11-10-2001 (Cons. Alípio Calheiros) doc. SJ200110110005914.

[552] Ac. de 5-10-2012 (Cons. Sampaio Gomes).

[553] Nuno Abranches Pinto, Instituto Disciplinar Laboral, Coimbra Editora, 2009, pág. 144.

[554] Esta palavra tem diversas aceções em regra ligadas ao conhecimento. Nesta perspetiva processual ou jurídica a instrução significa *o conjunto das formalidades e investigações necessárias para que uma questão possa ser julgada* Dicionário da Língua Portuguesa Contemporânea da Academia das Ciências de Lisboa, Verbo, Lisboa, 2001, 2.º vol. pág. 2123.

plinar, urge perguntar qual o normativo que o regerá, dado que na secção que regula tal poder e o seu exercício quando não haja "intenção de despedimento" (arts. 328.º a 332.º) apenas se marcam os prazos máximos do procedimento, se permite a suspensão do trabalhador e se estipula que "a sanção disciplinar não pode ser aplicada sem audiência prévia do trabalhador".

Desrespeitando-se a *ratio legis,* certamente por desconhecimento da vida nas organizações empresariais, a corrente jurisprudencial já aludida começou a considerar que havia uma lacuna da lei e, observando a técnica dos lugares paralelos, estabelecida no art. 10.º do Código Civil, começou a defender, com mais ou menos ênfase, a aplicação subsidiária das normas respeitantes ao procedimento disciplinar para despedimento. Em consequência, passou a ser contraproducente não observar tal ordenamento, iniciando-se a prática de respeitar no procedimento para aplicação de qualquer sanção disciplinar as regras para o despedimento, que, obviamente, constitui uma decisão de grau bem diverso.

Como o novo CT não veio contrariar tal orientação, ela irá manter-se muito provavelmente, pensamento este que nos leva a considerar a aplicação das normas constantes dos arts. 352.º a 358.º e 381.º a 382.º a todo e qualquer procedimento disciplinar laboral, completando o regime que resulta do estatuído no art. 329.º. Não podem ainda ser olvidadas as regras que constem em irct aplicável, ao nível já indicado[555].

Todavia, em rigor, parece-nos que não existe qualquer lacuna da lei ou caso omisso, pois o legislador não se esqueceu de emitir normas, nem se esqueceu da situação a normativisar. Deixou, sim, um "espaço juridicamente livre", "um espaço ajurídico"[556] ou "simples caso não regulado"[557]. E tanto é assim, que nas sucessivas leis que contemplaram o assunto, no Código do Trabalho de 2003, no Código de 2009, e na sua revisão de 2012, continua a não haver uma palavra ou frase que faça a remissão para

[555] A aplicabilidade do irct ficou muito alargada após a vigência do Código do Trabalho de 2009, pois para além da imediata aplicação por as partes serem associados aos outorgantes (art. 496.º), pode a observância do irct derivar de portaria de extensão (art. 514.º) e ainda da adesão individual do trabalhador nos termos do art. 497.º.

[556] Cfr citações de Karl Engish e Oliveira Ascenção *in* Nuno Sá Gomes, Introdução ao Estudo do Direito, Lex, Lisboa, 2001, pág. 284.

[557] Pires de Lima e Antunes Varela, Código Civil Anotado, vol. I, 4.ª ed. Coimbra Editora, pág. 59.

o formalismo do processo disciplinar com vista ao despedimento. Mas para complicar mais: no novo Código de 2009, passaram a existir normas distintas a prever a suspensão preventiva do trabalhador (no n.º 5 do art. 329.º e no art. 354.º).

Perante a falta de normas orientadoras ou limitadoras do procedimento ou do processamento laboral, parecem-nos muito judiciosas as considerações do Conselheiro M. Leal Henriques ainda que acerca do revogado Estatuto Disciplinar da Função Pública[558]. Começa por mencionar que tal diploma também *não é muito feliz quanto à forma como trata dos* ***casos omissos****, mormente em matéria processual.* Prosseguindo, escreve que *a norma orientadora constante do n.º 4 do preceito em apreço é, convenhamos, muito pouco explícita, limitando-se a dizer que, em tais situações, será lícito ao instrutor adoptar* ***as providências que se afiguram convenientes para a descoberta da verdade****, desde que essas providências se* ***harmonizem com os princípios gerais de direito processual penal****.*

Continua aquele ilustre Magistrado: *isto significa que o instrutor não está espartilhado por qualquer sistema específico e rígido de regras processuais, tendo antes inteira liberdade para ir ao encontro da verdade na investigação dos factos, movendo-se sempre, todavia, dentro do respeito pelos princípios do direito processual penal, que são, para o direito disciplinar, v.g. o* ***princípio do acusatório*** *ou princípio separatista (diferenciação entre quem investiga e acusa e quem censura), o* ***princípio do contraditório*** *(possibilidade dada ao arguido de se pronunciar sobre todas as matérias que lhe digam respeito e o possam afectar) e o* ***princípio da verdade material ou da livre apreciação das provas*** *(liberdade dada ao instrutor de usar dos meios investigatórios indispensáveis à descoberta da verdade e de ajudar os seus resultados).*

Remata o mesmo Autor, escrevendo: *desde que sejam respeitados estes e outros princípios inscritos no direito processual penal, nada impede que o instrutor se socorra também de regras processuais de outros ordenamentos, nomeadamente dos que lhe estão mais próximos ou se adeqúem ao procedimento disciplinar, como sejam as regras do processo penal e as regras do processo civil, estas enquanto subsidiárias daquele (cfr. art. 4.º do Código Processo Penal).* Curiosamente, desde o revogado Estatuto Disciplinar dos Trabalhadores que Exercem Funções

[558] Procedimento Disciplinar, 4.ª ed., Editora Rei dos Livros, Lisboa, 2002, pág. 237.

Públicas[559] "nada se diz a este respeito", sendo lícito inquirir sobre se os citados princípios terão aplicação[560].

6. A estrutura dinâmica do procedimento disciplinar

O procedimento disciplinar, tendo em conta a orientação jurisprudencial estabelecida, independentemente da forma que venha a assumir, desenvolve-se através das seguintes fases essenciais:

a) **acusação** – por meio de comunicação contendo nota de culpa (a notificar formalmente ao visado) com a descrição pormenorizada dos comportamentos (ações ou omissões) imputados ao arguido ou acusado, com algum grau de culpa deste e cuja indiciação deverá resultar do anterior processo de inquérito, para além da indicação dos preceitos legais, convencionais ou regulamentares violados. Nesta fase, nos termos do n.º 5 do art. 329.º, ou até mesmo antes (por aplicação analógica do disposto no n.º 2 do art. 354.º), pode ser ordenada ao trabalhador arguido a **suspensão da prestação do trabalho** sem perda de retribuição, desde que a sua presença no local de trabalho se mostre inconveniente (art. 354.º, n.º 1), o que deve ser justificado. Nesta situação, caso o trabalhador tenha sido eleito para as estruturas de representação coletiva, haverá que respeitar as restrições impostas pelo art. 410.º.

b) **defesa** – apresentada pelo trabalhador acusado ou arguido, como resposta à nota de culpa, no prazo mínimo de dez dias úteis após a sua notificação, impugnando, explicitando ou confessando aqueles comportamentos e indicando os meios de prova, que deverão ser atendidos;

c) **instrução** – audição das testemunhas com redução dos seus depoimentos em auto, realização dos meios probatórios requeridos e recolha de parecer da comissão de trabalhadores e, eventualmente, da associação sindical;

d) **decisão** – após ponderação das provas e na sequência de relatório final, será tomada uma decisão, no sentido do arquivamento ou da

[559] Aprovado pela Lei n.º 58/2008, de 9 de setembro.

[560] Iva Carla Vieira e outros, Gestão e Organização de Processos Disciplinares dos Trabalhadores em Funções Públicas, Vida Económica, Porto, 2010, pág. 20.

aplicação de sanção, que deve ser objeto de formal comunicação ao acusado.

Havendo **intenção de despedimento**, o processo terá de obedecer a mais outras formalidades como adiante se evidenciará.

7. O decurso do tempo e a aplicação das sanções

A instrução (em sentido lato) destes processos e a aplicação das sanções deve, naturalmente, ter lugar dentro de certos **prazos** limitadores (art. 329.º), pois, só assim se evitam possíveis situações de intimidação indevida. Têm "por finalidade não só evitar que a perspetiva da punição seja mantida como uma ameaça indefinidamente suspensa sobre o trabalhador, como também a preservação do próprio fim da punição, de forma a evitar o excessivo distanciamento entre a infração e a sua correspondente sanção"[561].

Simplificando, salienta-se que a **prescrição do exercício do direito ou poder disciplinar** (e não da infração, o que está mais correto[562]) ocorrerá ao fim de um ano a contar da data em que teve lugar o facto constitutivo de tal infração ou da data em que cesse tal facto, caso tenha sido continuado (art. 329.º, n.º 1) ou ainda logo que cesse o contrato de trabalho (art. 98.º, parte final).

Todavia, se tal facto, para além de infração disciplinar, também gerar **responsabilidade criminal**, então, são aplicáveis os prazos prescricionais da lei penal, ou seja, os que se encontram consignados no art. 118.º do Código Penal, que vão de 2 a 15 anos *desde o dia em que o facto se tiver consumado*. Mas, para que tal se verifique terá que decorrer um processo-crime de que resulte uma condenação. Como já se julgou no T.R.L.[563], tendo como relatora a Desembargadora Maria João Romba *"não tendo o empregador feito prova nos autos de ter apresentado queixa crime nos seis meses subsequentes ao conhecimento dos factos imputados ao trabalhador e não o podendo já fazer, não tem o direito de beneficiar do alargamento do prazo de prescrição da infração disciplinar decorrente da qualificação dos factos como crime"*. E ainda conforme o ponto III do sumário do mesmo Acórdão: *"não podendo já o trabalhador*

[561] Ac. do S.T.J., de 16/01/2001 (Cons. Azambuja da Fonseca) SJ200201160013164.

[562] Pois é a (des)valorização jurídica do comportamento que está em causa.

[563] Ac. de 29/04/2009, Proc. 1321/06-4TTLSB.

vir a ser condenado em processo penal pelo referido crime, não se pode extrair no foro laboral ilações gravosas para aquele de um eventual crime pelo qual nunca virá a ser julgado".

Diferentemente do prazo ou dos prazos do direito para punir, há ainda que considerar e distinguir o prazo para a **instauração do procedimento disciplinar** que deve ter lugar no máximo de 60 dias a contar da data do conhecimento da infração pela entidade patronal ou superior hierárquico com competência disciplinar, desde que ainda não tenha sido ultrapassado aquele ano, sob pena de **caducidade** de tal direito, como decorre do art. 298.º, n.º 2 do Código Civil. E como decidido na Relação de Lisboa, "para a interrupção desse prazo (de 60 dias) se verificar não basta que o despacho que manda instaurar processo disciplinar seja proferido dentro de 60 dias contados da data do conhecimento dos factos. É necessário também que esse despacho (que manda instaurar processo disciplinar) e a nota de culpa (que inicia esse processo) cheguem ao conhecimento do trabalhador, dentro desse prazo", porquanto "só assim o trabalhador tem um efetivo controlo sobre o cumprimento pela entidade empregadora de tal prazo, pois se assim não for, nada impedirá esta de atribuir uma data atrasada a essa decisão apenas para que ela caia dentro dos 60 dias legais"[564].

Nos dias de hoje, parece ser uniformemente considerado que "a caducidade do procedimento disciplinar laboral não é de conhecimento oficioso" (v. Ac. de uniformização de jurisprudência n.º 4/03, de 21.5.03) tendo de ser invocada por aquele a quem aproveita, como exceção, invocação que vale nos exatos termos em que é figurada (causa de pedir)[565].

O decurso daqueles prazos poderá ser interrompido (e não suspenso) se o aludido **processo de inquérito** for instaurado no prazo de trinta dias após o conhecimento dos indícios da infração pelo empregador ou seu representante com competência disciplinar, como resulta do disposto no art. 352.º[566]. Todavia, o efeito interruptivo da prescrição apenas se produz

[564] Ac. do T.R.L., de 25-06-2008, Proc 3986/2008-04, Rel Des. Ferreira Marques.

[565] Ac. de 03-03-2004 (Cons. Ferreira Neto) doc. SJ20040330038764. V. art. 333.º do Código Civil.

[566] A formulação prática do processo pode ver-se no nosso livrinho Celebração e Cessação do Contrato de Trabalho, APG, Lisboa, 1989 (esgotado). Ver também Joaquim Pintado Nunes e Luísa Aguiar, Guia Prático do Processo Disciplinar, 4.ª ed., Almedina, Coimbra, 2005 e João

com a comunicação da abertura do processo de inquérito ao trabalhador, se tal já for possível, pois, em princípio só após a emissão da nota de culpa se sabe quem é arguido ou acusado. Mas ainda tal efeito também ocorrerá se resultar evidente a data daquela decisão de abertura do inquérito.

De qualquer modo, naquele preceito, começa-se por dar tal efeito "caso o procedimento prévio de inquérito seja necessário para fundamentar a nota de culpa" (que como defendemos, nos parece ser sempre necessário). Portanto, admite-se que haja situações ou casos em que não seja necessário proceder a inquérito para, com base nele, emitir a nota de culpa, o que é paradoxal, mas, muitas vezes, aceite pela jurisprudência, inclusive do Supremo. É que, não havendo elementos probatórios coligidos a fundamentar a acusação (e portanto antes reunidos, através do inquérito) se o trabalhador-arguido a impugnar (o que é humano e frequente) e até conseguir testemunhos da sua tese, o empregador já não poderá estribar a sua acusação, a não ser que pudesse replicar e oferecer meios de prova, passando o processo de tipo inquisitório para um processo de partes, o que se afigura absurdo, nomeadamente por uma das partes ser o próprio acusador. Entendemos, pois, que aquela frase deve ser interpretada no sentido mais estrito possível, pois, muito raramente, poderá ter aplicação efetiva[567].

Mas para que tal efeito interruptor advenha do processo de inquérito ainda é necessário a "sua condução de forma diligente, ter sido iniciado dentro dos trinta subsequentes ao conhecimento da suspeita de comportamentos irregulares e ser a nota de culpa notificada ao arguido no prazo de trinta dias contados desde a conclusão das averiguações"[568].

Como inovação, estabelece-se (no n.º 3 do citado art. 329.º) que o *procedimento disciplinar prescreve decorrido um ano contado da data em que é instaurado quando, nesse prazo, o trabalhador não seja notificado da decisão final.* A forma perentória do preceito parece querer afastar a interrupção do decurso de tal prazo, mas a verdade é que tal não é disposto e por isso não ficam afastadas as regras do instituto da prescrição.

Vilas Boas Sousa, O Procedimento Disciplinar para Aplicação de Sanções Conservatórias, Vida Económica, Porto, 2014.

[567] Este elemento, bem como o efeito interruptor do prazo pelo "processo prévio de inquérito" foi introduzido pelo art. 10.º, n.º 12 do regime anexo ao D.L. n.º 64-A/89, de 27 de fevereiro.

[568] Cit. Ac. do S.T.J., de 04-10-2006.

Ainda, no art. 330.º, n.º 2, impõe-se que a ***aplicação* da sanção** *deve ter lugar nos três meses subsequentes à decisão sob pena de caducidade.* Portanto, o empregador verá o seu direito de punir o trabalhador caducado se não o exercer no espaço de três meses, que se segue à sua própria decisão no sentido de aplicar determinada sanção. Mas é defensável que tal decisão deva ser tomada no prazo de 30 dias após o fim da instrução, por aplicação subsidiária do preceituado no art. 357.º, n.º 1, referente ao despedimento com justa causa.

A aplicação da sanção haverá de resultar, não só da sua comunicação ao trabalhador visado, como da ordem para a sua efetivação, a não ser no caso da repreensão, simples ou registada. Ainda se torna necessário o seu registo por forma idónea, de molde a permitir a sua fiscalização (art. 332.º).

8. A apreciação judicial da sanção aplicada que não seja de despedimento

Como expressamente se prevê no início do n.º 7 do art. 329.º, a sanção disciplinar aplicada pelo delegado do empregador pode ser objeto de **reclamação** "para o escalão hierarquicamente superior ao que aplicou a sanção" e até de **recurso** ao processo que se preveja no irct aplicável[569], para além do expediente à **ação judicial**. Para tanto deve ser utilizado o processo declarativo na forma comum (art. 51.º e sgs. do CPT).

Comummente tem-se entendido que a decisão judicial terá de se cingir a uma simples alternativa, aceitando (ou ratificando) a sanção disciplinar aplicada ou rejeitando-a. Nunca poderá sentenciar a aplicação de **sanção diversa**, mais ou menos gravosa para o trabalhador, agora autor da ação judicial. Argumenta-se neste sentido dizendo-se que o tribunal não pode exercer o poder disciplinar que apenas ao empregador pertence. Há, assim, um mero poder de cassação, como outrora acontecia nos recursos. Mas no caso, a empresa, depois da decisão judicial já nada mais poderá fazer, pelo que da decisão judicial sairá uma injustiça flagrante, não só para a administração da empresa, mas também para os restantes trabalhadores que souberam dos acontecimentos.

[569] Cfr. o disposto no art. 492.º, n.º 2, f) do Código do Trabalho, onde se preceitua que as convenções coletivas de trabalho devem regular os processos de resolução de litígios emergentes de contratos de trabalho.

No nosso modesto entender aquele entendimento judicial, ainda que corrente na jurisprudência[570] e doutrina, é aberrante, pois, desde logo, o trabalhador, como autor da ação judicial, pode formular um pedido de redução da pena que lhe foi aplicada, por a considerar excessiva, o que na prática será aceitável a maior parte das vezes. Também o empregador réu pode formular pedido reconvencional em tal sentido e até mesmo como pedido alternativo[571].

Mas independentemente da formulação de tais pedidos pelo autor ou pelo réu, parece-nos de todo evidente que se o juiz pode confirmar uma determinada sanção aplicada pela empresa, por maioria de razão a poderá substituir por uma sanção diferente que considere mais adequada ou justa, nomeadamente, por outra sanção menos grave para o trabalhador. Concluindo o tribunal que houve da parte do trabalhador um comportamento censurável e merecedor de aplicação de sanção disciplinar diferente da que foi efetivamente aplicada, deve na sentença proceder à substituição, sob pena de não estar a cumprir a sua missão essencial que é a de aplicar a justiça, violando, pois, o princípio do art. 2.º do Código de Processo Civil[572].

Por outro lado, não se pode deixar de ter presente que a sanção disciplinar é uma pena, ainda que aplicada por uma pessoa privada, no âmbito de um contrato, mas com vestes de alguma superioridade e autoridade. O juiz, perante os factos apurados, se concluir pelo excesso da pena e proceder à sua redução não está a substituir-se ao empregador, nem a utilizar o poder disciplinar deste mas, outrossim, a fazer uso dos seus poderes jurisdicionais. Tal acontecerá também quando a decisão for no sentido de mandar reintegrar o trabalhador despedido por julgar ilícito o despedimento.

570 Ac. do S.T.J., de 25-06-2002: "não compete ao tribunal proceder à alteração da medida concreta da pena aplicada pela entidade patronal, designadamente para a reconduzir aos limites estabelecidos na lei".

571 Mas tendo em conta que foi o empregador quem aplicou a sanção teria de justificar, perante o teor da petição, o que teria mudado para pretender alterar a medida sancionatória.

572 Ac. do T.R.L., de 13-3-1991: I – ... só compete apreciar se os factos arguidos justificavam, ou não, a pena de suspensão, mas não tem competência para determinar qual a medida da pena, substituindo-se, neste aspeto, à entidade patronal. II – Assim, ao tribunal cabe apenas revogar ou confirmar a sanção" *in* Albino Mendes Baptista, Jurisprudência do Trabalho Anotada, LL, Lisboa, 1994, pág. 274.

Por último, pode ainda aduzir-se que tal ação de impugnação de uma decisão judicial tem a natureza de recurso. Ora, em Portugal, de há muitos anos a esta parte, que não vigora o sistema da cassação, devendo o tribunal superior manter ou alterar a decisão recorrida, nunca podendo apenas revogá-la, o que equivaleria à denegação de justiça.

Relativamente ao **ónus da prova** naquele processo de apreciação da sanção disciplinar que não o despedimento, não se podem levantar dúvidas de que pertence ao empregador, face à norma do art. 343.º, n.º 1, do Código Civil.

Outra questão reside em saber dentro de que **prazo** deve ser intentada tal ação para anulação ou redução da sanção disciplinar que não seja o despedimento. São diversas e antigas as teses sobre tal questão.

Caso, entretanto, tenha ocorrido a **cessação do contrato de trabalho**, se se aplicar a regra do art. 337.º, n.º 1, do CT, como normalmente acontece, haverá extinção de tal direito ao fim de *um ano a contar do dia seguinte àquele em que cessou o contrato de trabalho*. Porém, tal regra apenas contempla *todos os créditos resultantes do contrato de trabalho e da sua violação ou cessação*. Ora na situação em apreço o que está em causa é saber se a sanção disciplinar foi ou não legalmente aplicada.

Mantendo-se o **contrato de trabalho em vigor**, tem-se defendido que tal prazo continuará a ser de um ano a contar da data em que a sanção foi aplicada[573]. Todavia, tal prazo de um ano apenas está previsto para a prescrição da infração disciplinar (art. 329.º, n.º 3), pelo que, apenas por analogia justificada pela similitude das situações, se poderá defender a sua aplicação para solucionar o problema em causa. O raciocínio será o seguinte: se a infração disciplinar prescreve ao fim de um ano, também em igual prazo prescreverá o direito para anular a sanção disciplinar aplicada pela mesma infração.

Mais, recentemente, com a obrigatoriedade de impugnar a regularidade e a licitude do despedimento individual e formal no prazo de 60 dias (art. 387.º) passa também a ser defensável tal prazo, pois se é imposto para a sanção máxima de despedimento, deve também prevalecer para a impugnação judicial das restantes sanções menos relevantes. De qualquer modo, nos últimos anos solidificou-se a corrente jurisprudencial no sentido de ser tal prazo de um ano, como sumariado pelo Desembarga-

[573] Ac. do T.R.L., de 04-05-2005 (Rel. Sarmento Botelho).

dor José Eduardo Sapateiro, no seguinte texto: "o prazo de impugnação das sanções disciplinares não abusivas e conservatórias da manutenção do contrato de trabalho possui a natureza de um prazo de caducidade e é de um ano contado desde a comunicação da referida pena disciplinar ao trabalhador"[574].

9. Formas do procedimento disciplinar

A prova da justa causa para o despedimento pelo empregador terá de resultar de uma série de atos formais e sequenciais, de conformidade com o **procedimento** regulado nos arts. 353.º e sgs.. Tais atos materializar-se-ão num processo, também usualmente designado por **processo disciplinar** (com forma especial) **para despedimento.**

Do processo adequado para aplicar qualquer outra sanção que não o despedimento (que terá forma fundamental, para não dizer ordinária) trata o art. 329.º, integrado no capítulo anterior subordinado à temática do "incumprimento do contrato".

Ainda no art. 358.º se prevê, mas aplicável apenas no âmbito das **microempresas**, um outro procedimento para o despedimento por facto imputável ao trabalhador.

Assim, pode dizer-se, à guisa do processo civil, que em matéria de **procedimento disciplinar laboral** encontram-se previstas as seguintes três **formas**:

- procedimento para aplicação de sanção disciplinar que não seja o despedimento (art. 329.º);
- procedimento para despedimento por facto imputável ao trabalhador (arts. 353.º a 357.º); e
- procedimento para despedimento por facto imputável ao trabalhador de microempresa (art. 358.º).

Naturalmente, nada impede que utilizando-se alguma das duas últimas formas de procedimento não possa concluir-se por uma sanção disciplinar menos grave que o despedimento.

Aquele **processo com intenção de despedimento** tem a mesma estrutura do processo que visa a aplicação de uma outra sanção que não

[574] Ac. do T.R.L., de 05-06-2013, Proc. 5961/12.4T2SNT.L1.4 [dgsi].

seja o despedimento (por ex., uma suspensão ao trabalho com perda de vencimento) mas tem formalidades específicas. Há alguma incongruência nesta classificação na medida em que a intenção de despedimento tem de ser expressada na nota de culpa (art. 351.º, n.º 1 do CT), podendo, a final, ser aplicada outra sanção ou nenhuma.

Em todos os casos visa-se, essencialmente, o apuramento da **responsabilidade disciplinar,** sendo certo que do processo podem resultar provas ou indícios das outras modalidades de responsabilidade, ou seja, a criminal e a civil ou até a contraordenacional.

Não obstante a similitude entre as três formas processuais, até porque as normas deste art. 353.º se deverão aplicar analogicamente, existem algumas e relevantes especialidades nos dois últimos, como sejam:

- a comunicação da intenção de despedimento com a nota de culpa (art. 353.º n.º 1);
- a suspensão preventiva (sem perda de retribuição) após a nota de culpa (art. 354.º, n.º 1 e 329.º, n.º 5).

É duvidoso, mas parece necessário (ou prudente, ao menos) que seja devido dar conhecimento do processo à comissão de trabalhadores e à associação sindical para obtenção dos seus pareceres, dado que tais atos não são expressamente impostos às microempresas[575] (arts. 353.º, n.º 2 e 358.º, n.º 3).

A falta do processo acarreta só por si a **ilicitude do despedimento**[576]. E se existir, mas nele não se tiver feito a comunicação da nota de culpa com a intenção de despedimento, não se tiver dado satisfação aos meios de prova do trabalhador visado ou se decidir pelo despedimento sem apresentação dos fundamentos por escrito, o processo será **inválido**, o que também acarreta a **ilicitude ou irregularidade** do despedimento ou de qualquer outra sanção disciplinar (arts. 382.º e 389.º, n.º 2 do CT).

10. Nota de culpa

Indiciando-se ou suspeitando-se, nomeadamente através das conclusões do processo de inquérito, que haja algum comportamento suscetível de

[575] São as que empregam até nove trabalhadores, cfr. art. 100.º, n.º 1, do CT.

[576] E em tal caso, já a impugnação judicial será deduzida através do processo laboral comum e no prazo prescricional de um ano (art. 337.º).

integrar o conceito legal de justa causa para o despedimento (agora descrito no art. 351.º), poderá o empregador iniciar o processo disciplinar para despedimento por facto imputável ao trabalhador, essencialmente, de harmonia com o preceituado nos arts. 353.º a 357.º do Código do Trabalho. Para tanto terá de haver uma **decisão** expressa pelo empregador ou, em caso de pessoa coletiva, pelo órgão superior da administração, que detém o poder disciplinar, ou por algum superior hierárquico que detenha a delegação desse poder, tudo de conformidade com o estipulado nos arts. 98.º e 329.º, n.º 2 ainda do CT.

Em tal decisão, como já se aludiu, o empregador pode assumir a posição de **instrutor** do processo ou nomear quem desejar (devendo ser um jurista) pertencente ou não aos quadros da organização[577]. E se o empregador não for jurista especializado, provavelmente, também se virá a arrepender da sua decisão, face ao enleado de situações em que poderá ser envolvido.

O empregador, diretamente ou por proposta do instrutor, poderá ou não determinar a já referida **suspensão preventiva** do trabalhador mantendo o direito à retribuição, nos termos do n.º 1 do art. 354.º, mas terá que ser evidenciada a inconveniência da sua presença enquanto decorrer o procedimento. Ainda tal suspensão, nos termos do n.º 2, poderá "ser determinada nos 30 dias anteriores à notificação" da nota de culpa, prazo este que, na altura, terá de ser presumido. Mas, em tal caso, a suspensão carece de justificação. Caso se trate de trabalhador que seja membro de alguma estrutura de representação coletiva[578], este continua a ter acesso aos locais na empresa para o exercício dessas funções, como se preceitua no n.º 1 do art. 410.º do CT.

Dentro de um espírito de lisura no relacionamento com os trabalhadores, esta decisão, no sentido de que foi instaurado ou mandado instaurar o processo disciplinar, deverá ser comunicada ao trabalhador por escrito, para ele tomar conhecimento. Porém, tal ato não é imposto pela lei.

[577] Caso se apliquem, subsidiariamente, as regras do processo penal, o instrutor do processo de inquérito não deverá ser o instrutor do processo disciplinar, cfr art. 40.º e sgs. do Código de Processo Penal.

[578] As estruturas de representação coletiva dos trabalhadores são as elencadas no art. 404.º do CT.

Segue-se a elaboração da acusação contra o trabalhador (ou trabalhadores) indiciado como autor dos atos constitutivos de infração disciplinar grave – que será o trabalhador acusado ou arguido – cujo texto se denomina de **nota de culpa**.

Esta nota de culpa deve conter a "**descrição circunstanciada dos factos**" que são imputados ao arguido, quer dizer, no seu texto, para além da identificação do arguente e do arguido, devem descrever-se, com razoável pormenor, todos os factos ou atos circunstanciais praticados (ou omitidos) pelo trabalhador, devidamente inseridos no tempo e no lugar em que terão ocorrido. Igualmente, devem indicar-se todas as **circunstâncias** agravantes ou atenuantes que ao caso couberem, para além de se exporem todos os **factos caracterizadores ou integrantes do conceito (jurídico) de justa causa** para o despedimento[579]. Como já se julgou "a nota de culpa desempenha a função própria da acusação em processo-crime por isso, nela deve constar a descrição circunstanciada, em termos de modo, tempo e lugar, dos factos de onde se extraia a imputação de uma infração ao trabalhador"[580] .

Mas como a **culpa** não se presumirá dos atos ou omissões de incumprimento do contrato[581], como deriva da própria noção de justa causa de despedimento (art. 351.º, n.º 1) haverá ainda de evidenciá-la, bem como a **gravidade** dos factos e as suas **consequências** no sentido de tornar "imediata e praticamente impossível a subsistência da relação de trabalho".

Deve, pois, a nota de culpa ser constituída, pelo menos, por estas três partes. É que, também na nota de culpa, deve constar não só a **intenção de despedimento**, como também a **advertência ao trabalhador** de que se poderá defender, por escrito, no prazo máximo de 10 dias úteis.

É de toda a conveniência que o texto seja deduzido por **articulado**, para, deste modo, se tornar mais compreensivo. Convirá ainda tomar posição sobre o irct aplicável; se o trabalhador visado é ou não membro de alguma estrutura de representação coletiva ou "candidato a qualquer dos

[579] Sobre o conceito de justa causa num caso concreto, v. os pareceres dos Profs. Monteiro Fernandes, Romano Martinez, João Leal Amado e Jorge Leite, bem como o Acórdão do S.T.J., de 14-07-2010 em que foi Rel. Cons. Pinto Hespanhol, in QL, n.º 37 – jan/jun 2011, pág. 37 e sgs..

[580] Ac. de 19-12-2007 (Cons. Bravo Serra) doc. SJ200712190034224.

[581] Como aconteceria no direito civil, de conformidade com o preceituado no art. 799.º, n.º 1 do Código Civil.

corpos sociais de associação sindical"; ou ainda se é "trabalhadora grávida, puérpera ou lactante ou trabalhador no gozo de licença parental"[582].

Caso, eventualmente, a nota de culpa seja deficientemente elaborada, mas, mesmo assim, se venha *a constatar, através da defesa apresentada pelo arguido, que o mesmo entendeu convenientemente a acusação, deverá considerar-se sanado aquele vício, em virtude de se mostrar alcançado o fim tido em vista com aquela exigência legal*[583].

A nota de culpa constituirá a peça fundamental de todo o processo disciplinar, pois, desde logo, tem de formular de forma clara a acusação para que o trabalhador-arguido se possa defender. Também apenas os factos nela descritos (ou na defesa) poderão vir a fundamentar o possível despedimento conforme disposto na parte final do art. 357.º, n.º 4. E depois, na ação judicial que (quase) sempre se segue ao despedimento, "o empregador apenas pode invocar factos e fundamentos constantes da decisão de despedimento comunicada ao trabalhador (art. 387.º, n.º 3"[584]). Existe, pois, uma sequência de efeitos, cuja base assenta na nota de culpa.

11. Comunicações

Uma vez elaborada a nota de culpa, impõe-se, no art. 353.º, que sejam efetuadas, de seguida, as seguintes **comunicações** por escrito:

- ao trabalhador-arguido, informando-o da intenção da empresa em proceder ao seu despedimento e da sua possibilidade de defesa, juntando (em anexo) cópia da nota de culpa com a descrição circunstanciada dos factos;
- à comissão de trabalhadores (se existir, claro) cópias daquela comunicação e da nota de culpa[585]; e ainda
- à associação sindical de que o trabalhador-arguido, eventualmente, seja representante, também com as mesmas cópias.

[582] Face aos efeitos previstos nos arts. 410.º, n.ºs 1 a 3 e 356.º, n.º 2.

[583] Ac. do S.T.J. (Rel. Emérico Soares) SJ200212110022394.

[584] e art. 98.º-J do CPT, na versão dada pelo DL n.º 295/2009, de 13 de outubro.

[585] De harmonia com o disposto no n.º 6 do art. 356.º do CT, o trabalhador-arguido pode indicar uma "determinada associação sindical" para dar o parecer, em detrimento da comissão de trabalhadores.

A mencionada notícia da **intenção de despedimento**, acompanhada pela nota de culpa é essencial, para advertir o trabalhador que pode vir a ser despedido. A sua falta, conforme jurisprudência firmada e o disposto na alínea a) do n.º 2 do art. 382.º, implicará a invalidade do procedimento e a consequente ilicitude do despedimento que tiver ocorrido. Mais: mesmo constando da nota de culpa, manda a boa-fé, que nesta comunicação por escrito ao trabalhador se lhe faça a advertência de que poderá consultar o processo e responder à nota de culpa, no prazo de 10 dias úteis. Aliás, o mais adequado será transcrever o próprio texto do n.º 1 do art. 355.º, quer na nota de culpa, quer na comunicação.

O estatuto do trabalhador-arguido como **representante sindical** deverá recolocar-se não só quando for delegado sindical na empresa (art. 462.º), mas também dirigente sindical (art. 468.º) e candidato a algum corpo social de sindicato, como analogicamente decorre do disposto no art. 410.º, n.º 3.

A prova da notificação de tais comunicações aos destinatários deve ficar a constar no processo. O meio de comunicação poderá ser a entrega pessoal por protocolo ou mediante recibo, ou ainda perante testemunhas, reduzindo tal ato a auto. Também poderá ser utilizado o correio, através de registo ou com aviso de receção, com a remessa para o domicílio do trabalhador. De qualquer modo, é essencial que fique provada documentalmente a entrega ou a apresentação ao trabalhador-arguido da comunicação com a nota de culpa. Caso a carta enviada pelo correio venha devolvida, haverá que averiguar a razão e atuar em conformidade, aplicando, analogicamente, a norma constante da parte final do n.º 7 do art. 357.º.

Entendemos que poderá haver um **aditamento à nota de culpa**, quer em virtude de factos supervenientes, quer devido à descoberta de factos perpetrados anteriormente. E já foi julgado pelo S.T.J. que "a entidade empregadora pode enviar ao trabalhador uma nota de culpa adicional, mormente quando a mesma se destine a concretizar melhor os factos que lhe haviam sido imputados na primeira"[586]. Ainda em aresto se decidiu que "a entidade empregadora não é obrigada a informar o trabalhador de que pode consultar o processo nem a comunicar-lhe o local onde tal con-

[586] Ac. de 24-01-2007 (Cons. Sousa Peixoto) doc. SJ20070124003854.

sulta pode ser feita. Esta última obrigação só nasce quando o trabalhador lhe comunicar que pretende efetuar essa consulta".

12. Resposta à nota de culpa

Como aludido, na comunicação enviando a nota de culpa e/ou nesta, deverá ser transcrito ou parafraseado o teor do art. 355.º, isto é, que "*o trabalhador dispõe de 10 dias úteis para consultar o processo e responder à nota de culpa, deduzindo por escrito os elementos que considere relevantes para o esclarecimento dos factos e da sua participação nos mesmos, podendo juntar documentos e solicitar as diligências probatórias que se mostrem pertinentes para o esclarecimento da verdade*".

E, assim, o arguido, diretamente por si ou por mandatário, poderá conhecer o processo, incluindo o de inquérito que tenha sido instruído ou equivalente e elaborar a sua defesa, ou seja, como é denominada na lei, a **resposta à nota de culpa**. Nela, para além da **defesa** em correspondência com a nota de culpa, de preferência também em articulado, poderá ainda suscitar eventuais exceções ou questões prévias e indicar os **meios de prova** a serem utilizados para a descoberta da verdade, nomeadamente, documentos e a relação ou rol de testemunhas, com a indicação dos nomes e moradas. Todavia, as diligências probatórias que o trabalhador-arguido pode solicitar enquadram-se em todos os meios de prova previstos pela lei, ou seja, para lá das presunções, a confissão, os documentos, as perícias, a inspeção e as testemunhas[587].

Relativamente aos **documentos constantes do processo**, o S.T.J. já considerou que "não afeta o direito de resposta à nota de culpa, o facto da entidade empregadora ter recusado enviar ao trabalhador cópias dos documentos a que a nota de culpa fazia referência, se os factos integradores da infração de que era acusado estavam detalhadamente descritos na nota de culpa, se os documentos em causa estavam juntos ao processo disciplinar e se a consulta deste pelo trabalhador nunca foi posta em causa pela entidade empregadora"[588]. Dentro da mesma linha, também foi decidido que "a recusa da entidade empregadora em juntar ao pro-

[587] Código Civil, 349.º a 396.º. As verificações não judiciais qualificadas, previstas no art. 494.º do CPC podem ter lugar no processo disciplinar ao contrário da prova por declaração de parte por falta de audiência final.

[588] Ac. de 22-03-2007 (Sousa Peixoto) doc. SJ200703220046094.

cesso disciplinar os documentos que o autor havia requerido na resposta à nota de culpa não constitui violação do direito de defesa do arguido, se os documentos em causa são da autoria e estão na posse do empregador"[589].

Caso não tenha sido observado o **princípio do contraditório**, como é enunciado na alínea c) do n.º 2, do art. 382.º, o procedimento pode ser declarado inválido, o que gera a ilicitude do despedimento e isto não obstante o processo disciplinar ser de natureza inquisitória.

13. Instrução do processo

Na sequência da apresentação da referida **defesa do trabalhador**, denominada **resposta à nota de culpa** (art. 355.º), entra-se na fase de **instrução** do processo disciplinar numa aceção mais próxima do art. 286.º e sgs. do Código de Processo Penal do que do art. 410.º e sgs. do Código de Processo Civil.

Se não fosse julgado inconstitucional, com força obrigatória geral[590], e conforme rezava no n.º 1 do artigo 356.º do CT **de 2009** cabia "ao empregador decidir a realização das diligências probatórias". Assim, voltou, em regra, a ser obrigatória a instrução conforme for requerida, não obstante a nula força probatória do processo privado perante o tribunal.

Contudo, o instrutor poderá recusar algumas das **diligências probatórias** requeridas pelo trabalhador desde que as "considere patentemente dilatórias ou impertinentes, devendo...alegá-lo fundamentadamente por escrito". Porém, corre sempre o perigo de assim não vir a ser julgado, com as inerentes consequências. Também não será obrigado a acolher o depoimento de mais de 3 **testemunhas** por cada facto constante da nota de culpa, nem mais de 10 no total, devendo ser o arguido a apresentá-las para deporem, como continua a estar estatuído nos n.ºs 3 e 4 do citado art. 356.º, porquanto, como julgou o S.T.J. "a direção e organização do processo disciplinar compete à entidade empregadora e nessa medida cabe-lhe o direito de designar o **local de inquirição das testemunhas** arroladas pelo trabalhador na resposta à nota de culpa". "Todavia, esse direito não pode ser exercido de modo a impedir ou dificultar gravemente o exercício do direito de defesa do trabalhador arguido (art.

[589] Ac. de 30-04-2008 (Sousa Peixoto) doc. SJ2008043002414.

[590] Ac. do T C n.º 338/10, de 22-9-2010, publicado em 8/11/2010.

334.º do CC) que deve prevalecer em caso de colisão com aquele (art. 335.º do CC) "[591].

Cremos, no caso de serem arroladas mais de dez testemunhas, que o instrutor não poderá selecionar as testemunhas, mas terá de ouvir as primeiras até àquele número, após notificar o arguido para se posicionar. Será o instrutor a marcar a data e a hora para a audição, providenciando pela notificação ao acusado por escrito ou por outro meio idóneo. Em caso de falta, deverá indagar pela justificação, podendo marcar nova data ou admitir a substituição.

Tendo sido requerido o **depoimento de parte**, para se obter a prova por confissão, e se o empregador for o instrutor, este não poderá manter-se nesta posição, devendo ser designado novo instrutor e isto por aplicação analógica do art. 499.º do CPC, ainda que possa voltar a ser o instrutor.

E caso o **instrutor venha a ser arrolado como testemunha**, o que até se pode justificar quando é, por exemplo, o gestor de recursos humanos da empresa, então em tal caso, admitindo-se a diligência, igualmente deve ser nomeado novo instrutor para colher tal depoimento, conforme o disposto naquele art. 499.º.

Sendo a arguida uma **trabalhadora grávida, puérpera ou lactante**, ou o arguido um **trabalhador no gozo da licença parental**[592] a cessação do contrato, sob pena de nulidade, carece de parecer favorável da CITE[593] (e não da CIG – Comissão para a Cidadania e a Igualdade do Género), conforme se dispõe nos arts. 63.º e 381.º, d) do Código de Trabaho. Por via de regra, tal parecer é negativo e, assim, o despedimento *só pode ser efetuado pelo empregador após decisão judicial que reconheça a existência de motivo justificativo* (art. 63.º, n.º 6 ainda do CT).

Naturalmente, todas as diligências terão de ficar documentadas no processo, nomeadamente por meio de **autos**, que são os instrumentos destinados a fazer fé quanto aos termos em que se desenrolaram os atos proces-

[591] Ac. de 18-01-2005 (Cons. Sousa Peixoto) doc. SJ20050111800030404.

[592] A licença parental prevê-se nos arts. 42.º e 43.º.

[593] Comissão para a Igualdade no Trabalho e no Emprego (CITE) cujas atribuições, composição e funcionamento se encontram regulados na Lei n.º 76/2012, de 26 de março, tem alguns dos seus pareceres publicados em livro e em www.cite.gov.pt.

suais[594]. Ainda em relação aos documentos integrados no processo ou que fiquem a ele anexos deve ser lavrado um termo de juntada. Caso haja secretário, estas operações caber-lhe-ão, sob a responsabilidade do instrutor.

Satisfazendo-se (ou dispensando-se) todos ou alguns dos meios de prova requeridos pelo arguido, segue-se a apresentação do processo, por cópia, à comissão de trabalhadores ou à associação sindical (se o arguido for representante sindical) para ser emitido parecer fundamentado (art. 356.º, n.os 5 e 6) de natureza não vinculativa, cujo teor, como é óbvio, só muito excecionalmente será favorável ao despedimento. Nos termos deste último número, o arguido pode, agora, ter escolhido "determinada associação sindical" para dar o parecer, ficando, nesta hipótese, ultrapassada a necessidade de ser enviada a cópia do processo à comissão de trabalhadores.

Põe-se a questão de saber se perante o teor da defesa, poderá a **nota de culpa ser alterada ou substituída por outra**. Cremos que só a empresa o poderá fazer e nunca o instrutor e desde que se verifique a existência de novos factos ou do seu conhecimento e se esteja dentro do prazo para que eles sejam considerados relevantes.

Parece que a empresa também poderá carrear para os autos **novas provas** para sustentar a nota de culpa, nomeadamente, a audição de testemunhas. Em tal caso é indiscutível que tem de respeitar o princípio do contraditório, dando conta de tal diligência ao trabalhador-arguido para este se pronunciar, em princípio, no prazo geral de 10 dias (art. 149.º do CPC).

Devido à ilicitude do uso de certos meios ou instrumentos para obter a prova de certos atos ou omissões do trabalhador-arguido, poderá tal prova ser julgada nula ou anulável (art. 285.º e sgts do CC). Serve como exemplo "a prova que seja obtida por intermédio de agentes provocadores, que incitam ou instigam à prática do facto, ou por agentes infiltrados, deve ser considerada nula...Porém, os inspetores da entidade patronal... não são nem agentes provocadores nem agentes infiltrados..."[595]

594 Art. 99.º do CPP e artigo seguinte – redação do auto.

595 Ac. do TRP, de 03-02-2014 (Rel. Maria Fernanda Pereira Soares) [dgsi].

14. Decisão

14.1. Sentido

Concluindo-se a fase da instrução, o instrutor deve elaborar um relatório final, nele inserindo os factos imputáveis ao trabalhador, as diligências instrutórias levadas a cabo e os factos que considera provados e não provados, propondo uma decisão ao órgão com competência disciplinar.

De seguida, deve ser tomada tal **decisão**, que poderá traduzir-se:

- no arquivamento dos autos, por a matéria comprovada não justificar a aplicação de qualquer sanção;
- na aplicação de uma outra sanção disciplinar que não o despedimento, quando a matéria provada é censurável mas insuficiente para motivar o despedimento; ou
- no despedimento com justa causa (arts. 328.º f) e 357.º, n.º 1 do CT).

14.2. Conteúdo

Neste último caso "o empregador dispõe de 30 dias para proferir a decisão de despedimento, sob pena de caducidade do direito de aplicar a sanção" (art. 357.º, n.º 1), que se deverá contar da data de receção dos pareceres ou, não havendo lugar ao seu pedido, da última diligência instrutória devidamente registada no procedimento disciplinar.

"A decisão deve ser fundamentada e constar de documento escrito", nos termos do n.º 5. Tal fundamento poderá ser o citado relatório final para o qual os termos da decisão remetam expressamente.

Assim, vindo tal decisão a conter a aplicação de uma sanção disciplinar, nomeadamente, o despedimento, então a sua **fundamentação** deve conter:

I – para além dos *factos* (descritos pormenorizadamente, no lugar e no tempo);

II – a ponderação das *circunstâncias do caso*, ou seja:
- atender-se, no quadro de gestão da empresa, ao grau de lesão dos interesses do empregador;
- ao carácter das relações entre as partes;
- ou entre o trabalhador e os seus companheiros; e
- às demais circunstâncias que no caso sejam relevantes.

III – a *adequação do despedimento à culpabilidade* do trabalhador,
IV – bem como a consideração dos *pareceres* apresentados.

Os **factos dados como provados** terão, inicialmente, de constar na nota de culpa ou na defesa ou serem notórios. **Outros eventuais factos** apenas poderão ser utilizados para atenuar ou diminuir a responsabilidade disciplinar (art. 357.º, n.º 4, ainda do CT).

14.3. Comunicações

Tal decisão final sobre o processo deverá também ser comunicada, "por cópia ou transcrição":

- ao trabalhador a despedir,
- à comissão de trabalhadores; ou,
- à associação sindical respetiva, caso o trabalhador seja representante sindical ou tenha optado por determinada associação sindical para dar parecer (357.º, n.º 6).

O despedimento e a consequente cessação do contrato de trabalho ocorre, não na data da decisão tomada pelo órgão com competência para tal, mas apenas quando chega ao conhecimento formal do trabalhador. Efetivamente, nos termos do n.º 7 do art. 357.º, *a decisão de despedimento determina a cessação do contrato:*

- *logo que chega ao poder do trabalhador, ou*
- *quando por culpa do trabalhador não foi por ele oportunamente recebida.*

Poderá, portanto, ser entregue em mão, mediante recibo, ou enviada por protocolo ou pelo correio registado com aviso de receção. Se o destinatário se recusar a receber a comunicação, desde que tal facto fique comprovado, mediante auto testemunhado, dar-se-á, juridicamente, como chegada ao poder do trabalhador. O mesmo acontecerá se a carta registada for devidamente endereçada para a morada do trabalhador (que, de modo sério, conste nos registos da empresa) e não for por este recebida.

Face ao exposto, é de todo evidente que o prazo (de caducidade) para a eventual interposição do *procedimento cautelar de suspensão do despedi-*

mento e para a *impugnação da regularidade e licitude do despedimento* começam a contar a partir da data do recebimento daquela comunicação[596].

Eventualmente, se houver **matéria do foro criminal**, poderá uma cópia dos autos ser junta à denúncia ou queixa perante a autoridade competente.

15. Procedimento especial para as microempresas

Nas empresas até 9 trabalhadores (**microempresas** – art. 100.º, n.º 1 a)) pode ser observado um processo simplificado, ou melhor, menos complexo, desde que o trabalhador-arguido não seja membro da comissão de trabalhadores, nem representante sindical. Nesta hipótese, poderão ser dispensadas algumas formalidades, de conformidade com o preceituado no art. 358.º, n.º 1, disposição esta que apenas entrou em vigor após a reforma do CPT[597], ou seja, em 1 de janeiro de 2010.

Trata-se das comunicações da abertura do processo, da emissão da nota de culpa e do fim da sua instrução, quer à comissão de trabalhadores[598], quer à associação sindical, previstas no n.º 2 do art. 353.º e no n.º 5 do art. 356.º.

O momento a partir do qual se fará a contagem do prazo (que se mantém) de 30 dias para a decisão final é adaptado à configuração deste processo e não sendo respeitado também dá lugar à caducidade do direito de aplicar a sanção (n.º 4 do mesmo art. 358.º).

Assim, em conclusão, o regime para as microempresas complicou-se bastante em relação ao sistema anterior, sendo que, em rigor, apenas ficam dispensadas da solicitação dos pareceres "caso o trabalhador não seja membro de comissão de trabalhadores ou representante sindical".

16. Ilicitude do despedimento

São numerosas as situações que levam à ilicitude do despedimento, conforme decorre do art. 381.º e sgs.. A falta do processo ou as suas deficiên-

[596] A articulação das duas medidas rege-se, essencialmente, pelo disposto nos arts. 34.º, n.º 4 e 98.º-C, n.º 2, do CPT, cfr antecedente capítulo XII, n.º 3.

[597] Cfr Lei preambular do CT, Lei n.º 7/2009, de 12 de janeiro, art. 12.º, n.º 5. Como referido, a reforma do CPT operou-se pelo DL n.º 295/2009, de 13 de outubro, que passou a vigorar em 1 de janeiro de 2010.

[598] Embora só muito excecionalmente haja comissão de trabalhadores nas microempresas, que, a haver, terão dois elementos (art. 417.º, n.º 1, a) do CT).

cias acarretam, só por si, a ilicitude do despedimento, que assim pode resultar (e com muita frequência resulta) de razões meramente formais ou processuais.

Mas tal ilicitude pode resultar de razões materiais ou substanciais, porquanto os factos apurados no processo disciplinar podem não se vir a comprovar no processo judicial (por não serem verdadeiros ou por falta ou insuficiência dos meios de prova), ou ficar apurado que o despedimento resultou de motivação política, ideológica, étnica ou religiosa, ainda que com aparente motivação diversa.

Ainda os factos que motivaram o despedimento podem ser todos provados, mas o tribunal entender que não eram culposos ou suficientemente graves para justificar o despedimento, julgando, portanto, tal sanção desproporcionada.

Como é óbvio tal licitude ou ilicitude de despedimento de um trabalhador depende da apreciação do Tribunal (e, normalmente, por via de recurso) em ação judicial, em princípio[599], com processo especial a requerer pelo trabalhador despedido (art. 387.º) – ação de impugnação judicial da regularidade e licitude do despedimento através de "requerimento em formulário próprio", como referido no capítulo XII.

Conforme julgou o S.T.J. "as **invalidades do processo disciplinar** devem ser classificadas como anulabilidades, só podendo ser conhecidas quando expressamente invocadas perante o tribunal"[600].

Em qualquer das ações o **ónus da prova** sobre os factos que levaram ao despedimento e à sua legalidade, pertence à entidade empregadora, conforme resulta, implicitamente das regras dos arts. 63.º n.º 2, 387.º, n.º 3 e 410.º, n.º 3 do CT e, expressamente, do art. 342.º e sgs. do CC. Aliás, não se reconhece ao procedimento disciplinar especial valor provatório, exigindo-se que o empregador realize de novo a prova em sede judicial[601].

Sendo o trabalhador despedido candidato a membro de qualquer dos corpos sociais de associação sindical ou que neles exerça ou tenha exercido funções há menos de três anos, presume-se que o despedimento

[599] Pois se o despedimento não for formalizado por escrito ou for discutível o contrato de trabalho, já o processo a utilizar será o comum, como se estipula no art. 98.º-C do CPT.

[600] Ac. de 03-03-2004 (Cons. Ferreira Neto) doc. SJ200403030038764.

[601] Cfr., como exemplp, sumário do Ac. do STJ de 07-07-2016 (Rel. Cons. Ana Luísa Geraldes) [dgsi].

foi efetivado sem justa causa. Ainda a interposição da ação judicial de impugnação do despedimento pode ser essencial para a atribuição do subsídio de desemprego[602].

Essencialmente por esta razão e face à habitual demora dos tribunais[603], o que vem a dificultar a prova dos factos alegados, todos os trabalhadores despedidos procedem à impugnação do seu despedimento, o que, por sua vez, agrava mais aquela demora. Relativamente ao novo processo especial de impugnação da regularidade e licitude do despedimento, o Estado, através do Instituto da Segurança Social, IP poderá pagar, depois do decurso de um período de 12 meses, as retribuições vincendas até à data da decisão em primeira instância[604], como se desenvolveu no antecedente capítulo XII.

17. Suspensão do despedimento

Considerando o seu despedimento ilícito, no prazo de cinco dias úteis, o trabalhador, como lhe permite o art. 386.º do CT, poderá apresentar, no tribunal do trabalho da sua área de residência ou da sede da empresa, um procedimento cautelar, requerendo, como providência, a suspensão preventiva do seu despedimento (art. 386.º).

Tal procedimento cautelar de suspensão de despedimento (singular ou coletivo) é especificado e encontra-se regulado nos art. 34.º e sgs. do Código de Processo do Trabalho – cfr. cap. VII. Nele, a suspensão do despedimento *será decretada se for provável:*

- *a inexistência de processo disciplinar ou a sua nulidade; ou*
- *a inexistência de justa causa;*
- *a inobservância das formalidades respeitantes ao despedimento coletivo.*

Inversamente, como já referido, sendo o trabalhador despedido membro de uma estrutura de representação coletiva "a providência cautelar só não é decretada se o tribunal concluir pela existência de probabilidade séria de verificação da justa causa".

[602] DL n.º 220/2006, de 3 de novembro, art. 9.º, n.º 2, com a última alteração introduzida pelo DL n.º 53-A/2017, de 31 de maio.

[603] V. João Palla Lizardo "Despedimento, reintegração e pagamento de salários intercalares: litígio nos Tribunais durante 22 anos", artigo acompanhado das decisões da 1.ª instância e do STJ inserido in RMP, n.º 29, jul/set 2008, pág.231.

[604] Cfr arts. 98.º-N e O do Código de Processo do Trabalho.

18. Os efeitos da ilicitude do despedimento

No Código do Trabalho (art. 389.º) passou a destrinçar-se a **ilicitude** do despedimento propriamente dito (n.º 1) e a **mera irregularidade** (n.º 2), resultante da omissão das diligências probatórias e que se poderá repercutir na indemnização, se esta tiver lugar, em vez da reintegração.

De qualquer modo, os **efeitos da ilicitude** do despedimento são extremamente gravosos, como resulta do que se dispõe no arts. 389.º a 393.º[605]. Na lógica da lei, que se diz resultar do art. 53.º da CRP, a **nulidade** do despedimento provoca a recomposição da situação como se ele não tivesse existido, como se dispõe no art. 289.º do CC, mas olvidando o que preceitua logo nos arts. 290.º e 294.º do mesmo Código. A gravidade avoluma-se em especial devido ao pronunciado atraso no julgamento dos respetivos processos por muitos dos nossos tribunais de trabalho e nos de recurso.

Na verdade, a ilicitude acarreta, sem possibilidade de graduação pelo tribunal, a condenação no pagamento das **retribuições** desde a data do despedimento (salários intercalares ou de tramitação, como sói dizer-se), sempre que a ação judicial seja interposta num dos 30 dias seguintes seguintes ao do despedimento ou, se for em data posterior, desde 30 dias antes da propositura da ação de impugnação do despedimento, mas sempre até à data da decisão (transitada em julgado), e à reintegração do trabalhador na empresa, se este assim optar. No valor destas retribuições podem ser descontadas outras que, eventualmente, tenham sido auferidas em novo emprego e que se aleguem e provem, ou melhor, *que o trabalhador tenha comprovadamente obtido com a cessação do contrato e que não receberia se não fosse o despedimento* (art. 390.º, n.º 2, a) do CT). Também deve ser descontado o valor do subsídio de desemprego recebido, mas "devendo o empregador entregar essa quantia à segurança social" (n.º 2, c). Em qualquer dos casos, os valores corresponderão aos da retribuição ilíquida sendo obrigatório efetuar os legais descontos em sede fiscal e da segurança social.

Em alternativa à reintegração, mas acrescendo àquelas remunerações, pode o trabalhador e só este optar por exigir o pagamento de uma **indemnização** que será fixada pelo tribunal entre 15 a 45 dias de retri-

[605] Na nossa opinião constitui uma das mais fortes razões de desinvestimento, de desemprego e de precaridade no trabalho sofrida, maioritariamente, pelos jovens portugueses.

buição base e diuturnidades por cada ano (ou fração) de antiguidade não podendo ser inferior a três meses, contando para o efeito todo o tempo decorrido, não até à sentença[606], mas *desde a data do despedimento até ao trânsito em julgado da decisão judicial* independentemente do número de anos que, entretanto, decorrer. Em poucas situações poderá a empresa requerer que seja excluída tal reintegração (arts. 392.º, n.os 1 e 2). Mas vindo o tribunal a aceitar, os limites para a indemnização passam a ser fixados entre 30 e 60 dias de retribuição base. Processualmente, como já referido nos capítulos IX, n.º 6 e XII, n.º 5, a **oposição à reintegração** do trabalhador despedido deve ser formulada na contestação, no processo comum, e no articulado do empregador, no processo especial de impugnação judicial da regularidade e licitude do despedimento, conforme, respetivamente, se estipula nos arts. 60.º- A e 98-J, n.º 2, do CPT.

Como acima referido, havendo apenas ilicitude por **mera irregularidade formal** "por omissão das diligências probatórias" e desde que se comprovem os motivos invocados para o despedimento, o referido valor da indemnização poderá ser reduzido a metade (art. 389.º, n.º 2). Por tal razão, na sentença, "sem prejuízo da apreciação de vícios formais, o tribunal deve sempre pronunciar-se sobre a verificação e procedência dos fundamentos invocados para o despedimento" (387.º, n.º 4).

Tendo a jurisprudência começado a admitir que *o despedimento ilícito podia fundamentar a indemnização por **danos não patrimoniais** desde que o trabalhador seja desacreditado publicamente e, assim, prejudicado pessoal e profissionalmente*[607], passou tal entendimento para o CT e continua a ser previsto na parte final do seu art. 389.º, n.º 1, a)[608]. Todavia, nesta matéria, face às referidas regras do CC, já o ónus da prova corre pelo trabalhador despedido.

[606] Para maior desenvolvimento Pedro Furtado Martins, Despedimento Ilícito, Reintegração na Empresa e Dever de Ocupação Efectiva, suplemento da revista Direito e Justiça, Lisboa, 1992; Messias de Carvalho e Vítor Nunes de Almeida, Direito do Trabalho e Nulidade de Despedimento, Almedina, Coimbra, 1984.

[607] Ac. do S.T.J., de 14-11-2001, *in* CJS, Ano IX, T. III-2001, pág. 273.

[608] João Leal Amado, Os efeitos do despedimento ilícito (sobre os artigos 436.º a 440.º do Código do Trabalho), RMP, ano 27, jan-mar, 2006, n.º 105, pág. 17 e Albino Mendes Baptista, Estudos sobre o Código do Trabalho, 2.ª ed, Coimbra Editora, pág. 233.

19. O novo processo judicial para impugnação do despedimento

Como acima já se mencionou (e se desenvolveu no capítulo XII), o CT de 2009 instituiu uma inovadora forma processual, que se inicia com um simples requerimento em formulário próprio, para a impugnação judicial do despedimento individual e formal (excetuando o despedimento coletivo), ou melhor, para "o trabalhador poder opor-se ao despedimento", que passou a vigorar após a reformulação do CPT, em 2010.

Ainda como acentuado, tal ação judicial terá de ser requerida no prazo de 60 dias após "a receção da comunicação do despedimento, ou da data da cessação se posterior", não obstante se manter o prazo geral da prescrição dos créditos de um ano a partir da cessação do contrato de trabalho (art. 337.º). Nos restantes casos de cessação, já sua impugnação judicial poderá ser deduzida, no prazo de um ano, mediante o processo comum, como se pormenorizou no capítulo IX.

20. O despedimento coletivo e por extinção de posto de trabalho e os respetivos procedimentos

Como já se aludiu, estas formas de cessação do contrato de trabalho fundamentam-se em causas ou razões objetivas, que são assim designadas por não serem imputáveis ao trabalhador, por não resultarem da sua vontade, nem de culpa sua. Como refere a lei são causas objetivas "o encerramento de uma ou várias secções ou estrutura equivalente ou redução de pessoal determinada por motivos de mercado, estruturais ou tecnológicos". Com base nestas causas, prevêem-se no CT dois tipos de cessação do contrato, a saber:

- despedimento coletivo (divisão II – arts. 359.º a 366.º), e
- despedimento por extinção de posto de trabalho (divisão III – arts. 367.º a 372.º).

Como assinala o Prof. Júlio Manuel Vieira Gomes, a configuração atual do procedimento para o despedimento coletivo tem origem comunitária[609].

A definição de **despedimento coletivo** consta daquele art. 359.º sendo do seguinte teor: "*é a cessação de contratos de trabalho promovida pelo*

[609] Direito do Trabalho, vol. I, Coimbra Editora, 2007, pág. 977.

empregador e operada simultânea ou sucessivamente no período de três meses... sempre que aquela ocorrência se fundamente em encerramento de uma ou várias secções ou estrutura equivalente ou redução de pessoal determinado por motivos de mercado, estruturais ou tecnológicos". Exige ainda o mesmo artigo um número mínimo de contratos de trabalho a extinguir, que é de dois ou de cinco trabalhadores conforme se trate, respetivamente, de micro ou pequenas empresas ou de média ou grande empresa (com mais de 50 trabalhadores).[610] Conforme o Acórdão do S.T.J., de 20/11/2011, *"o despedimento coletivo caracteriza-se pela cessação de vários contratos de trabalho, promovida pela entidade empregadora no decurso dum determinado período, tendo uma motivação comum a todos os trabalhadores abrangido"*[611].

Na **extinção de posto de trabalho**, cujos fundamentos são os mesmos, haverá apenas o despedimento de um trabalhador. São, porém, exigidos, cumulativamente, diversos requisitos face à redação do art. 368.º, cujo normativo foi repristinado na sequência do retardado acórdão do TC n.º 602/2013[612], retificado pelo acórdão n.º 635/2013 e alterado pela Lei n.º 27/2014, de 8 de maio.

Em ambos os casos, a empresa terá de desenvolver diversas diligências e organizar um processo, respeitando os respetivos procedimentos (369.º e sgs.) acabando por tomar uma decisão. Caso seja no sentido do despedimento haverá lugar ao pagamento ou depósito da indemnização calculada nos termos do art. 366.º do CT, na redação conferida pela Lei n.º 69/2013, de 30 de agosto.

Nada, porém, impede que, a qualquer altura, as partes optem por revogar os contratos por acordo, em regra, com uma indemnização superior àquela que se prevê na Lei para estes dois casos. Deste modo, também o procedimento de despedimento coletivo pode acabar por levar ao despedimento de um único trabalhador.

[610] Para estudo global, Bernardo da Gama Lobo Xavier, O Despedimento Colectivo no Dimensionamento da Empresa, Verbo, Lisboa, 2000.

[611] Proc. n.º 947/086TTLSB-A [Rel. Cons. Gonçalves Rocha].

[612] Publicado em 24/10/2013. Nele, curiosamente, apenas houve um único voto de conformidade nas decisões tomadas nas 11 alíneas dado pelo Conselheiro Vitor Gomes, mas que não assinou "por entretanto ter cessado funções neste tribunal", segundo consta no próprio acórdão. Quanto ao conteúdo da alteração julgada inconstitucional, v. a anotação do Prof. Romano Martinez, *in* Código do Trabalho Anotado, 2013, 9.ª ed., pág. 793.

Para a concretização do despedimento coletivo, por extinção de posto de trabalho (ou ainda por inadaptação) torna-se indispensável a execução prévia de uma sequência de atos formais que deverão ser reunidos (em **processo**), que constituem os procedimentos estabelecidos nos arts. 360.º e sgs., a que a lei processual denomina de "*documentos comprovativos das formalidades exigidas*"[613].

Daqueles atos, numa síntese de caráter geral, destacam-se os seguintes, que se podem englobar nas três fases seguintes:

a) **Comunicações** sob forma escrita da necessidade de proceder ao despedimento (motivos invocados e contexto) a enviar ou apresentar (com prova da receção) à estrutura representativa dos trabalhadores, que será:

- comissão de trabalhadores ou, não havendo esta, à comissão intersindical ou sindical ou delegado sindical;
- à associação sindical de que o trabalhador for representante;
- aos trabalhadores abrangidos pela concretização da medida.

b) **Informações e negociações**
Nos 10 dias seguintes deverá ter lugar *uma fase de informações e negociação entre o empregador e a estrutura representativa dos trabalhadores* ou comissão para tentarem alcançar a resolução do problema por acordo. Nesta fase deverá participar o serviço competente do ministério responsável pela área laboral (DGERT/ACT).

c) **Decisão**
Gorada a possibilidade de acordo, poderá o empregador decidir pelo despedimento comunicando a cada trabalhador:

- motivos fácticos que levaram à cessação (que serão os únicos considerados em juízo);
- confirmação dos requisitos legais;
- montante da compensação, lugar e forma de pagamento;
- data da cessação.

[613] CPT, arts. 98.º-J, n.º 3 e 156.º, n.º 2.

Esta decisão é comunicada não só ao trabalhador (ou trabalhadores) visado, mas também às entidadas referenciadas.

Deve ainda anotar-se conforme julgado pelo S.T.J. que *"na comunicação da intenção de proceder a despedimento colectivo, a falta de indicação de critérios objectivos de selecção dos trabalhadores deve entender-se como uma irregularidade, a qual só afectará a licitude do despedimento se não vier a ser suprida em tempo útil, devendo ser considerados na decisão final do processo de despedimento colectivo. A inobservância da exigência legal da indicação prévia dos critérios de selecção dos trabalhadores que permitirá aferir se o motivo individual invocado para esse trabalhador cabe nos critérios de selecção previamente definidos pelo empregador e conduziram a que tivesse sido ele e não outros os trabalhadores selecionados impede o trabalhador de impugnar as razões da sua inclusão num despedimento coletivo, cuja consequência será a sua ilicitude com a consequente subsistência do vínculo contratual desse concreto trabalhador*"[614].

Tendo sido decretado o despedimento, coletivo ou por extinção de posto de trabalho (ou ainda por inadaptação), se o trabalhador despedido não concordar com o despedimento e não tiver aceitado a compensação devida[615], pode, desde logo e no prazo de cinco dias úteis a contar da recebimento da decisão, requerer uma **providência cautelar de suspensão do despedimento** (art. 34.º e sgs. do CPT) – cfr. capítulo VII. Igualmente, poderá impugná-lo, judicialmente, em princípio, através da mencionada **ação com processo especial**, no prazo de 60 dias – cfr. capítulo XII. Porém, a **ação de impugnação do despedimento coletivo,** também em processo especial[616], já poderá ser intentada no prazo de seis meses contados da data da cessação do contrato, de conformidade com o disposto no n.º 2 do art. 388.º – cfr. capítulo XIV.

[614] Cit. proc. n. .º 947/086TTLSB-A [Rel. Cons. Gonçalves Rocha].

[615] Para desenvolvimento, v. Sobre a presunção da aceitação do despedimento coletivo no Código do Trabalho, estudo de Francisco Liberal Fernandes *in* QL, n.º 41 (jan-jun 2013), pág. 7.

[616] CPT, art. 156.º e sgs..

21. O procedimento para despedimento por inadaptação do trabalhador

Pelo menos teoricamente, prevê-se no art. 373.º e sgs. do Código do Trabalho, o modo de despedimento resultante da inadaptação superveniente do trabalhador ao posto de trabalho[617].

Trata-se de uma forma de cessação unilateral do contrato por razões objetivas[618] ligadas ao trabalhador (e não à empresa)[619]. Quer dizer, fundamenta-se no comportamento do trabalhador mas que não deriva da sua vontade. Opõe-se, pois, ao caso do despedimento do trabalhador com justa causa, em que terá de existir um comportamento voluntário, consciente, culposo do próprio trabalhador.

Segundo o art. 374.º são as seguintes as situações fácticas que poderão originar esta nova forma de despedimento desde que tornem praticamente impossível a subsistência da relação de trabalho":

1. para os **trabalhadores em geral**
   a) "redução continuada de produtividade ou de qualidade";
   b) avarias repetidas nos meios afetos ao posto de trabalho;
   c) "riscos para a segurança e saúde do..."
2. para os **quadros**: falta do cumprimento de objetivos previamente fixados e formalmente aceites em virtude do modo (deficiente) do exercício de funções.

Para os quadros da empresa na situação de falta de cumprimento de objetivos também se exige que o citado modo (deficiente) do exercício de funções relativas ao posto de trabalho decorra das modificações

[617] Esta forma de despedimento, face à exigência dos seus requisitos, na prática, apenas pode ser utilizada com a conivência do trabalhador, nomeadamente para obtenção do subsídio de desemprego. V. Acórdãos do TRP de 18-2-2013, Proc. 78/11 [Rel José Carlos Machado da Silva] e do STJ de 29-01-2013 [Rel. Cons. Pedro S. N. Emérico Soares]. Cfr. Abílio Neto, Novo Código do Trabalho e Legislação Complementar, 3.ª ed. – set 2012, pág. 911. Mas mesmo assim, a alteração introduzida pela Lei n.º 23/2012 também foi julgada inconstitucional pelo acórdão n.º 602/2013, retificado pelo acórdão n.º 635/2013.

[618] Neste sentido, João Soares Ribeiro, Cessação do Contrato de Trabalho por Inadaptação do Trabalhador *in* Memórias do IV Congresso de Direito do Trabalho, Almedina, Coimbra, 2002, pág. 397.

[619] Cujo enquadramento constitucional gerou dúvidas cfr. José João Abrantes, Segurança no Emprego e Justa Causa de Despedimento, separata da revista Tribuna da Justiça, n.º 6. Mas a autorização legislativa foi considerada constitucional (Acórdão do TC n.º 64/91).

introduzidas por novos processos de fabrico, novas tecnologias, ou novos equipamentos.

O procedimento regulado nos arts. 376.º a 379.º do CT é similar ao procedimento por extinção de posto de trabalho, bem como os modos de impugnação judicial.

22. O procedimento disciplinar e as contraordenações que pode originar

Nos últimos números de diversos artigos com normas sobre o processo disciplinar, a começar no art. 328.º, prevêem-se contraordenações com as três formas de gravidade possíveis.

Porém, não se julgue que o processamento de tais contraordenações, por se inserirem no âmbito do processo disciplinar, se possa fazer sem o competente processo contraordenacional, que sempre se haverá de iniciar pelo levantamento de um auto pela ACT, de conformidade com o Regime processual aplicável às contraordenações laborais e da segurança social (Lei n.º 107/2009, de 14 de setembro). Naturalmente, também a apreciação judicial da decisão daquela Autoridade se haverá de fazer mediante recurso para os tribunais do trabalho, de conformidade com o estatuído nos arts. 186.º-J e 12.º do CPT.

Será, pois, se existir, um procedimento autónomo e de natureza diferente dos procedimentos para o despedimento, para a sua suspensão ou para a sua impugnação judicial.

TRIBUNAIS JUDICIAIS

JUÍZOS DO TRABALHO

(LOSJ, art.s 79.º e 126.º. e DL n.º 49/2014, de 27 de março, alterado pelo DL 86/2016, de 27 de dezembro)

COMARCA	SEDE	JUÍZES	COMPETÊNCIA TERRITORIAL
Açores (Lisboa)[622]	P. Delgada	1	Municípios de Lagoa, Nordeste, Ponta Delgada, Povoação, Ribeira Grande e Vila Franca do Campo[623].
Aveiro (Porto)	Aveiro	2	Municípios de Albergaria-a-Velha, Aveiro, Estarreja, Ílhavo, Murtosa, Ovar, Sever do Vouga e Vagos
	Águeda	1	Municípios de Águeda, Anadia, Mealhada e Oliveira do Bairro
	Oliveira de Azeméis	1	Municípios de Arouca, Oliveira de Azeméis, Santa Maria da Feira, São João da Madeira e Vale de Cambra
	Santa Maria da Feira	2	Municípios de Castelo de Paiva, Espinho e Santa Maria da Feira
Beja (Évora)	Beja	1	Comarca de Beja
Braga (Guimarães)[624]	Braga	2	Municípios de Amares, Braga, Póvoa do Lanhoso, Terras de Bouro, Vieira do Minho e Vila Verde
	Barcelos	2	Municípios de Barcelos e Esposende
	Guimarães	3	Municípios de Cabeceiras de Basto, Fafe, Guimarães, Celorico de Basto, Fafe, Guimarães, Póvoa de Lanhoso, Vieira do Minho e Vizela
	V. N. Famalicão	1	Município de V. N. de Famalicão

[620] Entre parênteses indica-se o tribunal da Relação correspondente.

[621] Fora da Ilha de São Miguel, nas questões laborais, serão competentes os respetivos tribunais de competência genérica (arts. 66.º do DL n.º 49/2014 e mapa III do anexo).

[622] A secção social foi implementada por deliberação do C.S.M. de 9/12/2014, cfr. art. 67.º, n.º 4, da LOSJ.

COMARCA	SEDE	JUÍZES	COMPETÊNCIA TERRITORIAL
Bragança (Guimarães)	Bragança	1	Comarca de Bragança
Castelo Branco (Coimbra)	Castelo Branco	1	Municípios de Castelo Branco, Idanha-a--Nova, Oleiros, Proença-a-Nova, Sertã, Vila de Rei e Vila Velha do Rodão[625]
	Covilhã	1	Municípios de Belmonte, Covilhã, Fundão e Penamacor
Coimbra (Coimbra)	Coimbra	2	Municípios de Arganil, Coimbra, Condeixa--a-Nova, Góis, Lousã, Miranda do Corvo, Oliveira do Hospital, Pampilhosa da Serra, Penacova, Penela, Soure, Tábua e Vila Nova de Poiares
	Figueira da Foz	1	Municípios de Cantanhede, Figueira da Foz, Mira e Montemor-o-Velho
Évora (Évora)	Évora	1	Comarca de Évora
Faro (Évora)	Faro	2	Municípios de Alcoutim, Castro Marim, Faro, Loulé, Olhão, S.B. de Alportel, Tavira e V.R. de Santo António
	Portimão	2	Municípios de Albufeira, Aljezur, Lagoa, Lagos, Monchique, Portimão, Silves e Vila do Bispo
Guarda (Coimbra)	Guarda	1	Comarca da Guarda
Leiria (Coimbra)	Leiria	3	Municípios de Alvaiázere, Ansião, Batalha, Castanheira de Pera, Figueiró dos Vinhos, Leiria, Marinha Grande, Nazaré, Pedrógão Grande, Pombal e Porto de Mós
	Caldas da Rainha	1	Municípios de Alcobaça, Bombarral, Caldas da Rainha, Óbidos e Peniche

[625] No DL n.º 49/2014, em relação a esta Comarca não se utiliza o vocábulo "municípios", o que se deverá a mero lapso.

COMARCA	SEDE	JUÍZES	COMPETÊNCIA TERRITORIAL
Lisboa (Lisboa)	Lisboa	8	Município de Lisboa
	Barreiro	2	Municípios de Alcochete, Almada, Barreiro, Moita, Montijo e Seixal
Lisboa Norte (Lisboa)	Loures	2	Municípios de Loures e Odivelas
	Torres Vedras	1	Municípios do Cadaval, Lourinhã, Sobral do Monte Agraço e Torres Vedras
	V. F. de Xira	2	Municípios de Alenquer, Arruda dos Vinhos, Azambuja e Vila Franca de Xira
Lisboa Oeste (Lisboa)	Sintra	3	Municípios de Amadora, Mafra e Sintra
	Cascais	3	Municípios de Cascais e Oeiras
Madeira (Lisboa)	Funchal	1	Comarca da Madeira
Portalegre (Évora)	Portalegre	1	Comarca de Portalegre
Porto (Porto)	Porto	3	Município do Porto
	Maia	2	Municípios da Maia, Santo Tirso e Trofa
	Matosinhos	3	Municípios de Matosinhos, Póvoa do Varzim e Vila do Conde
	Valongo	2	Municípios de Gondomar e Valongo
	V. N. de Gaia	3	Município de Vila Nova de Gaia
Porto Este (Porto)	Penafiel	4	Municípios de Amarante, Baião, Felgueiras, Lousada, Marco de Canavezes, Paços de Ferreira, Paredes e Penafiel
Santarém (Évora)	Santarém	2	Municípios de Almeirim, Alpiarça, Benavente, Cartaxo, Coruche, Rio Maior, Salvaterra de Magos e Santarém
	Tomar	2	Municípios de Abrantes, Alcanena, Chamusca, Constância, Entroncamento, Ferreira do Zêzere, Golegã, Mação, Ourém, Sardoal, Tomar, Torres Novas e Vila Nova da Barquinha

COMARCA	SEDE	JUÍZES	COMPETÊNCIA TERRITORIAL
Setúbal (Évora)	Setúbal	2	Municípios de Palmela, Sesimbra e Setúbal
	Santiago do Cacém	1	Municípios de Alcácer do Sal, Grândola, Santiago do Cacém e Sines
Viana do Castelo (Guimarães)	Viana do Castelo	2	Comarca de Viana do Castelo
Vila Real (Guimarães)	Vila Real	2	Comarca de Vila Real
Viseu (Coimbra)	Viseu	2	Municípios de Carregal do Sal, Castro Daire, Mangualde, Mortágua, Nelas, Oliveira de Frades, Penalva do Castelo, Santa Comba Dão, São Pedro do Sul, Sátão, Tondela, Vila Nova de Paiva, Viseu e Vouzela
	Lamego	1	Municípios de Armamar, Cinfães, Lamego, Moimenta da Beira, Penedono, Resende, São João da Pesqueira, Sernancelhe, Tabuaço e Tarouca

BIBLIOGRAFIA

1. Processo civil

1.1. Clássica

ALBERTO DOS REIS, Código de Processo Civil Anotado, 6 vols., Comentário ao Código de Processo Civil, 3 vols., Processos Especiais, 2 vols. e Processo de Execução, 2 vols., Coimbra Editora (reimpressões).

ANTÓNIO DA COSTA NEVES RIBEIRO, Processo Civil da União Europeia, Coimbra Editora, 2002.

ANTÓNIO PEDRO BARBAS HOMEM, Judex Perfectus, Função Jurisdicional e Estatuto Judicial em Portugal 1640-1820, Coleção Teses, Almedina, Coimbra, 2003.

ANTUNES VARELA e outros, Manual de Processo Civil, Coimbra Editora, 1985.

JOÃO CASTRO MENDES, Direito Processual Civil, AAFDL, 3 vols., Lisboa, 1980.

JOÃO CASTRO MENDES, O Direito de Acção Judicial, suplemento à Revista da Faculdade de Direito de Lisboa, Lisboa, 1959.

JOÃO CASTRO MENDES, Manual de Processo Civil, Coimbra Editora, Lisboa, 1963.

JOSÉ LEBRE DE FREITAS, Introdução, A Acção Declarativa Comum e Acção Executiva, 4.ª ed., Coimbra Editora.

MANUEL DE ANDRADE, Noções Elementares de Processo Civil, Coimbra Editora, 1965.

MIGUEL TEIXEIRA DE SOUSA, Estudos sobre o Novo Processo Civil, 2.ª ed., Lex, Lisboa, 1997.

OTHMAR JAUERNIG, Direito Processual Civil, (tradução de F. Silveira Ramos), Almedina, Coimbra, 2002.

1.2. Atual

A Reforma do Processo Civil 2012 – Contributos, Revista do M.P. – Cadernos II – 2012, Lisboa.

Abílio Neto, Código de Processo Civil Anotado, 23.ªed., Ediforum,Lisboa, 2011.

Abílio Neto, Novo Código de Processo Civil, 2.ª ed. janeiro 2014, Ediforum, Lisboa.

António Montalvão Machado e Paulo Pimenta, O Novo Processo Civil, 12.ª ed., Almedina, Coimbra, 2010.

António Júlio Cunha, Direito Processual Civil Declarativo, *Quid Juris*, Lisboa, 2013.

António Sampaio Caramelo, Temas do Direito da Arbitragem, Coimbra Editora, 2013.

António Santos Abrantes Geraldes, Recursos no Novo Código de Processo Civil, Almedina, Coimbra, 2013.

António Santos Abrantes Geraldes, Temas da Reforma do Processo Civil, vols I, II, III e IV, Almedina, Coimbra, 2009 e 2010.

Armindo Ribeiro Mendes e outros, Lei da Arbitragem Voluntária Anotada, Almedina e APA, Coimbra, 2012.

Carlos Francisco de Oliveira Lopes do Rego, Comentários ao Código de Processo Civil, Almedina, Coimbra, 1999.

Carlos M. G. de Melo Marinho, A Cobrança de Créditos na Europa, Quid Juris, Lisboa, 2012.

Cátia Marques Cebola, Resolução Extrajudicial de Conflitos – Colectânea de Legislação, Quid Juris, Lisboa 2011.

Edgar Valles, Prática Processual Civil com o Novo CPC, 7.ª ed., Almedina, Coimbra, 2013.

Elizabeth Fernandez e Marco Carvalho Gonçalves, Direito Processual Declarativo – A Prática e a Teoria, Almedina, Coimbra, 2008.

Fernando Amâncio Ferreira, Curso de Processo de Execução, 13.ª ed., Almedina, Coimbra, 2010.

Fernando Amâncio Ferreira, Manual dos Recursos em Processo Civil, 6.ª ed., Almedina, Coimbra, 2008.

Fernando Pereira Rodrigues, O Novo Processo Civil Os Princípios Estruturantes, Almedina, Coimbra, 2013.

Francisco Manuel Lucas Ferreira de Almeida, Direito Processual Civil, vol. I, Almedina, Coimbra, 2012.

Helena Cabrita, A Fundamentação de Facto e de Direito da Decisão Civil, Coimbra Editora, 2015.

J. O. Cardona Ferreira, Guia de Recursos em Processo Civil, 6.ª ed., Coimbra Editora, 2014.

J. P. Remédio Marques, Acção Declarativa à Luz do Código Revisto, 3.ª ed., Coimbra Editora, 2011.

J. P. Remédio Marques, Curso de Processo Executivo à Luz do Código Revisto, Almedina, Coimbra, 2000.

Joana Vasconcelos, Direito Processual do Trabalho, Universidade Católica Editora, Lisboa, 2017

João Correia e outros, Introdução ao Estudo e à Aplicação do Código de Processo Civil de 2013, Almedina, Coimbra, 2013.

João Miguel Galhardo Coelho, Arbitragem Voluntária, 2.ª ed., Almedina, Coimbra, 2006.

Joel Timóteo Ramos Pereira, Prontuário de Formulários e Trâmites, 4 vols, Quid Juris, Lisboa, 2008 a 2012.

Jorge Augusto Pais de Amaral, Direito Processual Civil, 11.ª ed., Almedina, Coimbra, 2013.

José António Coelho Carreira, Regulamento das Custas Processuais Anotado, Almedina, Coimbra, 2013.

José Henrique D. Carvalho, Os Temas da Prova, *Quid Juris*, Lisboa, 2014.

José Lebre de Freitas, A Acção Declarativa Comum à Luz do Código de Processo Civil de 2013, 3.ª ed., Coimbra Editora, 2013.

José Lebre de Freitas, A Acção Executiva Depois da Reforma da Reforma, 5.ª ed., Coimbra Editora, 2009.

José Lebre de Freitas, Introdução ao Processo Civil, Coimbra Editora, 3.ª ed., 2013.

José Lebre de Freitas e Cristina Máximo dos Santos, O Processo Civil na Constituição, Coimbra Editora, 2008.

José Lebre de Freitas e outros, Código de Processo Civil Anotado, 3.ª ed., Coimbra Editora, 2014.

Luis Filipe Pires de Sousa, Prova Testemunhal, Almedina, Coimbra, 2013.

Manuel Pereira Barrocas, Lei da Arbitragem Comentada, Almedina, Coimbra, 2013.

Marco Carvalho Gonçalves, Dicionário Jurisprudencial de Processo Civil (6 vols.), Coimbra Editora, 2012.

Marco Carvalho Gonçalves, Providências Cautelares, Almedina, Coimbra, 2015.

MARCO CARVALHO GONÇALVES e MARIA ELIZABETH M. FERNANDEZ, Legislação Processual Civil, vols. I e II, 2.ª ed., Coimbra Editora, 2009.

MARIANA FRANÇA GOUVEIA, Análise de Jurisprudência sobre Arbitragem, Almedina, Coimbra, 2011.

MARIANA FRANÇA GOUVEIA, Curso de Resolução Alternativa de Litígios, 2.,ª ed., Almedina, Coimbra, 2012.

MIGUEL TEIXEIRA DE SOUSA e outros, As Recentes Reformas na Acção Executiva e nos Recursos, 1.º Curso Pós-Graduado em Direito Processual Civil, Coimbra Editora, 2010.

PAULO PIMENTA, Processo Civil Declarativo, Almedina, Coimbra, 2014.

PAULO PIMENTA e LURDES MESQUITA, Processo Civil Declarativo, Formulários BDJUR, Almedina, Coimbra, 2011.

PAULO RAMOS DE FARIA, Primeiras Notas ao Novo Código de Processo Civil, Almedina, Coimbra, 2013.

PEDRO PINHEIRO TORRES, Guia para o novo Código de Processo Civil, Almedina, Coimbra, 2013.

SALVADOR DA COSTA, Os Incidentes da Instância, 4.ª ed., Almedina, Coimbra, 2006.

SALVADOR DA COSTA, Regulamento das Custas Processuais, 8.ª ed., Almedina, Coimbra, 2013.

SALVADOR DA COSTA, O Apoio Judiciário, 9.ª ed., Almedina, Coimbra, 2013.

SALVADOR DA COSTA e RITA COSTA, Lei da Organização do Sistema Judiciário e Regulamento, Almedina, Coimbra, 2014.

2. Processo laboral

2.1. Clássica

ALBERTO LEITE FERREIRA, Código de Processo do Trabalho Anotado, 4.ª ed., Coimbra Editora, 1996.

ÁLVARO LOPES-CARDOSO, A Acção Executiva em Processo Laboral, Coimbra, 1990.

ÁLVARO LOPES-CARDOSO, Manual dos Recursos em Processo Civil e Laboral, Livraria Petrony, 1998.

ANTÓNIO MONTEIRO FERNANDES, Introdução à Jurisprudência do Trabalho, I e II Partes, ESC, Ano IV n.ºs 13 e 14, de Março e Junho de 1965 e em suplementos especiais.

CARLOS ALEGRE, Processo Especial de Acidentes de Trabalho, Almedina, Coimbra, 1986.

EDGAR VALLES e outros, Direito Processual do Trabalho – Perspectivas, CGTP. IN, Lisboa, 1981.

FERNANDO PESSOA JORGE, Direito Processual de Trabalho, Lições no I.E.S., 1965/66.

JOÃO DE CASTRO MENDES, Curso de Direito Processual do Trabalho, suplemento da RFDUL, Lisboa, 1964.

JOSÉ MARIA RODRIGUES DA SILVA, A Aplicação do Direito na Jurisdição do Trabalho – Doutrina e Jurisprudência, Coimbra Editora, 1991.

2.2. Atual

ABÍLIO NETO, Código de Processo do Trabalho Anotado, 5.ª ed., Ediforum, Lisboa, 2011.

ABÍLIO NETO, Acidentes de Trabalho e Doenças Profissionais Anotado, 1.ª ed., Ediforum, Lisboa, 2011.

ABÍLIO NETO, Processo Disciplinar e Despedimentos – Jurisprudência e Doutrina, Julho 2004, Ediforum, Lisboa.

ADALBERTO COSTA, Contra-Ordenações Laborais e da Segurança Social, Vida Económica, Porto, 2010.

ADALBERTO COSTA, Código de Processo do Trabalho Anotado e Comentado, Vida Económica, Porto, 2012.

ALBERTINA PEREIRA, Recursos Laborais, Estudos Jurídicos em Homenagem ao Prof. Doutor António Motta Veiga, Almedina, Coimbra, 2007, pág. 17.

ALBINO MENDES BAPTISTA, Código de Processo do Trabalho Anotado, Quid Juris, Lisboa, 2000.

ALBINO MENDES BAPTISTA, Introdução ao Direito Processual do Trabalho, 2.ª ed., Quid Júris, Lisboa, 1999.

ALBINO MENDES BAPTISTA, Temas de Direito do Trabalho e de Direito Processual do Trabalho, Livraria Petrony, Lisboa, 2008.

ALBINO MENDES BAPTISTA, A Reforma dos Recursos e o Processo do Trabalho, suplemento da RMP, n.º 113, jan-mar 2008.

ALBINO MENDES BAPTISTA, A Reabertura do Processo Disciplinar, Suplemento da RMP, n.º 108, Out-Dez 2006.

ALBINO MENDES BAPTISTA, A Nova Acção de Impugnação do Despedimento do Código de Processo do Trabalho, Walters Kluver – Coimbra Editora, 2010.

ALCIDES MARTINS, Legislação sobre Incapacidades em Direito do Trabalho, Cível e Administrativo, Dislivro, Lisboa, 2007.

ALCIDES MARTINS, Código do Trabalho e Legislação Complementar, 3.ª ed., Digital Jurisbook, Lisboa, 2012.

Álvaro Lopes-Cardoso, Manual de Processo do Trabalho, 2 vols., 3.ª ed., Livraria Petrony, Lisboa, 2000.

António M. C. de Casimiro Ferreira, Trabalho Procura Justiça, Almedina, Coimbra, 2005.

António Santos Abrantes Geraldes, Recursos no Processo do Trabalho – Novo Regime, Almedina, 2010.

Carlos Alegre, Código do Processo de Trabalho Anotado e Actualizado, 6.ª ed., Coimbra, 2004.

César Sá Esteves e outros, Código do Processo de Trabalho Anotado, Petrony, Lisboa, 2010.

Domingos José de Morais e outros, Estudos do Instituto de Direito do Trabalho, vol. V – Jornadas de Direito Processual do Trabalho, IDT/Almedina, Coimbra, 2007.

Fernando Cabral, Segurança e Saúde do Trabalho, Verlag Dashöfer, Lisboa, 2011.

Isabel Alexandre, Princípios Gerais do Processo de Trabalho, estudo *in* Estudos em Homenagem ao Prof. Doutor Raúl Ventura, FDUL, Coimbra Editora, 2003.

João Soares Ribeiro, Contra-Ordenações Laborais, 3.ª ed., Almedina, Coimbra, 2011.

João Correia e Albertina Pereira, Código de Processo do Trabalho Anotado à Luz da Reforma do Processo Civil, Almedina, Coimbra, 2015.

L. P. Moitinho de Almeida, Código de Processo do Trabalho Anotado, 4.ª ed.. Coimbra Editora, 1997.

Luis Azevedo Mendes e Jorge Manuel Loureiro, Acidentes de Trabalho – Jurisprudência 2000-2007, Colectânea de Jurisprudência Edições, Coimbra, 2008.

Luis Miguel Monteiro e outros, Código do Trabalho – Três Anos de Jurisprudência Comentada, Livraria Petrony, Lisboa 2007.

Manuel M. Roxo e Luís C. Oliveira, O Processo de Contra-Ordenação Laboral e de Segurança Social, Almedina, Coimbra, 2009.

Messias Carvalho, Acção de Impugnação Judicial da Regularidade e Licitude do Despedimento, I.F.P.A., Porto, 2010.

Nuno Abranches Pinto, Instituto Disciplinar Laboral, Coimbra Editora, 2009.

Paula Quintas e Helder Quintas, Manual de Direito do Trabalho e de Processo do Trabalho, 2.ª ed., Almedina, Coimbra, 2012.

Paulo Sousa Pinheiro, O Procedimento Cautelar Comum no Direito Processual de Trabalho, 2.ª ed., Almedina.

PAULO DE SOUSA PINHEIRO, Curso Breve de Direito Processual do Trabalho, Walters Kluver – Coimbra Editora, 2010.

PEDRO ROMANO MARTINEZ, Acidentes de Trabalho, Pedro Ferreira Editor, Lisboa, 1996.

PEDRO ROMANO MARTINEZ, Direito do Trabalho, 7.ª ed., Almedina, Coimbra, 2015, Capítulos VI e VII relativos às contra-ordenações e ao processo de trabalho.

Prontuário de Direito do Trabalho, Centro de Estudos Judiciários, n.os 76/78, 88/89 e 93.

SÉRGIO ALMEIDA e outros, Código de Processo do Trabalho Anotado, Petrony, Lisboa, 2010.

2.3. Internet

Assembleia da República – www.parlamento.pt

Centro de Estudos Judiciários – www.cej.mj.pt

Direcção-Geral da Administração Justiça – www.dgaj.mj.pt

Direcção-Geral da Política de Justiça – www.dgpj.mj.pt

Euro-lex – http://eur-lex.europa.eu/pt/index.htm

Gabinete de Documentação e Direito Comparado – www.gddc.pt

Gabinete de Estratégia e Estudos (MEE) – www.gee.min-economia.pt

Gabinete de Estratégia e Planeamento (MSSS) – www.gep.mtss.gov.pt

Instituto de Gestão Financeira e Equipamentos da Justiça – www.igfej.mj.pt

Faculdades de Direito de Lisboa (públicas) –www.fdl.pt e www.fd.unl.pt

Ministério Público – www.pgr.pt

Observatório Permanente da Justiça Portuguesa – www.opj.ces.uc.pt

Portal da Justiça – www.mj.gov.pt

Supremo Tribunal de Justiça – www.stj.pt

Tribunal da Relação de Coimbra – Processo de trabalho – www.trc.pt/versao1/p_trabalho.html

Tribunal da Relação do Porto – www.trp.pt/jurisprudenciassocial

Verbo, Nelson Carneiro, Código de Processo do Trabalho Anotado – www.verbojuridico.com

Eurico Santos, Código de Processo do Trabalho – www.homepagejuridica.net.

ÍNDICE IDEOGRÁFICO

ÍNDICE GERAL

PROCESSOS ESPECIAIS